김형효의 철학 편력 3부작

철학 나그네

김형효 지음

소나무

철학 나그네

초판 발행일 2010년 4월 10일

지은이 ┃ 김형효
펴낸이 ┃ 유재현
편집 ┃ 김석기·이혜영·정혜원
마케팅 ┃ 장만
디자인 ┃ 박정미
인쇄·제본 ┃ 영신사
필름출력 ┃ ING
종이 ┃ 한서지업사

펴낸곳 ┃ 소나무
등록 ┃ 1987년 12월 12일 제2-403호
주소 ┃ 121-830 서울시 마포구 상암동 11-9, 201호
전화 ┃ 02-375-5784
팩스 ┃ 02-375-5789
전자우편 ┃ sonamoopub@empal.com
전자집 ┃ www.sonamoobook.co.kr
책값 ┃ 12,000원

ISBN 978-89-7139-561-5 94100
  978-89-7139-560-8(전3권)

소나무 머리 맞대어 책을 만들고, 가슴 맞대고 고향을 일굽니다.

철학 나그네

세상 주인되기에서 놓여나
나그네로 철학하기

이번에 소나무출판사에서 저의 졸고들을 수집 정리하여 '나그네'라는 표제 아래 3부작 저술로 내놓게 되었습니다. 이미 소나무출판사에서 정년 퇴직 직후에 원고들을 정리하여 편집본의 모습으로 수정가필의 손질을 부탁해 왔었습니다. 이 핑계 저 핑계로 차일피일 미루다가 이제야 출판을 하게 되었습니다. 이 일을 기획한 소나무출판사 유재현 사장께 한없이 죄송하고 또 동시에 무한히 감사할 따름입니다. '철학 나그네' '사유 나그네' '마음 나그네'라는 명칭을 붙인 것은 소나무 출판사의 자체 기획에 의한 것인데, 저는 그 명칭이 싫지 않아서 그대로 따랐습니다.

사실 제가 철학을 공부하게 된 동기도 탐색하는 편력의 정신과 다른 것이 아니어서 소나무출판사의 기획이 놀랍기도 했습니다. 더듬어 보면 고등학교 2학년 때 처음으로 철학책을 접하게 되었던 것 같은데, 어느 책을 가장 먼저 봤는지 잘 기억나지 않지만, 가장 감명을 크게 받은 책이 서울대학교의 박종홍 선생님이 쓰신 『철학개설』이란 책이었습니다. 그 책을 통하여 각인된 생각은 철학이 우리를 구원할 수 있는 사상이어야 한다는 것이었습니다.

내가 살았던 그 시대의 한국 상황은 참으로 비참하기 그지없었고 경제적인 비참과 정신적인 비참의 두 가지 조건이 극도로 허약한 지경에 이르렀다고 봐도 과언이 아니었습니다. 이 두 가지 비참을 극복하고 우리를 어떻게 구원하나? 철학사상이 우리를 구원하되, 실증적으로 구원해 주어야지 이상주의적으로, 관념적으로 우리를 구원한다는 주의 주장에는 절대로 동의할 수 없었습니다. 그동안의 사상적 편력에서, 어떤 종류의 이상주의적 생각에도 가까이 가지 않았던 까닭은 현실적으로 우리를 구원해 주지 않는 모든 생각과 주의 주장은 다 헛것이라는 생각을 지우지 못했기 때문이었습니다.

20대 철학하기의 출발점에서부터 오늘날에 이르기까지 시종 변치 않았던 것은 실증적이고 사실적이며 현실적인 효과를 기대하는 사상이었습니다.

따라서 저의 철학적 편력은 우리를 구원할 수 있을 사실적 사유의 줄기를 찾으려는 모색의 과정이라고 말할 수 있습니다. 서양철학 쪽으로는 실존주의에서 출발해 현상학, 이어서 구조주의와 해체주의로 이어지고, 동양사상 쪽으로는 원시유학과 주자학과 양명학 그리고 노장학과 불교사상으로 연결되었습니다.

　제가 도착한 마지막 철학적 사유는 하이데거와 니체, 그리고 데리다를 잇는 서양의 해체철학과, 동양의 노장사상과 불교사상입니다. 흔히들 노장사상과 불교사상이 사실적인 현실감이 없는 허학虛學이라고 주장하나 저는 분명하게 이들 사상이 진정한 실학實學이라고 봅니다. 실학은 세상의 사실을 사실 그대로 보고 사유하고 행동하는 사상이지 인간이 자기 관념과 생각의 허구에 의거해서 어떤 생각을 주장하는 것이 아니라는 것입니다.

　그간 탐색해 온 철학 편력의 길은 결국 철학적 실학의 빛을 보기 위한 과정이라고 봐도 무리가 아니리라 봅니다. 이번에 소나무 출판사에서 기획한 '나그네 3부작'인 '철학 나그네' '사유 나그네' '마음 나그네'는 왜 제가 남들이 현실도피의 사상이라고 부르는 노장학과 불교학이 실로 적극적으로 세상을 구원할 사상이라고 여기는지 하나의 큰 사상적 의거점이 될 것이라고 여깁니다.

끝으로 이 책들이 세상에 빛을 보게 된 것은 전적으로 소나무출판사의 유재현 사장과 편집부 덕분이라고 여기며 거듭 감사드립니다.

2010년 2월

저자 씀

편집자 일러두기 ─────────────────────

1. 나그네 3부작은 김형효 선생이 그동안 행한 강연, 발표, 논설, 논문 등을 모은 것이다.

2. 따라서 중복되거나 비슷한 내용이 여러 차례 나오는 것도 있다. 중복이라 하더라도 어제의 태양이 오늘과 다르듯이, 김형효 철학의 다양한 면모를 보여준다는 점에서 그대로 살렸다.

3. 『철학 나그네』, 『사유 나그네』, 『마음 나그네』라는 제목은 김형효 철학의 생성, 전환 그리고 도달을 기준으로 나눈 것이다. 그것이 꼭 발표 순서와 맞아떨어지는 것은 아니다.

4. 외래어 표기는 맞춤법 통일안을 기준삼았다. 그러나 선생의 독특한 표기 방식은 살려두었다. 예로 보통 '베르그송'이라 표기하지만, 선생은 '베르크손'이 원발음에 더 가깝다고 주장한다.

차례

나의 철학적 사유의 길과 현대 프랑스 철학

― 구조주의와 해체주의를 중심으로 ―

1
생철학과 실존적 현상학의
공부 과정과 탈자아의 암시

현대 프랑스 철학의 어떤 계보들은 나의 철학적 사유의 행정行程에 보고寶庫였다. 지금 나는 불교와 노장老莊철학과 독일 라인 강 지역의 신비주의(에크하르트Meister Eckhart, 쿠자누스N. Kusanus, 하이데거M. Heidegger)와 스피노자B. Spinoza의 자연신학이 공생하는 무無의 존재론에 깊이 침잠해 있지만, 지금의 이런 사유로 이끈 철학은 아래에서 언급하고자 하는 현대 프랑스 철학의 흐름이었다.

그 흐름은 베르크손(베르그송Bergson)의 생철학la philosophie de la vie과 마르셀G. Marcel과 메를로뽕띠M. Merleau-Ponty로 대표되는 실존주의l'existentialisme를 출발점으로 하여, 이어서 소쉬르F. de Saussure와 레비스트로스Cl. Lévi-Strauss, 라깡J. Lacan과 푸꼬M. Foucault로 이어지는 구조주의le structuralisme 사상과 그리고 탈구조주의로서 흔히 해체주의le déconstructionisme라고 부르는 데리다J. Derrida와 바따이유G. Bataille까지를 일컫는다.

바슐라르G. Bachelard와 깡길렘G. Canguilhem과 다고네F. Dagognet, 떼야르 드 샤르댕P. Teilhard de Chardin 등을 좋아했으나 그들은 오랫동안 나와 동행한 도반이라고 보기는 어렵다. 이 짧은 글은 구조주의와 해체주의를 사전적으로 설명한 글이라기보다 오히려 오늘의 나를 있게 한 나의 철학적 선지식先知識들을 고백한다는 뜻이 더 강하다.

내가 처음으로 접한 프랑스 철학자는 마르셀로서, 몸의 실존적 느낌과 마음의 존재론적 구원의 두 갈래를 불일이불이不一而不二(하나도 아니고 둘도 아님)의 관계로 해석한 그의 사상이 나를 사로잡았다. 내가 지금

불교의 종교적 사유에 깊이 젖은 것은 그를 통해 익힌 가톨릭의 종교적 구원의 요구가 변형되어 나에게 작용했기 때문이다. 그의 철학은 '나의 몸mon corps'을 통한 실존적 감각la sensation existentielle과 몸의 실존적 차원을 넘는 '존재론적 요구l'exigence ontologique'가 지향하는 관여la participation의 두 가지 양상이 '코기토cogito'라는 철학적 진리를 거부하는 것으로 나에게 와 닿았다.

그는 싸르트르J.-P. Sartre처럼 코기토와 의식의 철학자는 아니었다. 그의 철학은 은연중에 의식이 하나의 거추장스런 짐과 같다는 사유를 나에게 뿌렸다. 그의 철학은 단적으로 관여의 철학이었다. 또한 그 진리는 심물합일心物合一의 경지를 안내했다. 이 진리는 나중에 내가 불교적이고 노장적인 사유를 체득했을 때, 다시 무無와 공空에의 관여로 나의 사유를 선적禪的으로 이끈 계기가 되었다.

그의 철학사상은 '소유와 존재l'avoir et l'être'를 구분하는 것이 매우 중요함을 가르쳐주었다. 존재와 소유의 철학은 다시 베르크손과 독일의 하이데거M. Heidegger 철학에서 각각 얻은 본능과 본성(직관), 그리고 존재 Sein(être)와 존재자Seiendes(étant)의 철학을 구분하는 것에 연계되어 나타난다. 어떻든지 코기토 철학은 마르셀과 하이데거가 비판한 소유와 존재자의 철학으로서, 이것은 다시 베르크손에게서는 본능을 대신한 지능의 철학이 된다.

메를로뽕띠는 마르셀에 이어 두 번째로 나에게 찾아왔다. 그의 철학은 마르셀의 실존적 몸의 철학과 너무 비슷했다. 그는 싸르트르와 같은 수준의 탁월한 현상학자였지만, 싸르트르의 코기토 철학과는 다른 길을 갔다. 그도 코기토의 의식을 말하지만 그 의식은 바깥 세계의 앞에 선 투명한 의식의 주체가 아니고, 이미 바깥 세계와 혼용된 반심반물半心半物의 애매모호한 영역으로서 '반성 이전의 주체le sujet préréflexif'인 지각la perception이다. 그 지각도 무의식inconscient에 가까운 전의식적préconscient인 무심한 수준의 지각으로서 'on perçoit(it is perceived)'이다.

그의 의식은 몸과도 이원적으로 분리가 안 되는 '살la chair'로서 어떤 실존적 분위기une ambiance와 다를 바가 없고, 사회·역사도 실존의 지각과 함께 가는 공간·시간의 상황에 지나지 않는다. 구체적인 사회·역사를 떠난 추상적 사고는 무의미하다. 몸이라는 실존적 상황을 벗어난 생각이 공허하듯이, 또한 모국어의 말la parole로 표현되지 않는 생각은 틀이 안 잡힌 뜬구름 잡는 헛소리일 뿐이다. 그는 마르셀만큼 구체 철학의 화신이다.

나는 이런 프랑스 철학이 무척 좋았다. 그의 존재론도 구체적이다. 존재는 눈에 보이는 가시적 현상을 통해서 현시되는 보이지 않는 깊이를 의미한다. 현실 역사도 의미의 엄숙주의와 무의미의 허무주의를 모두 스쳐 지나간다. 현실은 약간씩 의미가 있는 동시에 약간씩 무의미하다.

마르셀과 메를로뽕띠는 나에게 베르크손의 철학적 크기를 암시했다. 베르크손의 생물철학은 인간을 자연의 동물과 비유하면서 해석한다. 인간의 공작하는 지능과 동물의 무위적인 본능은 서로 비슷하면서 다른 점이 있다. 둘 다 생명의 생존le survivire de vie을 위한 앎의 술術(l'art de savoir)인데, 본능l'instinct은 닫혀 있는 직접적인 앎의 술術(l'art clos du savoir immédiat)이고, 지능l'intelligence은 열려 있는 간접적인 추리하는 앎의 술術(l'art ouvert du savoir médiat et discursif)이라는 점이 다르다.

그런데 인간에게는 지능 이외에 직관l'intuition이라는 또 다른 능력이 있다. 그것은 정신의 세계를 파악하는 무한한 열린 지혜la sagesse를 이해하는 힘이다. 이것은 동물의 본능과 같이 한 번 보면 사태를 파악하는 능력이라는 점에서 본능과 비슷하다. 그러나 동물의 본능은 직관처럼 직접적이지만 정확하고 생존을 위한 닫힌 앎의 술術이나, 직관은 허공처럼 무한히 열려 있고 직접적이나 지능처럼 실용적인 앎의 성질과 달리 오히려 정신적 지혜를 단번에 알아차리는 능력에 해당한다.

　그러므로 인간의 지능과 직관은 모두 동물의 본능과 비슷하면서 다르다. 지능은 생존의 실용적 앎에서 본능과 일치하나 지능은 열려 있고 추리적이라는 점에서 본능과 다르고, 직관은 직접적 사태 파악 능력이라는 점에서 본능과 비슷하나 열려 있고 정신의 지혜를 알아차리는 능력이라는 점에서 본능과 다르다.

　나는 베르크손의 생물철학에서 본능과 본성의 이중성을 읽었다. 동물의 경우에는 지능의 역할을 하는 본능과 직관의 역할을 하는 본성이 일치하여 어떠한 괴리도 없다. 그러나 인간의 본능은 동물의 경우와 달리 콘텐츠가 별로 없어서 그만큼 취약하여 공작적 지능의 힘을 빌려야 생존할 수 있다. 그래서 인간의 경우에는 지식의 역할을 요구하는 본능과 지혜를 찾는 직관의 본성이 갈라진다.

　라깡이 동물의 본능과 인간의 욕망이 다르다고 언명했는데, 나는 그 단초를 이미 베르크손의 생물철학에서 보았다. 인간의 욕망은 본능(지능)의 소유론적 욕망과 본성(직관)의 존재론적 욕망으로 이중화된다. 동물은 생존과 지혜의 갈등이 없으나 인간에게는 그것이 있다. 그 갈등이 닫힌 기계적 본능을 열린 지능의 소유론적 욕망과 열린 존재론적 욕망으로 변형시킨다. 마르셀 철학에서 소유와 존재를 준별하던 것이 베르크손의 철학을 거치면서 본능적 지능의 소유론적 욕망과 직관적 본성의 존재론적 욕망으로 인간을 보는 눈을 키우게 했다.

욕망론은 나중에 인간을 도덕적 당위나 기술적 인위보다 먼저 자연성의 무위적 테두리 안에서 읽어야 인간의 사실적 실상을 제대로 볼 수 있다는 불가와 노장 사상을 가까이 하게 하는 계기를 낳았다고 할 수 있다. 그리고 이 이중적인 인간의 자연성이 메를로뽕띠의 애매모호성 l'ambiguïté의 철학적 사유와 다시 접목된다. 베르크손적인 본능과 본성은 인간의 자연성으로서 일자가 없으면 타자도 성립되지 않고 인지되지도 않는다는 메를로뽕띠적인 상호얽힘l'entrelacs의 교차배어법le chiasme의 요소를 띤다. 이것은 뒤에 데리다의 해체주의적 차연差延(la différance)의 사유를 깨닫는 데 예비적 초석이 되었다.

2 구조주의로 방향 전환

나에게 베르크손과 메를로뽕띠는 실존주의와 현상학을 넘어서 구조주의의 길을 가도록 종용한 선도자의 역할을 했다. 루뱅 Louvain 가톨릭 대학은 나에게 마르셀과 메를로뽕띠와 베르크손을 가르쳐주었으나 구조주의는 한 마디도 가르쳐주지 않았다. 메를로뽕띠와 구조주의는 모두 무신론인데 왜 메를로뽕띠는 즐겨 강의하면서도 구조주의에 대해서는 침묵을 지켰을까?

앞의 것은 의식과 자연의 중간 지대를 밝히는 수정된 코기토의 철학이라서 새로운 신학의 가능성이 엿보였으나, 구조주의 사상은 아예 의식의 코기토를 제거하고 인간의 마음을 자연의 비인격적 구조로 환원시키는 물학적物學的 스타일이라서 외면했던 것일까?

어떻든지 구조주의 사상의 아버지인 레비스트로스는 특이하게도 베르크손과 메를로뽕띠를 철학적으로 친근하게 여겼다. 베르크손은 인류학적 지식이 전혀 없었음에도 불구하고 토템적인 사고방식을 암시했고, 메를로뽕띠는 현상학자임에도 불구하고 구조주의적인 이항 대립의 개념을 철학적으로 인식하고 있었기 때문이다.

하여튼 구조주의는 반反의식의 철학으로서 철학적 사유의 영역을 의식에서부터 무의식의 차원으로 하강시킨 업적이 있다. 레비스트로스의 구조주의는 전적으로 인식론적 장소의 이동을 결행했다. 레비스트로스는 모든 사유는 표피적인 현상의 가변적 경험에 의존하기보다 더 깊은 무의식의 구조가 결정하는 불변적 토대에서 필연성으로 진리를 인식하라고 제창했다.

그가 그런 불변적 구조의 숨은 토대를 발견하게끔 자극한 학문이 스위스의 소쉬르와 러시아의 야콥슨R. Jakobson을 위시한 구조주의적 언어학자이다. 요약하자면 그는 소쉬르에게서 언어활동la langage은 어떤 구조적인 형식la forme structurelle이지 고착된 실체la substance fixée가 아니라는 것을 터득했다. 그래서 그는 어떤 문장의 의미도 그 의미론적 실체 속에서 발견되는 것이 아니라 그 문장의 구조에서 결정된다는 소쉬르의 명제를 중시했다.

그리고 소쉬르는 개인적 의향을 전달하는 전언 내용le message의 통시적 말la parole diachronique에 대해서 구조적 인식론 차원의 전언 체계le code

인 집단적이고 익명적인 언어활동의 무의식인 언어la langue synchronique가 불변적인 기본임을 역설했디.

이런 소쉬르의 언어학은 이미 구조주의가 철학적으로 신의 초월적 인격이나 자의식의 휴머니즘을 우상 숭배로 배척하게 하는 인식론적 계기를 낳은 셈이다. 그리고 소쉬르가 언어활동을 모든 기호 체계의 관계론으로 환원하고, 기호의 의미는 다른 기호들과의 차이를 나타내는 한에서만 의미화한다고 말함으로써 현상학la phénoménologie을 대신한 기호학la sémiologie이 새로운 학문 방법론으로 등장한다.

모든 구조는 언어활동의 구조이고, 언어활동 이전에는 세계에 대한 아무런 인식이 없었다는 명제가 제기되었다. 이 구조주의의 등장으로 기독교 신학과 마르크시즘의 역사주의가 타격을 입었다. 야콥슨부터 레비스트로스는 언어활동이 은유법la métaphore과 환유법la métonymie의 이중 법칙으로 체계화되고, 이 두 법칙이 인간 사고의 문화 문법과 직결되며, 심지어 실어증 현상에까지도 이 법칙이 작용한다는 구조의 토대를 알았다.

은유법은 은적隱迹의 의미를 연상법으로 암시하고, 그 법칙은 불변적인 계열체le paradigme로 수직적 구성의 구조를 나타낸다. 환유법은 인접성이 있는 것으로 의미가 미끄러지는 장소 이동을 실시하고, 횡적으로 결합하는 성질을 지니며, 현전해 있는 노출의 결합체le syntagme와 같다는 것이다.

레비스트로스는 이런 언어학의 법칙들을 인류 문화의 하부 구조에 적용하려고 했다. 싸르트르는 개인의 실존적인 자유로운 기획이 그와 그의 사회를 주형鑄型한다는 자유 선택의 옹호자였다. 레비스트로스에게 그런 개인 의지나 자유 선택은 문화와 사회의 하부 구조적 틀을 구성하는 데 표면의 잔물결로 비유할 수 있다. 문화는 사회적이고 사회적인 것은 언어적이다. 오직 언어활동의 법칙만이 사회와 문화와 거기에 사는 인간의 사고방식을 주형한다는 것이다.

그리고 언어활동이 서로 교환하는 기호의 체계이듯이, 사회나 문화도 언어기호처럼 교환 체계로 이해해야 한다는 것이다. 결혼도 이런 언어활동의 교환법칙에 따라 내 종족의 여자를 다른 종족에게 보내고, 다른 종족의 여자를 받아들이는 족외혼族外婚(l'exogamie)의 포틀래치le potlatch와 다르지 않다.

족내혼族內婚(l'endogamie)이 없지는 않지만 그것도 규칙이 있다. 즉, 교차 사촌 사이le cousinage croisé에 여자를 교환하는 것은 허용되나, 평행 사촌 사이le cousinage parallèle에는 통혼할 수 없다. 이는 조금의 근친상간이라도 피하려는 인류의 무의식적 사고방식이 작동한 결과이다.

근친상간 금지법la loi de prohibition de l'inceste이 인류 문화의 보편적 법이 된 까닭은 근친의 혈연을 기피하려는 생물학적 요구에 응답한 것이 아니라는 것이다. 레비스트로스는 고대 사회에서는 그런 생물학적 지식을 갖출 수 없었다고 지적한다. 언어활동의 의미화처럼 인류는 차이가 적대적 모순이 아니고 상관적인 거래의 왕복을 통해 존재를 유지하려는 그런 집단적 무의식의 요구에 따른다는 것이다. 즉, 인류의 문화는 상관적 차이la différence pertinente의 관계와 다르지 않다. 이것이 결혼 제도와 친족 체계의 기본 법칙이다.

레비스트로스의 구조주의 사유는 나의 철학적 사유의 길을 전환하게 한 결정적인 계기였다. 그것은 그동안 내가 친숙하게 익혔던 모든 종류의 의식 철학과 인간 중심적인 휴머니즘 사유를 멀리하도록 일깨우는 계기가 되었기 때문이다.

자연을 의인화하는 인간 동형론l'anthropomorphisme은 인간의 의식이 비非의식적인 자연을 물질적(형이하적), 정신적(형이상적)으로 지배하는 것의 정당성을 상징하는 것으로 해석된다. 의식 주체가 비非의식적인 자연을 대상화한다. 관념론과 합리론의 주체는 대상을 의식의 이성적 판단이 적용되는 마당으로 여기고, 실재론과 경험론의 주체는 대상을 의식이 이성적 판단의 잠을 깨도록 하는 감각적 자극으로 여긴다. 이성적 판단은 서양철학사의 핵심으로 자리를 굳혔다. 의식이 이성으로 환원되고, 그 이성이 휴머니즘과 인간 동형론을 정당화시키는 원동력이 된다.

마르셀의 반反코기토적인 실존의 존재론적 관여 철학, 메를로뽕띠의 사물과 얽히고설켜서 교섭하는 '지각의 현상학', 인간을 자연의 생명 속으로 재조명하는 베르크손의 생철학 등이 사실상 은연중에 레비스토로스의 구조주의적 사유와 인간의 자연 동형론le physiomorphisme으로 서서히 나를 이끌었다.

레비스트로스의 구조주의가 지닌 철학적 생명은 의식과 인격이 자연을 대상화하는 것을 인간의 정당한 권리로 여기게 한 문명론을 거부하고, 오히려 자연의 구조를 인간 사고의 원형으로 섬기는 '야생의 사유la pensée sauvage'가 인류의 무의식적 사유의 근간이라고 여기게 했다는 점에 있다. 그 야생의 사유를 레비스트로스는 일인칭인 '나의 사유la pensée du Moi'가 아니라, 삼인칭인 '그것의 사유la pensée du Ça'라고 암시했다고 볼 수 있다.

'구조주의'가 나에게 일러준 '그것의 사유'는 뒤에 나에게 불교와 노장老莊의 사유가 바로 자연의 이법인 '그것'에 마음이 동의하고 거기에 관여하는 길과 다르지 않음을 깨닫게 한 촉매제가 되었다.

하여튼 레비스트로스가 말한 '그것의 사유'와 같은 야생의 사유는 인간의 사고방식이 원천적으로 자연적 사물 세계의 존재 방식과 같음을 알아차리는 것이다. 그 존재 방식이 곧 언어활동의 법칙처럼 '상관적 차이la différence pertinente'의 관계를 짓는다. 자연의 규칙은 차이와 동거가 불일이불이不一而不二의 질서로 얽혀 있고, 이런 질서가 상호성의 원리로 작동하여 자신과 타자 사이를 변증법적 모순 대립으로 만들지 않으며, 인류학자 모스M. Mauss가 발견한 사회성의 작용 원리인 포틀래치처럼 서로서로 물건으로 거래하여 주고받는 교환의 질서라는 것이다.

레비스트로스는 토템의 체계도 물활론적인 종교적 신앙의 수호신을 말하는 것이 아니라, 저런 교환 체계를 가능하도록 하는 야생의 사유 가운데 하나라고 보았다. 이런 교환 거래가 인류의 무의식적인 야생의 사유라고 읽는 사상은 뒤에 하이데거와 데리다의 차연差延(der Unter-Schied=la différance)의 철학으로 이어져, 불교의 연기법적緣起法的 사유와 노자가 말한 '유욕有欲의 도道로서의 요徼'와 병작竝作, 자빈自賓, 승승繩繩, 면면綿綿, '홀황惚恍과 황홀恍惚'의 교차배어법 등을 철학적으로 이해하는 길잡이 역할을 했다고 생각한다.

상관적 차이가 모순 대립의 차이로 치달으려면, 만물이 차이를 표시하는 기호가 아닌 자아 중심적인 소유 의식이 발동해야 한다. 비非의식인 자연의 질서에는 상생과 상극의 균형만 있지 결코 모순 대립으로 투쟁을 지향하는 일은 없다. 인간의 의식은 필연적으로 야생의 사유가 존재存在하는 방식을 문명의 사유가 소유所有하는 방식으로 바꿔놓는다.

소유하는 방식에는 반드시 자아의식이 개입한다. 레비스트로스는 이런 소유 의식 때문에 인간 사회에서는 갈등을 피할 수 없어 그것을 상징적으로 해소시키기 위하여 신화가 등장한다고 한다.

예컨대 신화에 등장하는 코요테는 썩은 고기를 먹는 동물인데, 그것은 초식 동물과 포식 동물 사이의 매개자가 된다. 또 안개나 새는 하늘과 땅 사이의 중간 매개자로, 옷은 자연과 문화의 매개자로, 재는 수직적인 지붕이나 굴뚝과 수평적인 난로와 땅 사이의 중간자로, 남자와 여자의 중간자로서 양성 소유자의 모습이나, 아기와 어른을 매개하는 난쟁이 등의 모습은 모두 모순 갈등을 해소하려는 무의식적 야생의 사유를 대변한다. 신화는 인간의 자연 동형론적 사유 방식을 알린다.

이런 신화가 야생인들의 전前 철학이다. 이런 야생의 사유가 철학으로 옮겨와 표현된 것이 불교와 노자老子 철학에 등장하는 무無와 공空이라는 사유라고 생각한다. 무無와 공空은 존재가 소유로 미끄러지면서 일어나는 갈등과 투쟁을 비껴가기 위하여, 만물의 왕래와 거래가 소유론적 거래가 아닌 존재론적 거래이도록 하는 역할을 한다고 본다. 즉, 무無와 공空은 신화의 중간 매개자와 같은 역할을 하는 힘을 지니는 의미라고 생각한다.

그래서 노자老子는 그런 중간 매개자의 역할을 음양陰陽 양기兩氣 사이에 낀 충기沖氣라고 언명했으리라. 이 충기沖氣의 뜻이 비어 있음의 기氣이기도 하고, 또 가운데 끼어 있는 기氣이기도 하다는 것은 우연이 아니라고 생각한다. 그 기氣가 모든 대립 모순을 상관적 이중성으로 연계하는 모체 역할을 한다. 무無가 존재를 하이데거적인 존재자나 마르셀적인 소유로 흐르지 않게 하는 불멸의 바탕이 된다. 그래서 하이데거는 무無가 존재를 가능케 하는 '근거 없는 근거der Ab-grund(le fond sans fond)'라고 읽었으리라.

레비스트로스가 인류 문화의 무의식적 구조를 언어활동의 구조로 읽듯이, 라깡은 인간의 무의식을 또한 언어활동의 법칙으로 읽는다. 그는 무의식은 언어활동처럼 구조화되어 있다고 언명한다. 무의식이 언어활동을 가능케 하는 것이 아니라 오히려 언어활동이 무의식을 주형한다는 것이다.

라깡의 정신분석학은 미국의 생활환경에 성공적으로 적응하는 법을 도와주는 정신치료학을 아주 극렬하게 비판한다. 라깡은 미국의 정신치료학은 무의식의 충동을 이기는 자아를 정립하는 것을 목표로 한다고 비판하고, 오히려 정반대로 자아의 자기동일성을 전복하는 무의식적 욕망인 '그것Ça'의 말인 수수께끼le rébus의 논리를 보려고 한다. 그 '그것'이 라깡에게는 주체(S)의 의미로 나타난다.

그 주체는 인격적인 자아의 주체가 아니라 무의식적인 욕망le désir의 주체다. 아기는 어머니의 자궁에서 세상으로 나오면서 엄청난 아픔과 자기 몸의 일부인 탯줄을 자르는 고통을 겪는다. 아기는 이미 자기 몸이 조각났다고 여긴다. 라깡은 정신병에 걸린 사람들이 거울 보는 것을 발작하듯 두려워하고, 화가들의 그림(보쉬J. Bosch, 브뤼겔P. Bruegel)에는 정신분열자들의 조각난 몸이 그려졌다고 진술한다. 라깡을 상징하는 유명한 '거울의 단계le stade du miroir'가 이와 관계있다.

아기는 자기 몸이 조각났다고 상상하다가 거울을 통해 자기 몸이 성한 것을 보고서 자기 몸에 대한 자기동일성의 환희를 맛본다. 이것이 자기 몸에 대한 나르시시즘의 발아다. 그러나 온전한 자기 몸을 지각하는 것은 아니고, 먼저 그 몸을 자기가 아니라 남의 몸이라고 여긴다. 즉, 생후 6~18개월의 아기는 먼저 남을 매개로 자기 몸의 정체성을 확인한다. 이것이 모든 인간관계의 이중 구조의 원본인 셈이다.

자기동일성과 타자의 이타성이 서로 혼용되어 교차되어 나타난다. 아기가 인형을 좋아하다가 갑자기 인형의 눈을 파고, 자기 또래의 아기와 잘 놀다가 갑자기 미워서 밀어 넘어뜨린다. 자기 몸을 조각나게 한 남을 미워하여 공격하는 것과 역설적으로 남을 통해 자기 몸이 성함을 지각한 아기는 타자에 대한 공격성l'agressivité과 자기 몸에 대한 나르시시즘le narcissisme이 뒤엉킨 애매모호한 상태로 평생을 산다.

즉, 주체는 평생 타자와 인연의 끈을 끊고는 살 수 없다. 거울을 통하여 남이 곧 자기라는 것을 알듯이, 아기는 자기에게 말을 건네고 웃음을 주면서 젖을 물리는 엄마가 자기와 똑같다고 상상한다. 이제 거울의 자리에 엄마가 등장한다. 이것이 오이디푸스 콤플렉스le complexe d'Oedipe의 시작이다. 이 콤플렉스를 성공적으로 통과하지 못하면 아기는 영원히 사회생활을 하지 못한다.

아기가 어머니와 상상적 자기동일성을 깨고 상징의 언어활동의 세계로 진입케 하는 것이 아버지의 법la Loi du père이다. 아버지의 법은 아기에게 상징적 남근le Phallus을 소유하지 못한 몸으로 어머니와 한 몸일 수 없다는 것을 뜻한다. 아기는 어머니와 한 몸을 이루려고 멀고 먼 길을 돌아간다. 거기서 아기는 언어활동의 세계에 참여한다.

아기의 주체인 '그것Ça'은 그 언어활동의 업業(karma)과 같다. 라깡은 무의식은 '타자의 담론le discours de l'autre'이고 '타자의 욕망의 욕망le désir du désir de l'autre'이라고 강조한다. 거울을 통하여 본 타인의 모습이 자기

모습이 비친 영상이고 어머니를 통하여 자기가 어머니의 남근이라고 상상하듯이, 인간은 성장하면서 늘 타인의 담론을 통하여 자기의 나르시시즘과 타자에 대한 적대감을 갖는다.

타자에 대한 적대감은 남에게 인정받으려고 애쓰는 소유욕과 다르지 않다. 저마다 남이 부러워하는 대상이기를 욕망하므로 각자는 늘 남들이 갖는 욕망의 담론에 의하여 길들여진다. 타자의 말이 곧 자기의 자아가 되는 그 사이의 지역(a-a')이 무의식의 경계이다. 각자의 무의식은 그 경계선의 바깥을 넘어설 수 없고, 또 지나가려고 하지도 않는다.

남의 말이 나의 무의식을 형성한다. 그래서 남과 교통하기 위한 언어활동이 오히려 남을 이해하는 데 방해가 된다. 이미 나의 무의식에 입력된 남의 욕망이 나르시시즘을 형성해놓았기에 새로운 지평을 향하여 해방될 수 없기 때문이다. 그리하여 사회생활이 곧 무의식의 자궁인데, 그것이 사회생활의 다른 대화를 거의 귀머거리의 대화로 만든다.

인간은 그의 무의식에서 듣고 싶은 것만 통과시킨다. 이것을 말의 체 le crible라고 부른다. 라깡의 구조주의에서 이성적 대화의 담론 가능성은 거의 없다. 모든 인간이 무의식의 주체인 '그것'의 지배를 받는다면, 모두 다 편파적이고 부분적인 담론의 제약을 벗어나지 못한다. 인간은 사회생활이란 공동업共同業의 테두리를 벗어나지 못한다는 불교의 업감연기설業感緣起說과 라깡의 구조주의가 비슷해 보인다. 라깡은 다만 이런 업감연기설의 구조 안에서 유토피아가 없는 현실을 직시하며, 지나친 이기적 나르시시즘과 배타적 공격성의 중간쯤에서 인간의 잠정적 구원인 중도의 상징을 선택하는 것이 현명하다고 한다.

나는 라깡의 '그것이 말한다(Ça parle)'를 하이데거의 '그것이 말한다(Es

spricht)'와 혼동하여 처음에는 서로 비슷하지 않은가 오해했다. 그러다가 나중에 그 두 가지가 서로 나른 인간 무의식의 언어활동이라는 차이가 있지만, 동거해 있는 인간 자연성의 두 가지 욕망에 해당한다는 것을 깨달았다.

라깡의 것은 자연성인 무의식의 소유론적 욕망인 본능의 차원이고, 하이데거의 것은 자연성인 무의식의 존재론적 욕망인 본성의 차원이라고 깨달았다. 나에게 라깡의 욕망론은 베르크손의 본능론과 결부되어 마르셀이 말한 소유론적 사유 방식과 만나는 계기가 되었다.

소유론적 본능의 욕망은 타동사적인 욕망으로서 좋은 것을 바깥에서 얻으려고 남들과 배타적으로 투쟁하는 장악적 사고방식을 뜻한다. 존재론적 본성의 욕망은 자동사적인 욕망으로서 좋은 것이 자기 안에 이미déjà 그리고 언제나toujours 있음을 알아차리고 그것을 꽃피워 남들에게 이타적으로 베푸는 보시적 사고방식과 다르지 않다.

마음은 좋은 것을 좋아하는 기호이다. 이런 생각은 불교 유식학의 가르침과 통하고, 특히 들뢰즈G. Deleuze가 스피노자의 윤리학을 해석하면서 기호의 윤리학l'éthique은 선의지의 도덕학la morale과 다르다는 것을 강조하는 데에서 많은 영향을 받았다. 스피노자는 인간은 어떤 것이 선善이기에 좋아하는 것이 아니라, 좋아하기에 선善이라고 여긴다고 갈파했다.

소유론적 본능과 존재론적 본성은 좋은 것을 좋아하는 점에서는 비슷하나, 전자는 타동사적·장악적이고 후자는 자동사적·보시적인 마음의 기호라는 점이 다르다. 이것은 라깡과 하이데거의 사상을 비교하여 얻은 결론이다.

나는 이런 결론에 힘입어 불교의 화엄華嚴사상과 선禪사상에서 말하는 중생심衆生心이 곧 여래심如來心이라는 말의 뜻을 철학적으로 이해할 수 있었다. 본능의 소유론과 본성의 존재론은 서로 다 같이 이익을 겨냥하는 자리인데, 마음의 방향이 다르다고 할 수 있다. 두 사상가가 모두 '그것이 말한다'라고 똑같은 말을 한 배경을 이해할 수 있을 것 같다. 두 사상가에게 '그것'은 모두 언어활동을 뜻한다. 이기배타적인 이익과 자리이타적인 이익이 중생과 여래의 마음이 가는 길이다.

더구나 프랑스의 언어학자인 뱅브니스트E. Benveniste가 소유동사 'Avoir'는 타동사임에도 불구하고 어느 나라에서도 결코 피동형으로 쓰지 않는다는 사실을 설명하면서, '소유하다'의 의미가 사행事行동사가 아니고 상태狀態동사의 뜻을 함의하기에 존재동사Etre와 매우 혼동하여 쓴다는 주장도 저런 철학적 결론을 이끄는 데 큰 도움이 되었다. 본능의 소유와 본성의 존재는 메를로뽕띠가 말하는 얽힘 장식의 교차배어법과 같은 의미를 지닌다고 생각한다. 원효元曉가 생멸生滅의 불각不覺과 진여眞如의 각覺이 서로 일심이문一心二門의 새끼 꼬기를 한다고 말한 것과 같은 의미이다.

3 데리다의 해체주의와 무無의 존재론으로 가는 길

구조주의와 데리다는 내가 루뱅 대학에서 익힌 철학이 아니다. 순전히 독학의 결정체였다. 처음에 데리다의 사상이 너무 낯설어서 루뱅 대학 학생 시절에는 그의 가장 쉬운 책인 『목소리와 현상*La Voix et le phénomène*』마저도 제대로 이해하지 못했다. 구조주의를 어느 정도 이해하고 나서야 그에 대한 시석 접근을 할 수 있었다.

데리다의 해체철학은 레비스트로스가 말한 의식철학의 인간동형론을 파괴하려는 것이라고 여겼다. 데리다는 의식과 자아 중심의 구성주의를 지워 없애서 모든 존재자적인 실체론과 명사론을 파괴하는 것이 새로운 철학의 길이라고 말하는 것 같았다. 그런 의식철학, 자아철학은 그가 비판하여 마지않았던 말중심주의le logocentrisme, 소리중심주의le phonocentrisme, 존재론적 현존철학la philosophie de présence ontologique, 존재신학l'onto-théologie, 택일과 개념적 결정le choix et la décision conceptuelle의 역사와 뗄 수 없는 관계를 맺고 있다.

데리다는 구조주의의 이항 대립적인 상관적 대대법l'opposition pertinente이 정태적이고 기계적인 수준에 머물러 있기에 아직도 본격적으로 이항 사이의 역동적 거래의 차원으로는 구체화되지 못했다고 진단했다. 그래서 그는 레비스트로스의 구조주의를 떠나 레비스트로스가 아직 역사의 유토피아적인 환상을 온전히 버리지 못했음을 비판한다. 그런 환상에 집착하는 것은 그가 여전히 역사의 현존적 시간이 실재한다고 믿는 것이라고 비평한다.

데리다는 말소리중심주의le logo-phonocentrisme에 대하여 '문자학적 사유la la pensée grammatologique'를, 존재론적 현존의 철학에 대하여 '차이와 원흔적의 사유la différence et la pensée d'archi-trace'를, 존재신학에 대하여 '차연差延과 보충대리의 법la différance et la loi de supplémentarité'을, 그리고 택일과 개념적 결정의 논리학에 대하여 '이중성과 결정불가능성la duplicité et l'indécidabilité'이라는 반反논리를 제의한다.

이런 다양한 수식들은 모두 똑같은 해체철학의 사유를 다르게 표현한 것에 지나지 않는다. 말소리의 의미를 서구 사상사에서는 늘 영혼의 자기공명의 현존을 노래하기 위한 진리의 매체라고 여겼다. 정신의 자기동일성을 알리는 의미는 진리의 말과 그 소리의 내적 공명의 화음과 다른 것이 아니다. 그래서 진리는 허위와 한자리에 있지 않고, 그 소리는 어떤 간격의 불협화음을 용인하지 않는다. 신 중심, 영혼 중심, 진리 중심은 모두 내면성의 자기동일성을 찬양하는 동일성의 철학이다.

그러나 데리다는 그런 자기동일성이 하나의 허구임을 말한다. 마르셀의 소유와 존재의 대립이나, 메를로뽕띠의 '살'의 교차배어법이나, 베르크손의 본능과 직관(본성)의 이중성이나, 레비스트로스의 야생적 사유의 상관적 차이나, 라깡의 거울 단계의 이중성이나 모두 이타성 없는 동일성은 결코 성립할 수 없다는 것을 말한다. 즉, 같음le même은 다름 l'autre과 함께 성립하고, 존재하는 한 쌍의 관계에 지나지 않는다. 그래서 같음은 다름의 다름l'autre de l'autre이고, 다름은 자기와 다르게 같음le même autrement que soi에 지나지 않는다.

말과 소리의 철학은 전통적으로 동일성l'identique을 중시했지만 문자 l'écriture는 이미 차이le différentiel를 그린다. 일반적으로 우리나라에서는 이 문자의 뜻을 글쓰기로 옮기는 경향이 있으나, 이것은 글 쓰는 행위를 뜻하지 않는다. 오히려 써놓은 것에 더 가깝다. 일체의 써놓은 모든 표지l'indice가 데리다의 문자라고 읽어야 한다. 그러므로 문자는 단순히 글자를 말하는 것만이 아니다. 그것은 모든 종류의 써놓은 흔적la trace 이란 뜻을 담고 있다. 흔적으로서의 문자는 이미 그 자체의 차이를 분비한다.

종이 위에 무심코 그은 빗금은 이쪽과 저쪽을 가르며 둘로 나눈다. 도장의 음각과 양각은 한 흔적의 두 차이에 지나지 않는다. 이런 이중성이 야누스의 얼굴처럼 이미 모든 시작에 새겨져 있다. 따라서 일점근원의 순수성은 현존의 신화이다. 이것이 유명한 문자학적 사고방식이다.

모든 출발은 이미 이중성으로 오염되어 있다. 음각은 양각의 다름이고, 양각은 음각의 다름이다. 그러나 동시에 성립한다. 데리다는 이런 점에서 각각은 모두 타자의 흔적에 지나지 않기에 선험적인 흔적의 사고를 말하기 위하여 원흔적이란 표현을 썼다. 또한 데리다는 음각은 양각을 보충대리하고 차이差異 속에서 연기적延期的 상관성을 주고받기 때문에 이런 묘한 역동성을 차연差延(la différance)이라는 이름으로 자기의 사유를 알렸다.

이 차연적 사유는 하이데거가 이미 『동일성과 차이Identität und Differenz』에서 명명한 차연의 뜻인 'der Unter-Schied'이란 용어와 다르지 않다. 사실 데리다가 하이데거를 존재론적 현존의 철학자라고 비판한 것은 그가 전반적으로 하이데거를 잘못 읽었든지, 아니면 의도적으로 구별하기 위한 욕심이 아니었나 하는 의구심을 지울 수 없다.

하여튼 나는 데리다를 통하여 노장사상과 불교사상에 철학적으로 접근하는 계기를 얻었다. 또 오랫동안 난공불락이던 하이데거를 풀이할 수 있었다. 그는 나의 철학적 행정에서 가장 큰 전환기를 제공한 사상가였다. 지나가며 언급하자면 하이데거를 실존주의자나 현상학자로 평가하기보다는 포스트모던적인 해체주의자로 해석해야 옳다고 생각한다.

다시 데리다를 말한다. 차연差延의 사유는 불교적 연기법의 사유와 다르지 않은 것처럼 보이고, 그것은 또한 이미 노자가 말한 '유욕有欲의 요徼'로서 만물의 존재방식인 상호 거래의 오감과 서로 통한다고 생각한다. 또 이런 차연의 법칙은 장자莊子가 말한 방생지설放生之說과 무엇이 다를까?

이런 차연의 법을 데리다는 이중긍정et-et과 이중부정ni-ni의 불가결정의 반反논리로 표시했다. 이중긍정은 데리다가 말한 파르마콘le pharma-kon처럼 약le remède이면서 독le poison인 존재의 비非실체적, 비非자가성自家性적 자기동일성의 부정을 가리킨다. 그래서 파르마콘은 이미 같음과 다름을 어떤 존재방식으로 동시에 지니는 이중긍정의 본질을 띤다. 그래서 이런 이중긍정은 노자가 말한 현玄의 반反개념적 본질과 다르지 않다. 존재가 이중적 요인들의 연루법과 같으므로 그 존재는 상호 흔적의 관계 묶음으로 읽어야 하므로 이 또한 노자가 말한 '황恍/홀惚'과 '홀惚/황恍'의 교차배어법이란 표현과 다르지 않다.

약이 약인 것만이 아니고 독도 독인 것만이 아니므로, 그 이중긍정은 또한 안으로는 이중부정의 사고방식을 함의한다. 그래서 데리다는 파르마콘의 이중긍정을 또한 코라la chora의 이중부정과 별개의 것이 아니라고 언명한다. 그 코라의 이중부정은 파르마콘의 이중긍정이 실질적으로 그 이중긍정을 초탈하는 무無의 공간과 같음을 뜻한다. 데리다가 비록 하이데거의 존재론을 현존의 철학이라고 비판하면서 존재론 대신에 흔적론을 제기했으나, 하이데거의 경우 존재가 이미 이중성의 흔적과 다르지 않으므로 데리다의 문자학도 궁극적으로는 유有/무無의 관계로서 이 세상을 읽는 필연적 사실론의 존재론으로 보인다.

데리다의 철학이 하이데거를 다시 보게 하고, 노장과 불교의 유식학과 화엄학을 다시 읽도록 한 짐에서 나의 현대 프랑스 철학의 시유 행정은 데리다의 해체철학으로 그 은택의 절정에 이르렀다. 마르셀의 반反 소유론과 반反 '코기토cogito' 철학은 내게 감각과 신앙의 관여를 깨닫게 했고, 그것은 가톨릭의 신앙철학에서 불교적 선禪 수행 철학으로 이어지도록 했다.

나는 메를로뽕띠의 현상학에서 마르셀적인 반反의식의 철학에 이론적 타당성을 더하는 가르침을 입고, 베르크손에게서 인간을 생동감 있게 이해하려면 자연의 생물학적 본질을 떠나서는 불가능함을 익혔다. 이런 반反의식, 반反 코기토 철학이 나를 구조주의의 길로 안내했다.

나는 구조주의에서 본격적으로 인간의 자연 동형론적인 물학物學을 배웠다. 또한 야생의 사유가 무의식적 사유와 다르지 않음을 레비스트로스와 라깡에게 차근차근 배웠다. 그리고 역사의 흐름도 변증법적인 전개가 아니라 시대의 일반적 무의식적 인식의 틀 아래에서 인식해야 함을 알았다(푸꼬). 그래서 무의식의 문법이 인간 사유의 불변적 하부구조임을 배운 나는 데리다의 해체철학을 통하여 그것이 인식의 수준에 머무는 것이 아니라, 이 세상의 불변적인 사실로서의 유무有無의 도道에 지나지 않음을 깨달았다.

나는 노장老莊의 유무有無의 도道와 불교의 색공色空의 수행으로 나아갔다. 아울러 데리다를 통하여 하이데거의 사유가 무엇인가를 간접적으로 시사받는 계기를 터득했다는 것도 밝히고 싶다. 오늘의 나를 철학적으로 있게 한 것은 거의 현대 프랑스 철학의 어떤 흐름에서 익힌 자기화의 길이라고 고백하는 것은 결코 과장이 아니다.

데
리
다
의

철
학
사
상
과

불
교

1
책과 텍스트의 구분

자끄 데리다Jacques Derrida(1930~2004), 그는 현대 프랑스 철학의 거장이다. 우리는 그의 철학을 보통 해체주의déconstructionism라고 부른다. 왜 해체적인가? 그것은 기존 서양철학사의 진리관과 형이상학을 해체시켜 세상을 새롭게 보는 눈을 말하기 때문이다. 이 점에서 그의 철학은 독일 하이데거Heidegger의 사유와 비슷하나 본인은 하이데거도 해체적 비판의 대열에 올려놓고 있다. 그것은 하이데거가 서양의 기존 철학을 해체하려고 한 공적은 인정하지만 불행히도 그가 존재론적 사유를 청소하지 못하고 거기에 연연하기 때문이다.

그러나 하이데거의 사유가 데리다보다 서양 전통 철학을 해체하는 사유의 길을 먼저 걸어갔을 뿐만 아니라, 데리다가 자기 철학의 특성으로 말하는 차연差延(la différnace=differance)이란 발상법도 이미 하이데거가 말한 차연差延(der Unter-Schied=differance)의 길을 답습한 느낌을 주는 것을 부인하기 어렵다. 더구나 하이데거의 존재론은 데리다가 해체하려고 한 서구의 전통 철학의 존재론과 다르므로 데리다의 하이데거 존재론 비판은 정당한 것 같지 않다.

그러나 데리다의 철학이 항상 하이데거의 사유와 같은 뉘앙스를 풍기는 것은 아니다. 데리다와 하이데거를 갈라놓는 가장 큰 차이점은 데리다의 철학이 철두철미 존재론l'ontologie을 부정하는 사상이라는 것이다. 그의 철학은 존재론을 부정하는 사유로 가득 차 있기에 하이데거처럼 존재存在와 무無를 철학적 화두로 삼고 있지 않다. 데리다는 모든 존재론을 존재신학l'onto-théologie이라고 명명하면서 그것을 지우려고 하는데, 이 반反존재-신학적 사유도 이미 하이데거가 시작했던 작업이다. 데리다는 존재의 개념을 영원한 현존現存의 진리와 그 형이상학의 아성으로 보아서 그것을 해체하려고 하지만, 하이데거는 데리다처럼 존재를 현존의 초시간적 성역으로 여기지 않았다. 그러므로 데리다의 반존재론적 철학은 하이데거의 사유에 대한 비판이 될 수 없다. 데리다는 하이데거의 존재론을 오독한 것으로 보인다. 하이데거에서 존재의 의미는 영원한 현재적 존재로서의 현존la présence(presence)이 아니라 생멸을 나타내는 사건das Ereignis(event)이거나 생기적 사상事象(die Sache= state of affairs)에 해당하기 때문이다.

데리다 철학의 해체 작업은 세상을 존재신학의 의미로 가득 채우려는 형이상학의 해체 작업을 뜻한다. 존재신학은 이 세상이 신이 창조한 의미로 가득 차 있다는 사상을 말한다. 즉, 이 세상이 의미의 창조자인 최초의 원인이자 최후의 목적이 되는 신의 현존적 존재로 통일되고 귀결된다는 사상이 바로 존재신학의 기본이다. 즉, 존재신학은 신중심주의神中心主義 사상으로서, 이 세상은 신이 적은 책이라는 것이다. 이 세상은 신이 작성한 기승전결의 이야기를 갖춘 역사라는 것이다. 신이 중심이고, 중심은 하나이므로 신을 하나님으로 번역한 개신교의 사고방식은 강력한 일원론적인 존재신학의 대명사와 같다.

데리다의 철학은 일원론적인 신학적 세계관의 부정일 뿐만 아니라, 그 일원론적 신학적 세계관에 짓눌린 세상을 해방시키려는 의도를 풍기고 있다고 생각한다. 그래서 그는 신의 현존을 지우고 레비나스Levinas 철학의 영향으로 신의 부재不在(l'absence=absence)를 자유의 상징으로 해석한다. 신중심주의의 거부는 인간중심주의의 해체와 연결되고, 이것은 또 자아의식 지우기와 관련이 있다. 데리다의 해체주의는 자아철학과 의식철학의 종말을 유도한다.

신중심주의는 자아중심주의와 같은 맥락을 지니고, 자아중심주의는 의식의 각성과 그 의미화에 집착함으로써 궁극적으로 자아적인 각성은 하나님의 생각과 등식화되는 결과를 불러온다. 그래서 하나님의 생각이 내 생각이라는 유아주의를 불러일으킨다. 존재신학적 철학은 하나님의 생각이 내 생각이라는 주장을 정당화하기 위하여 자아를 논리적 보편의식으로 무장한다. 그러나 겉으로 그렇게 논리적 보편으로 무장하더라도 그것은 자아의식을 만인의 의식으로 도호하기 위한 수단일 뿐이다. 신중심주의와 인간중심주의, 자아중심주의는 모두 열광주의 fanaticism에 탐닉하는 위험성을 지닌다.

세상이 만약 신이 저술한 책이라면 그 내용은 반드시 신의 진리가 백과사전식으로 모두 담긴 완벽한 전체적 체계일 것이다. 존재신학적 철학의 정상에 속하는 헤겔Hegel이 『철학의 백과사전Enzyklopädie der philoso-phischen Wissenschaften im Grundrisse』이라는 저서를 썼다는 것은 우연이 아니다. 신은 일원적 진리의 중심이면서 최초의 근원이고, 전체적 의미의 완벽한 체계이며, 만물 속에 현존하는 영원한 선善의 모형인 셈이다.

그러면 악惡은 왜 생겼는가? 악은 가장 골치 아픈 난제難題(aporia)이다. 그래서 존재신학에서 악은 인간의 잘못(아담의 불복종)으로 추후에 우연히 이 세상에 도입되었다고 주장한다. 그래서 기독교적 존재신학에서는 악을 수치스런 하나의 스캔들로 간주한다. 그러나 데리다는 그런 신학적 해석을 비판한다. 창세기 에덴동산에 이미 이 세상이 악에 빠지도록 유혹한 뱀이 아담과 이브와 함께 살았고, 또한 선악과도 에덴동산에 공존하고 있었다. 이 세상은 신에 의하여 비로소 시작된 성선의 책이 아니라, 이미 일점 근원이 아닌 처음부터 이 세상은 선악이 함께 천을 짜 나간 텍스트라는 것이다. 텍스트는 책과 구별하기 위한 용어로서, 책의 일관된 줄거리에 대하여 그런 이야기가 존재하지 않는 직물le textile 짜기의 교직성交織性(la textrualité=textuality)과 같은 의미 계열에 속한다. 직물은 씨줄 날줄을 교차하여 짠다.

이 텍스트는 완벽한 체계 없이 언제나 다른 천을 접목하여 상호텍스트l'inter-texte를 조립할 수도 있고, 연합텍스트le con-texte도 형성할 수 있는 열린 구조다. 그러므로 이 세상은 신이란 저자가 써놓은 책이 아니라, 저자가 없는 다양한 만남의 상호 연계성이 짜 나가는 천이라는 의미의 텍스트이다. 그래서 세상은 불교적 표현처럼 상호 만남의 연기緣起가 짜 나가는 열린 텍스트로 해석할 수 있다. 데리다는 세상이 텍스트이므로 그의 저서 『문자학에 대하여De la grammatologie』와 『산종散種(La Dissémination)』에서 각각 "텍스트 바깥은 없다(Il n'y a pas de hors-texte=There is nothing outside text)"라는 유명한 명제를 발표한다.

텍스트의 세상에서는 신과 같은 최초의 시원도 최후의 목적인 궁극적 소기所記(le signifié=the signified)도 존재하지 않는다. 텍스트적인 사유는 하나님과 같은 강력한 일원론적 세상을 거부하는 것을 함의한다. 모든 것은 서로 얽혀 있다. 거기에서 시원과 목적의 궁극적 의미를 발견하는 것은 불가능하다. 따라서 이 세상에는 하나의 근원적 출발점도 없고, 되돌아가야 할 종국적 귀착점도 없다. 그리고 모든 것이 서로 얽혀 있어서 자기 것과 타자의 것을 정확히 경계 지을 수도 없다. 그러므로 만물의 자기동일성self-identity을 주장하는 것은 무의미하고 또 불가능하다.

시원이 없기에 어딘가 이미 있는 시공에서 생각의 실마리를 잠정적으로 얹어서 논의해야 한다. 이 세상이 바로 텍스트라는 것의 의미는 이 세상이 어떤 소기적所記的 주제主題(le thème signifié=the signified thema)로 정리되지 않고, 모든 것이 서로 그물처럼 얽히고설켜 있다는 것을 상징한다. 그래서 세상의 모든 현상은 자기의 독특한 자가성이란 의미를 소유하지 않고 다른 계기들과 만나서 접목되는 관계의 매듭에 의하여 특성이 결정된다.

그래서 모든 현상은 늘 다른 현상을 만나서 짜이는 무대의 연대連帶가 중요해지므로 고립적인 현상은 성립하지 않고, 모든 현상은 늘 타자를 끊임없이 찾는 욕망desire과 같다. 이 욕망은 노자老子가 『도덕경』 1장에서 말하는 만물의 유욕有欲과 비슷한 의미다. 만물은 자신과 다른 타자와의 해후에서 직물을 짜므로 텍스트의 세상에서 가장 기본적 구조는 이중성으로서, 데리다가 말한 두 가지 얼굴biface(bifacial)의 야누스와 같고, 두 갈래로 나뉜bifide(bifid) 잎맥과 흡사하다.

2 현상학과 구조주의의 해체로부터 시작

데리다Derrida의 철학은 먼저 20세기 철학의 2대 조류였던 후설Husserl의 현상학phenomenology과 레비스트로스Lévi-Strauss의 구조주의structuralism를 해체하기 시작한다. 현상학의 이념은 의식의 의미 부여가 배제된 대상적 객관성을 진리로 간주하는 과학주의와 오직 의식의 주관적 심리 현상을 진리로 여기는 심리주의의 두 극단을 넘어서, 의식의 진리를 추구하되 심리주의에 빠지지 않으며 객관성을 진리의 기준으로 알되 몰의식적 대상주의에 젖지 않는 중도의 위상을 탐구하려 했다. 그래서 의식의 현상이 진리의 명증한 조건이 되는 길을 모색하려는 것이 현상학의 이념이다.

현상학은 객관적 대상을 의식의 노에마Noema로 여기고, 의식의 주관적 활동성을 노에시스Noesis로 명명하여 노에시스와 노에마와의 현존적 일치에서 진리의 명증성을 확보하려 했다. 후설의 현상학은 그런 일치에 의해서만 의식의 생생한 지향과 의식의 대상이 살아 있는 교감을 이루어, 의식이 스스로 진리임을 의식하는 공명 현상 속에서 노에시스의 의식과 노에마의 존재가 의식 현상 안에서 완전한 현존적 진리의 근원적 순수성을 체험한다는 것을 겨냥한다. 말하자면 현상학적 진리는 의식의 주관성과 존재의 객관성이 관념적 의미의 동일성을 이루는 일치의 현재적 순간과 다르지 않다.

의미의 동일성은 객관적 존재가 의식의 지향성 앞으로 다가와서 의식의 의미 작용인 노에시스의 말하고자 함le vouloir-dire이 노에마적 존재의 불변적 의미le vouloir-dire를 채울 수 있을 때에 발생한다. 불어에서 'le vouloir-dire'은 '말하고자 함'이란 뜻과 '의미하다'라는 뜻을 동시에 함의하는 것이다. 현상학에서 'le vouloir- dire'은 노에시스적인 '말하고자 함'이 노에마적인 '의미함'과 일치하는 순간이다. 그런 채움의 본질이 현존하는 순간이다. 또한 그 순간은 의식에서 영원의 시간으로 나타나는 현재라고 주장한다. 진리는 불변하는 절대성을 지니고, 그것은 영원의 다른 이름이며, 영원은 의식상에서 오직 현재로 느낀다는 것이다. 과거는 이미 존재하지 않고, 미래는 아직 오지 않는 것으로 모두 비존재非存

在인데, 오직 현재만이 존재하므로 현재는 영원한 절대적 존재의 의식 상의 표현일 수밖에 없다는 것이다. 그래서 후설의 현상학은 본질적으로 의식학이며 자아학egology이다. 자아를 보편적 선험의 논리로 읽는다 하더라도 그것이 자아학인 것만은 어김없는 사실이다.

후설은 현상학의 진리를 의식 내부에서 자기 명증성의 확실성이라고 간주하면서, 그 명증성이 의식에 의하여 표현되어야 한다고 생각했다. 표현되지 않은 진리는 자의식으로 명증화되지 않는 잠자는 상태와 비슷하기 때문이다. 표현Ausdruck(expression)은 의식이 존재 현상과 일치시킨 존재론적 명증성을 스스로 의식화하는 단계를 말한다. 데리다는 이 표현을 '말하고자 함'이나 '의미함'이라는 뜻인 불어의 'le vouloir-dire'로 나타낸다. '말하고자 함le vouloir-dire'은 의미le vouloir-dire를 의식이 '자기 자신에게 말하고자 함le vouloir- se-dire'과 다르지 않다는 것이다.

이런 의식의 자기표현은 삼위일체의 현상을 띤다. 후설은 그러한 삼위일체가 살아 있는 생명의 의식이라고 생각했다. 그리고 저 생명의 살아 있는 의식의 현상으로서의 현존은 눈 깜짝할 사이의 현재적 직관과 같다는 것이다. 즉, 후설은 현재적 직관에서 의식의 노에시스와 존재의 노에마가 의미상에서 일치의 포개짐Deckung(covering)이 성립한다고 주장한다. 여기서 후설의 현상학은 존재론적 현존presence의 구조적 진리와 시간적 현재present의 발생적 진리가 서로 일치하는 합일을 모색한다. 그는 현존의 구조가 현재의 시간 속에서 일어난다고 생각했기 때문이다. 그 현재의 시간은 직관된 존재가 의식에 이성적으로 의미화하는 것과 만나는 시점이다. 그러므로 현상학적 진리는 '지금'이라는 현재가 현존을 가능케 하는 근원적 시점이라고 여긴다.

현상학은 무수한 현재 중심의 무한한 연속을 예상하는 철학이다. 그렇기에 현상학은 역사적 지평을 떠날 수 없는 의식학이며 자아학이다. 데리다는 현상학의 진리는 무수한 현행적 지금의 시각을 가장 귀중하게 여기는 현존적 현행태의 형이상학이라고 진단한다. 후설은 이러한 현재적 지금의 현존적 현행의 시각을 의식의 근원적 본Urform des Bewußtseins(archiform of consciousness)이라고 주장한다. 현재적 시간의 근원성이 과거와 미래를 구성한다는 것이다. 과거와 미래는 현재 중심의 언저리에 지나지 않는다는 말이다.

데리다는 이런 후설의 현재적 현존의 진리 개념에 대한 해체를 시작한다. 데리다는 과거나 미래가 현재 중심의 파생체가 아니라 현재는 과거를 다시 당기고 미래를 미리 당긴 것으로 읽어야 한다고 주장한다. 즉, 현재의 지금은 과거와 미래의 사이에서 성립하는 차이의 흔적에 지나지 않는다는 것이다. 과거와 미래의 차이의 흔적이 현재적인 지금보다 더 나이가 많다는 것이다. 그러므로 시간적 차이가 현재의 현존보다 앞서고, 어긋남이 자기동일성보다 근원적이라는 것이 데리다의 해체적 견해다.

그러나 후설은 목소리의 말이 곧 의미의 표현이고, 이것은 또 자기 목소리를 통해 존재의 의미를 자기가 듣는 그런 자가 일치의 현존적 질서와 다르지 않다고 주장한다. 후설은 목소리의 말을 '스스로 말하는 것을 듣는le-s'entendre-parler(hearing-oneself-speak)' 현존적 진리의 표준으로 여겨서 목소리의 말이 순수의식의 내면적 자가성의 현존적 진리로 인식한다. 목소리의 말은 보편적 의미의 이성과 의식이 내면성에서 공명을 일으키는 현존의 순간이다. 후설은 '스스로 말하는 것을 듣는le-s'entendre-parler' 것은 내가 나를 보는 것이나 내가 나를 만지는 것과는 다르다고 여겼다. 내가 나를 보거나 만지는 것은 외면적인 것을 느끼는 감각과 관계하지만 내가 말하는 것을 듣는 것은 내면적인 의식 안의 공명 현상이기 때문이다. 그래서 후설은 목소리Stimme(voice)는 '함께 앎으로서의 의식con-science'이라고 본다.

데리다는 이 목소리의 말하기를 듣는 것이 자기 현존의 일치 공명이 아니라고 한다. 목소리로 내가 말하는 것을 듣는 현상은 조금 전에 말한 것을 내가 다시 잡아당기는 근접 과거에 대한 흔적을 기억하여 가능한 것이지, 그것이 현행적인 단순성으로서 구성된 것이 아니라는 것이다. 데리다는 말하기와 듣기의 내면적 일치 공명으로서의 현재적 현존이 비현재적인 흔적을 가능케 한 것이 아니라, 비현재적인 흔적la trace이 현존을 가능케 한다고 역설한다.

흔적이란 비현재적인 것이 이미 현재적인 것에 삼투되어 들어와 있다는 것을 뜻한다. 말하고 듣는 것도 동일성의 현존이 현재에서 이루어지는 것이 아니라, 먼저 말하고 그 다음에 곧바로 그것을 듣는 것이 뒤따르기 때문에 사람들은 자기 말의 흔적에 대하여 동의하든지 아니면 후회하거나 수정하는 일이 생긴다는 것이다. 가장 근접적 행위로서의 말하고 듣는 것도 아주 미세한 차이를 띠는데, 나라고 하는 자아도 어제의 나와 오늘의 내가 똑같지 않다.

현존의 존재론적 자기동일성을 하나의 허구적 환상이라고 비판한 데리다는 일체의 동일성의 형이상학을 거부한다. 그래서 의식의 내면성과 자기동일성을 표현하는 것은 현존이 아니라 의식의 내면에서도 같음과 다름이 나뉘고, 의식도 바깥의 비의식과의 차이에 의하여 표시될 수밖에 없다고 생각한다. 그러므로 의식은 순수 내면성의 자기동일적인 표현l'expression이 아니라 다른 것과의 어떤 차이를 나타내는 기호적인 표지l'indice에 지나지 않는다. 데리다가 볼 때 후설의 현상학은 순수 자기동일성의 논리, 일점 근원의 형이상학적 현존의 신앙, 현재 중심의 절대성 신화, 내면성의 정신주의의 승리를 겨냥한 존재론적 자가성의 철학이라는 것이다.

현상학이 의식학이자 자아학의 철학이라면, 구조주의는 반反의식학이자 반反자아학의 철학이라고 부를 수 있다. 구조주의는 현상학과 실존주의가 지나치게 의식 현상을 금과옥조로 여긴 것과 달리 의식의 정신 바깥에 있는 사회적·문화적 무의식과 자연의 탈의식을 철학의 영역으로 개척했기 때문이다. 언어학적 구조주의는 소쉬르de Saussure의 언어학에서 출발했다. 소쉬르는 문자학적 요인을 본질적 언어활동의 영역이 아니라고 여겨 그것을 방계적인 것으로 문제 삼지 않았다. 그는 소리를 언어학의 기본으로 여겨 소리의 음운론적 가치를 구조화하는 작업을 펼쳤다. 그러나 그 소리의 음운도 다른 것과의 차이를 흔적으로 여기면서 기호적 변별성에 의존하므로 소리의 자기 동일적 의미를 추구할수는 없다.

데리다는 의미의 최종적 자기동일성의 확립도 하나의 허구적 꿈에 지나지 않음을 지적했다. 비록 소쉬르의 구조언어학이 음운과 의미의 자기동일성의 불가능성을 인지하고 이항적 대립에 의한 구조적 대대법을 생각했더라도, 데리다가 볼 때 구주주의는 그 이항적 대립을 너무 정태적으로 보아 그 둘 사이에 오가는 힘의 상호 배려를 고려하지 않은 정태적 사유 체계였다. 그래서 데리다는 구조주의를 현상학보다는 우호적으로 생각했으나 구조주의가 너무 정태적 이가二價 논리le binarisme statique(static binarism)에 젖어 있다고 비판했다.

레비스트로스Lévi-Strauss의 인류학도 데리다가 해체하는 대상이다. 레비스트로스도 문자를 문명의 타락 현상으로 진단하고, 문자가 없는 순수 말의 사회를 자연적 유토피아에 가까운 현존적 정신으로 간주했기 때문이다. 문자는 정신이 아닌 바깥의 물질적인 표지를 이용해야 한다. 그래서 문자는 유식한 자가 후천적으로 배우는 소유 권력의 상징처럼 여겨지나, 소리의 말은 그런 차별이 없는 인간 마음의 동감적 질서를 창출한다는 것이 그의 지론이다. 이것은 레비스트로스가 루소Rousseau의 현존적 철학에서 영향을 받은 것이라고 볼 수 있다. 말은 자연적 인간의 공동체적인 현존 질서와 그 교감의 표현인데, 문자는 인공적인 표지로서 말의 소리를 들을 수 없는 먼 거리의 거대 사회를 지배하기 위하여 필요한 비현존적인 문명의 도구라는 것이다. 그래서 문자는 현존적 표현의 친근감이 죽은 부재적 표지의 상징과 같다.

데리다는 레비스트로스가 루소의 영향으로 그런 현존적 유토피아니즘의 환상에 빠졌다고 비판한다. 현존과 일점 근원의 기원은 모두 허구라고 생각했기 때문이다. 인류의 역사에서 자기 것으로 충족되고 자기 일치의 동질적 현존으로 모두가 평화스럽게 살았던 문화는 전혀 없었고, 순수 자연의 소리로서 모두가 공동의 삶을 영위한 공동체도 성립한 적이 없다는 것이 데리다의 소론이다. 그는 순수 자연 생활은 반反자연적 문명과의 차이와 그 흔적으로 살고, 인간 사이의 말도 이미 필연적으로 폭력과 상처내기를 내포하며, 타인의 등장이 나의 성숙을 위한 자각인 동시에 나의 질투심을 유발하는 적의이기도 하여서 모든 것이 시작 없는 시작부터 이미 현존적 질서가 하나의 불가능한 유토피아적 환상에 지나지 않는다고 언명한다. 동일성의 유지가 평화고 차이의 관계가 폭력이라면, 그럴 경우 이 세상에 이미 평화는 없고 오직 폭력의 상관관계만이 전부인 셈이다.

레비스트로스의 구조주의는 저런 유토피아니즘의 환상적 신화 말고도 인식론적으로 지나치게 이항 대립의 구조적 경직성에 의존한다는 것이 데리다의 시각이다. 말하자면 구조주의는 모든 것이 홀로 성립하지 않고 이분법으로 나뉘어 성립하는 자연과 사회의 기본 법칙을 이항적 대립l'opposition binaire(binary opposition)이란 이름으로 구조화하는 데 급급한 나머지, 구조 자체가 스스로 분비하는 서로서로 오가는 힘의 반송을 망각했다는 것이다.

레비스트로스는 전체 구조의 형식적 틀을 인식하기 위해 '산업사회의 기술la technique과 신석기시대의 하찮은 일하기le bricolage', '역사적 진보의 논리와 야생적 구조의 논리', '실존적 말la parole의 통시성ls diachronie과 구조적 언어la langue의 공시성la synchronie', '아버지-아들의 구조와 외삼촌-조카의 구조' 등으로 이분화하는 데 주력했다. 그러한 이분법의 대대적 구조를 통하여 전체적 구조의 인식이 형식적으로 더 명료해진다는 것이다.

하지만 데리다에 의하면 구조주의가 형식적 이항 대립의 구조 인식에 전념해서 그 이항 대립 사이에 오가는 힘의 반송과 왕래를 이해하지 못한 한계를 정시한다는 것이다. 구조주의는 기계론적 차이를 말하는데, 그 차이는 단순한 이항 대립의 관계가 아니라 차연差延(la différance)의 이중성을 한 단위로 엮고 있다는 것이다. 그래서 구조주의와 해체주의의 큰 차이점은 전자는 이항의 차이가 구조 인식의 형식적 틀이라고 여기고, 후자는 치연의 상관적 이중성이 세상의 사실이라고 주장하는 것에 있다.

3
로고스와 다른 파르마콘과 코라로서 세상 보기

로고스logos를 흔히 말이라고 옮긴다. 데리다는 서양의 철학과 형이상학이 로고스중심주의le logocentrisme라고 평가한다. 데리다가 비판하여 마지않는 현존의 형이상학, 자기동일성의 진리, 현재 중심의 시간관, 진리의 소리와 말을 의식이 내면적으로 듣는 자가自家 애정의 정신주의는 서양철학이 애지중지하여 온 로고스중심주의의 다양한 면모에 해당한다.

이 로고스중심주의는 말소리중심주의le phonocentrisme로 번안되는 개념이다. 말소리는 정신의 의미를 표현하는 것으로서 순수 정신의 계시와 관계하지만, 말소리와 다른 문자는 바깥의 물질적인 표지에 의거해서 말소리의 생생한 생명의 현존적 현재의 순간을 살리지 못하는 죽은 기호에 지나지 않는 것으로 보이기 때문이다. 그 말소리 듣기는 신이 나의 의식을 통하여 생생하게 전하는 영혼의 소리와 비슷하다고 하여 전통 철학에서 중요시했다. 이것이 '양심의 소리la voix de la conscience morale(the voice of conscience)'라는 것이다. 그래서 데리다는 전통적 로고스중심주의에서 '말=소리=의식=양심=영혼'이라는 등식이 성립했다고 천명한다.

이 로고스중심주의는 다른 말로 표현하여 진리가 정신적 내면성의 일치와 공명과 현존의 차원과 동일하다는 신앙을 견지하고 있다. 그런 동일성의 최종적 소기所記가 바로 신神이다. 이 신은 존재신학의 형이상학을 빚는 원천이다. 존재신학적으로 신은 스스로 말하는 것을 듣는 절대적 존재에 해당한다. 이런 존재신학의 영역은 인간의 의식 밖에 존재할 수 없다. 그러므로 인간의 의식은 신의 존재를 모사하는 것과 다르지 않다. 인간의 의식은 자아의식의 다른 이름이므로 신의 존재신학은 절대적인 자아의식의 영역과 다르지 않다. 로고스중심주의는 자의식중심주의와 서로 통하고, 자의식의 진리가 주체성을 성역으로 여기게 한다. 그리고 이 주체적 자의식은 곧 자가 애정l'auto-affection(self-affection)의 심리를 옹호한다.

미국의 포스트모더니즘 철학자인 마크 테일러Mark Taylor는 자의식의 존재신학이 결국 필연적으로 나르시시즘narcissism의 병을 낳는다고 진단한다. 나르시시즘의 병은 철학적으로 은연중에 자아의 신격화를 도모한다.

데리다는 이런 로고스중심주의의 자의식이 결국 서양 중심주의라는 백색 신화la mythologie blanche(white mythology)를 낳아서 종족 중심주의와 남성 중심주의 이데올로기를 생산했다고 비판한다. 또한 데리다는 로고스중심주의가 말하는 자의식중심주의와 이웃하여 자가 애정의 심리를 보편적 논리로 장식하고, 백색 신화에 담긴 자가 애정의 심리와 그 논리를 형이상학적 존재의 고유성propriété(property)으로 삼았다고 비판한다. 이 고유성은 역사의 현실에서 소유의 재산권propriété(propriety)을 신성시하는 발상을 불러일으켰다는 것이다. 재산권을 신성시하는 것은 자본주의나 사회주의나 별 차이가 없다. 사회주의도 재산 소유의 개인적 의미를 말살시키면서 관료제도적 소유주의를 지향했다는 점에서 결국 비개인적인 것을 역설적으로 관료 지배층의 것으로 만드는 은폐된 소유주의의 한 형태에 지나지 않는다.

로고스중심주의는 진리의 최종적인 소기所記(le signifié=the signified)가 있다는 믿음을 견지한다. 그것은 곧 이 세상에서 으뜸가는 순수한 일점의 근원적인 진리가 영원한 현재의 시간 속에서 정신으로서 현존한다는 사상이다. 그런 사상을 서양철학사에서는 최초로 소크라테스Sokrates가 강력하게 부상시켰다. 플라톤Platon이 쓴 『파이드로스Phèdre』라는 대화편에서 소크라테스는 그런 진리의 원본은 늘 영혼의 말logos로서 내면적으로 표현되지, 결코 외면적인 흔적을 빌려서 표시하는 문자gramme의 기록과는 다르다고 주장한다. 소크라테스는 문자로 기록하는 사람들은 영혼의 교감에 의한 진리의 접근보다 많은 사람들에게 혼이 없는 지식들을 알려서 지식을 하나의 생존 방편으로 삼으려는 소피스트들의 삶의 태도와 비슷하다고 비판한다. 그래서 문자 기록은 영혼에 진리의 현존이 없는 죽은 지식의 상품화와 비슷하다고 간주하여 그것을 진리 자체인 로고스와는 다른 파르마콘pharmakon과 비슷하다고 비유한다.

파르마콘은 유일한 진리인 로고스와 달리 이중적인 괴상한 괴물과 비슷한 자기동일성이 없는 반反개념le contre-concept(counter-concept)으로서 약藥인 동시에 독毒인 자기 정체성의 상실과 같다. 파르마콘은 문자가 로고스의 말을 기록한다는 점에서는 약이지만, 그 기록이 생명이 없는 시체와 같으므로 인간에게 생명의 말을 망각케 한다는 점에서는 독이다. 그래서 소크라테스는 파르마콘을 사람의 병을 치료하는 의학의 탈을 쓰고 있지만 실제로는 그렇지 못하므로 사이비 의학인 파르마케이아pharmakeia로서 무당의 굿거리와 비슷하다고 여기고, 또 소피스트처럼 문자를 말의 대용으로 활용하는 사람들은 파르마코스pharmakos나 파르마케우스pharmakeus로서 주술사나 마법사와 같다고 생각했다.

그래서 파르마콘은 말이 망각에 대비하는 역할을 한다는 점에서는 선善이나, 진리와 영혼의 일치 공명을 방해하고 단지 죽은 정보만을 전달한다는 점에서는 악惡이기도 한 문자의 이중성과 닮았다. 사람들이 문자에 의존하기에 기억을 공고히 하지 못하고 오히려 기억력 감퇴를 불러오므로 역기능이 더 강하다고 간주했다. 그래서 플라톤은 정신의 고유한 기억력mnēmē과 다른 문자에 의한 간접적인 회상hypomnesis을 구분했다. 기억력은 진리가 정신에 현재적으로 현존하는 것을 상징하지만, 회상은 문자를 통하여 과거의 흔적을 현재에 잡아당기는 것이므로 현존의 질서에 속하지 않는다. 회상은 과거를 현재로 이끌어 오는 점에서 죽은 것의 기억에 지나지 않는다. 그러므로 문자와 문자의 기록에 의한 회상은 모두 말의 현존성과 생동감의 생명력에서 보면 환영받지 못할 이물질이요, 알레르기를 일으키는 기피물질과 비슷하다고 평가했다. 소크라테스와 플라톤에게 파르마콘은 로고스의 진리를 대신하려는 가택 침입자에 비유되었다.

그런 점에서 파르마콘과 같은 문자와 표지écriture(writing)[1]는 현존적

---

1) 항간에서 데리다가 말한 écriture를 대부분 '글쓰기'로 번역하는데, 그런 옮김은 적실하지 않은 것 같다. 데리다 철학을 유기적으로 이해한다면 저 용어를 도저히 글쓰기로 옮길 수 없다. 불어의 écriture가 영어의 writing으로 번역되어 우리말의 글쓰기라는 개념으로 착각되어 그런 것인지 모르겠다. 그러나 영어의 writing은 to write라는 동명사처럼 읽어서는 안 되고, 이미 그 자체가 하나의 명사로서 '필적, 쓴 것, 문서, 서류, 기록' 등 여러 의미를 담고 있다. 독일어로는 écriture를 Schrift로 옮긴다. 이 독일어는 '필적, 문자, 문서 기

존재론적 진리의 차원에서 세 가지 약점을 지니고 있다는 것이다. 첫째, 파르마콘괴 표지적 문자는 애매모호한 이중성의 얼굴을 갖고 있어서 진정한 학문의 정신인 '참∨거짓' '안∨밖' '선∨악' '본질∨가상' '약∨독' 등의 대대법에서 앞의 계열을 택일하는 명증성의 논리에 어긋난다. 둘째, 파르마콘과 표지적 문자는 영혼의 자발적인 지식의 축적으로서 기억을 도와주지 못하고 생기가 빠진 죽은 지식만을 연장시키는 회상만을 강화시켜서 오히려 인간의 기억력을 감퇴시킨다. 셋째, 파르마콘과 표지적 문자는 인간 내면의 정신적 생명력과 관계없이 바깥에서 들어온 불청객이고 불법 가택 침입자이다.

이러한 세 가지 약점 때문에 파르마콘과 문자는 카드의 조커joker처럼 자기 정체성 없이 명증하게 정의할 수 없고, 이상야릇한 괴물 같은 환영幻影(le simulacre=simulacrum)으로서 이성의 판단을 우습게 여기는 반反진리를 상징한다. 그런데 그런 파르마콘을 아테네 법정에서 파르마콘과 같은 종류의 의미인 파르마코스pharmakos라고 단죄된 소크라테스가 비판했다는 것은 하나의 역설이 아닐 수 없다. 소크라테스는 파르마케이아pharmakeia를 사이비 학문이라 하여 참 학문과 준별하고, 또 그런 학문을 하는 소피스트들을 파르마코스pharmakos나 파르마케우스pharmakeus로 지탄했다.

___

록, 비명' 등을 뜻한다. 분명히 데리다가 사용한 écriture는 글쓰기가 아니라 말과 달리 그리고 쓰고 각인한 모든 흔적과 표지를 나타낸다. 그러므로 나는 다른 곳에서는 문자라고 번역했는데, 그것도 글자라는 의미로만 읽으면 안 된다고 이미 여러 번 언급했다. 그렇지만 문자를 혹시 글자라는 수준으로 이해할까 봐 '문자적 표지'라는 말로 옮기는 것이 더 낫지 않을까 생각한다. 그와 동시에 데리다가 사용한 grammatologie도 표지학이나 문자학(글자학보다 외연이 넓은)이나 또는 표지적 문자학이라고 사용하는 것이 좋겠다. '글쓰기'는 데리다의 생각과 너무 동떨어진 것이다. 그 표현은 글을 쓰는 행위를 가리키기 때문이다.

데리다는 그런 소크라테스가 아테네 정치 당국에 의하여 아테네의 시민과 청년들을 타락시키는 파르마케이아를 전파하는 무당이나 주술사라는 파르마코스나 파르마케우스로 재판을 받아 독을 마시는 사형을 당했다는 사실을 크게 지적한다. 이것은 무엇을 뜻하는가? 소크라테스가 자기도 모르는 사이에 표지적 문자와 파르마콘과 같은 이중적 애매모호성을 지니는 환영과 비슷함을 뜻하는 것이 아닌지?

더구나 로고스를 진리의 대명사로 여겼던 플라톤마저 표지적 문자의 필요성을 절감했다는 것도 역설이 아닐 수 없다. 인간의 기억력은 유한한데, 그런 기억력으로는 무한히 반복되는 보편타당한 진리를 표현할 수 없기 때문이다. 그래서 데리다는 플라톤이 사랑방의 공식적인 천명과는 달리 안방의 비공식적인 기술로, 진리가 정신의 고유성을 간직하면서 영원한 자기동일성의 현존적 존재 양식을 품고 있는 이데아Idea보다는 오히려 어떤 관념적 동일성도 보지하지 않으며 고유성을 띠지도 못하는 파르마콘pharmakon이 더욱 진리의 속성을 진솔하게 나타내는 것이 아닌가 하고 암암리에 생각했다고 술회했다.

파르마콘은 약인 동시에 독이므로 후설 현상학의 이념처럼 '스스로 말하는 것을 듣기'와 같은 자기 현존의 빈틈없는 동일성의 자기 명증성과 다르다. 파르마콘은 자기 정체성의 결여로 정의할 수 없는 비이성적 반反논리와 같다. 그래서 파르마콘은 진지하지 않아 보인다. 진지하지 않기에 믿을 수 없는 허상虛像이요 가상假像의 환영幻影과 같다. 그 파르마콘이 약이면서 독이고, 선이면서 악인 이중성의 구조를 띠고 있기에 그것은 양면 긍정et-et(both-and)의 입장을 견지하고 있다. 그러면서 양면 긍정의 이중성이 각각 자기 고유성을 지니는 실체가 아니므로 파르마콘은 '약과 독'의 '사이l'entre(the between)'와 다른 것이 아니다.

소그리테스는 진정한 애국자요 아테네의 정신을 부활시키려고 한 로고스의 화신이기도 하지만, 보는 각도에 따라 사이비 학문의 전파자요 아테네 청년의 정신을 타락시키는 자로 재판받았다. 전자로 보면 선의 화신이지만, 후자로 보면 악의 저주가 된다. 물론 이런 견해는 아테네 지배층의 편견이라고 일축할 수 있다. 그러나 데리다의 철학에서 보면 이 세상에 진선진미한 것은 어디에도 없다. 그렇게 보면 소크라테스 역시 파르마콘처럼 이중적인 야누스의 환영을 안고 있는 것으로 보인다.

데리다는 파르마콘은 약인 동시에 독이라는 이중긍정이라고 주장한다. 또한 그것은 약과 독이라는 자기 고유성을 지니지 않는 가운데라는 의미의 '사이'와 같고, 그것은 이중부정이란 의미와 다르지 않다고 한다. 이중긍정은 약과 독이 상호의존적으로 발생한다는 의미를 지니고, 스스로 자생적인 실체가 아니므로 하나의 연생이라고 읽을 수 있다. 그래서 약과 독은 서로 다르기에 또한 상호의존하는 사이의 왕래와 같다. 파르마콘이라는 약과 독은 각각 자가성을 지니는 것이 아니라, 다만 타자가 있기에 자기도 성립하는 의타기적인 성질이다. 이 가운데의 사이는 약도 독도 아닌 제삼의 장르인 빈 터전이다. 이것을 플라톤은 그의 대화편 『티마이오스Timée』에서 어머니의 자궁과 같은 코라chora라고 명명했다.

파르마콘을 이중긍정의 초점 불일치라고 여긴다면, 코라는 이중부정의 뜻으로 이해할 수 있다. 그 이중부정은 가운데에 있는 허공이나 동굴과 같은 빈 터전으로 읽어도 무방하다. 말의 직접적 표현에 대한 문자의 간접적 표지요, 로고스의 자기의식적 진리에 대한 정체성 없는 야누스 같은 파르마콘의 이중성이요, 이데아의 태양과 같고 선의 최종적 의미와 같은 아버지의 법에 대한 중심 없이 동굴l'antre[2]처럼 비어 있는 어머니의 무중심과 같은 코라의 이중부정은 데리다의 철학이 왜 서양 전통 철학의 입장에서 보면 사생아인가를 이해할 수 있게 한다. 결국 데리다의 철학은 파르마콘pharmakon의 이중긍정과 코라chora의 이중부정으로 세상을 보는 것을 말한다.

데리다가 언명한 파르마콘의 비논리적 논리와 같은 이중긍정은 불가에서 말하는 상관적 연기법緣起法 사유와 비슷하고, 코라의 비논리적 논리와 같은 이중부정은 불가에서 보는 반야공般若空의 사유와 가깝다. 연기적인 가유假有의 현상은 본성상 바로 반야공의 무성無性과 같으므로 파르마콘의 이중긍정의 현상이 바로 본성인 코라의 이중부정의 가시화와 같다고 읽어도 무방할 듯하다. 또 코라처럼 이중부정이 보여 주는 '사이'의 비어 있음은 이중긍정의 현상이 존재론적 자기동일성의 질서가 아니라 상대방이 설정되어 있기에 생기는 가정적 생멸의 환영에 지나지 않는다는 것을 정시한다. 이 점은 마명馬鳴의 『대승기신론大乘起信論』의 일심이문一心二門인 진여문眞如門과 생멸문生滅門의 대위법과 매우 비슷하다.

그런데 데리다와 하이데거 사이에는 미묘한 차이점이 있다. 하이데거의 철학적 사유는 유무有無의 차이와 동거를 동시에 말하는 존재론인데, 데리다는 아예 존재론이란 용어를 파괴하면서 모든 존재를 문자학의 파르마콘과 코라의 이중긍정과 이중부정의 차원으로 세상 보기를

---

2) 여기서 사이를 뜻하는 불어의 l'entre가 동굴을 뜻하는 명사 l'antre와 같은 능기적能記的 발음을 띠고 있다는 것을 염두에 두는 것이 좋다.

주장한다. 말하자면 하이데거와 데리다의 철학적 차이는 존재론ontology 과 문사학grammatology의 차이로 읽으면 된다. 그런데 하이데기의 존재 론은 데리다가 비판한 전통적 로고스중심주의적인 형이상학적 존재론 이 아니다. 그런 존재론은 이미 하이데거가 비판한 존재자적인 존재론 으로서의 형이상학에 해당한다.

하이데거는 존재론적ontologisch(ontological)이라는 의미와 존재자적 ontisch(ontic)이라는 의미의 차이를 매우 강조한다. 그래서 데리다가 비판 한 존재론은 하이데거가 말한 존재론과 다르다. 여기서 데리다가 하이 데거를 읽으면서 뭔가 오해를 한 것 같다. 하이데거의 존재Sein(Being)는 무無(Nichts=nothingness)의 현상으로서 사실상 데리다 철학의 용어로 옮 기면 파르마콘적인 이중성을 함의한다. 하이데거가 존재를 생기의 사건 Ereignis으로 보도록 종용한 것은 존재가 이미 단가적인 형이상학적 실체 로서의 존재자가 아니라, 생멸의 사이에서 일어나는 사건임을 알린다.

또한 데리다가 말한 코라의 의미도 하이데거가 말한 무無의 의미와 조금 다른 점이 있지만 비슷하다. 데리다가 말한 코라chora는 노자老子 가 『도덕경』 1장에서 지적한 유욕有欲으로서의 생生/멸멸과 멸멸/생生의 연기법인 '동同/이異'를 차이 속에서 동거하게 하는 사이의 중간 통로와 같은 뜻인 '요徼'와 더 비슷하다. 그리고 하이데거가 말하는 무無는 무 욕無欲의 무無가 함의하는 무한대의 '묘妙'를 알려주는 의미에 더 어울 린다고 생각한다. 그래서 하이데거의 무無는 불교적으로 공성空性이란 뜻으로 풀이되고, 데리다의 코라는 공상空相이란 의미로 읽을 수 있을 것 같다. 따라서 데리다의 철학은 가유假有의 연기법의 현상적 측면에 서 해석할 만하고, 하이데거의 철학은 진공묘유眞空妙有의 실상을 말하는 것으로 봐도 좋을 것 같다.

파르마콘은 하나의 현상이 독자적으로 생기하는 것이 아니라 그 현상과 다른 것들의 무수한 교감에 의하여 일어나는 것이므로, 현상이 정신적인 실체도 아니고 더구나 물질적인 실체도 아니라는 것을 가리킨다. 그래서 이 세상의 모든 현상은 이미 상호 얽힘과 다르지 않다. 그런 점에서 각각의 현상은 이미 다른 모든 것과 얽혀 있는 관계를 띠기에 얽혀 있는 쌍방의 양가성이 어느 한 쪽보다 나이가 많다고 말할 수 있다. 어느 일방도 양방의 상호 얽힘을 떠나서 홀로 존재할 수 없기 때문이다.

이런 파르마콘의 논리는 코라의 논리와도 다르지 않다. 코라의 허공과 사이의 빈 공간은 양방이 상호 얽히는 거래를 가능케 하는 터전이기도 하고, 그 양방이 자가성을 지닌 자기 동일적 실체가 아님을 암시하기도 하기 때문이다. 이중긍정의 이면은 이중부정이다. 파르마콘의 이면은 코라이다. 따라서 파르마콘은 양자택일의 로고스적인 논리의 파괴와 해체를 부른다. 파르마콘의 논리는 양가성ambivalence의 논리, 또는 동거cohabitation의 논리라고 부르기도 한다.

이러한 논리는 마치 젓가락 운동이 그리는 왕복의 표지와 비슷하고, 새의 날개 춤으로 무보舞譜가 새겨지듯이 로고스의 궁극적 진리를 찾는 일원一元의 형이상학을 비웃는 것과 닮았다. 그러므로 파르마콘의 논리는 잡종雜種의 논리로서 이 세상에 손종純種의 현상이 성립할 수 없음을 반영한다. 데리다가 보는 이 세상의 사실은 이 세상이 잡종의 만卍자와 다르지 않고, 그 만卍자는 상호의타적인 이중성이란 현상과 다르지 않으므로 그 이중긍정은 자가성이 없는 환영simulacrum의 사이와 같다. 그래서 그 환영은 이것도 아니고 저것도 아닌 그런 이중부정의 다른 이름이다. 마치 불가에서 현상론적으로 보면 연기법緣起法인 것이 실상론적으로 보면 반야공般若空이라고 일컫는 것과 비슷하다.

이처럼 파르마콘pharmakon과 코라chora의 법은 이 세상의 사실이 서로 차이의 다름을 유지하면서 서로 동거의 접목을 이루고 있다는 것을 알린다. 파르마콘과 코라가 이 세상의 사실이라면, 이 세상에는 택일의 엄숙한 결단과 태도로 진지하게 집착해야 할 어떤 것도 없는 셈이다. 그리고 이 세상을 유심론이나 유물론의 형이상학으로 결정하거나 정의할 수 없다. 모든 것이 텍스트나 텍스트 연합이므로 서로서로 전염되어 있고, 이질적인 것과 접목되어 있을 뿐이다.

4 표지−문자학적 사유와 그 철학

파르마콘과 코라의 사유는 결국 이 세상을 책으로 보는 로고스중심주의가 아니라 텍스트로 보는 사유를 뜻한다. 텍스트로서의 세상은 이 세상의 모든 사실을 상대주의적 시각으로 보도록 종용하는 것이 아니라, 상관적인 상호 연루co-implication의 얽힘으로 읽어야 함을 말한다. 데리다는 이런 상호 연루의 법칙으로 읽는 세상을 또한 표지−문자학적 사유la pensée grammatologique(grammato- logical thinking)라고 부르기도 했다.

표지−문자학이나 표지−문자학적 사유를 단순히 글자la lettre를 주제적 대상으로 삼는 학문이라고 여겨서는 안 된다. 그런 학문은 역시 문자중심주의를 불러오는 것으로 잘못 미끄러진다. 표지-문자학적 사유는 바깥과 안의 대립을 인정하지 않는 사유다. 그리고 의미와 무의미의 대립을 무시해버리는 그런 사유다. 표지-문자학은 어떤 의미의 구성과 창조를 위하여 무의미를 배제하고 의식의 엄숙한 결단으로 몰입하는 그런 형이상학이 아니다. 표지-문자학은 어떤 것도 의미하지 않는 놀이le jeu=play의 심정으로 이 세상을 관조하는 그런 자세와 상통한다. 그런 사유는 만상이 어떤 고정된 의미를 지니지 않고, 서로 거래 관계처럼 오가는 사이이며 주고받는 포틀래치potlatch처럼 증여le don(gift)와 반返증여le contre-don(counter-gift)의 놀이에 지나지 않기 때문이다. 그래서 표지-문자학은 의식학과 자아학을 우습게 여긴다. 표지-문자학은 진리가 존재론적 현존의 자기동일성이라고 여기는 곳에서는 꽃피지 못한다. 그런 진리는 곧 목소리가 영혼의 진리를 직접적으로 표현하는 것이라고 여기는 발상과 비슷하다.

문자-표지l'écriture(writing)는 우리가 앞에서 거론했듯이 말을 기록하는 좁은 의미의 글자la lettre만을 지칭하는 것이 아니다. 데리다가 말하는 문자-표지는 일부 사람들이 말하는 글쓰기라는 뜻으로 오해해서는 안 된다. 이것도 앞의 각주에서 밝혔다. 보통 데리다가 말한 문자-표지라는 용어를 잘못 터득하여 '글쓰기'라는 의미로 읽는 것은 큰 착각이다. 문자-표지는 현존la présence이 진리의 본질이 아니라 흔적la trace이 진리의 다른 표현임을 이해하는 곳에서 가능하다. 이 세상의 모든 사실은 흔적의 관계에 지나지 않음을 자각하는 것이 표지-문자학이다. 데리다가 이런 문자-표지의 흔적과 흔적의 상호 연루 성질을 차연差延(la différance=differance)이라는 반反개념le contre-concept(counter-concept)의 용어로 표시한 것을 우리는 이미 알고 있다. 우리는 이 차연差延의 반개념을 뒤에서 곧 설명할 것이다.

또한 데리다는 이 세상의 필연적 사실이 선험적으로 표지-문자학적 관계의 그물이라는 것을 알리기 위하여 원原흔적l'archi-trace이나 원原문자l'archi-écriture(archi-writing)라는 용어를 사용하기도 했다. 우리가 일상적으로 쓰는 글자도 문자-표지의 한 장르이지만, 그것이 문자를 대표하는 것은 아니다. 플라톤을 통하여 알려진 소크라테스는 말이 영혼의 순수한 표현이요, 문자는 그 말을 간접적으로 표시하는 죽은 대용품이라고 간주했다. 그러나 데리다는 영혼의 말이 가능하기 위하여 영혼에 진리의 말이 '새겨져' 있어야 한다는 점에서 문자가 말을 가능케 하는 근거라고 인명했다. 말을 통하여 한 번에 모든 내용을 동시에 다 표현할 수 없기에 말은 영혼에 새겨진 것을 비동시적으로 언급해야 하는 차이의 접목과 다르지 않으므로, 말의 근거는 차이의 접목과 같은 비동시적인 것의 순차적인 표출과 같다. 비동시적인 차이의 표현은 곧 말이 문자의 생리와 다르지 않다는 것이다.

그런 점에서 데리다는 표지-문자학이 어떠한 인간의 로고스 학문보다 나이가 많고 오래된 고어古語(la paléonymie=paleonymy)에 해당한다고 한다. 문자-표지의 세계에서 시작과 새것은 없고, '이미le déjà(the already)'와 얼룩진 것만이 있다. 문자로 보는 세상에서 폭력의 흔적이 없는 순진무구함은 이 세상 어디에도 없는 셈이다. 모든 것은 이미 다른 것에 의하여 감염되어 있고, 또 폭력의 상처를 입고 있다.

표지-문자학의 개념과 흔적의 의미는 같이 간다. 표지-문자학은 모든 것이 자기동일성을 유지하고, 자기 현존적 존재의 실체를 띤다는 것을 부정한다. 문자학의 세계에서 보면 인간이 어떤 것에 대하여 절대적 집착을 견지한다는 것은 어리석음의 소치에 해당한다. 데리다는 이런 문자학의 사유를 차연差延(différance=differance)이라는 의미로 풀이했다. 차연差延은 존재의 현존적 자기동일성의 고집을 대신하여 모든 것이 서로서로 타자의 흔적으로서 상관관계의 연기법적인 연회緣會에 지나지 않다는 것을 뜻한다. 우리가 곧 차연의 의미를 숙고하겠지만, 아무튼 차연은 만상이 모두 타자와의 만남에서 그 타자와의 인연으로 자신의 위상을 설정하고 설치한다는 것이다. 그러므로 차연은 만상이 각각 타자의 흔적에서 자신의 위상을 결정할 수밖에 없음을 암시한다. 그런 차연差延의 연회緣會가 만상의 개개적 사항보다 고어古語에 해당하고, 시간적으로도 앞서는 선험적 바탕이라고 여기므로 데리다는 이 차연적인 문자의 흔적을 원흔적이라고 칭했다. 그러므로 문자학적 원흔적이 현상학적 근원보다 나이가 많다고 본다. 이 말은 차연의 문자적 사유가 존재론적 현존적 사유보다 오래된 사유이고, 더욱 이 세상의 사실에 가깝다고 여기는 발상이다.

자기동일성self-identity의 부정이 문자−표지의 의미와 상통한다면 같음le même(the same)은 무엇이겠는가? 같음에는 자기와의 동일성을 지시하는 논리적 동일률이 적용될 수는 없지 않겠는가? 말하자면 같음은 자기 자신과 동일하다identique(identical)는 뜻일 수 없다. 같음은 다름 l'autre(the other)이 있기에 발생하는 연회緣會에 지나지 않고, 역으로 다름도 같음이 대대법으로 마주하고 있기에 성립하는 연생緣生이다. 따라서 같음은 다름이라는 짝에 대칭되는 명칭에 지나지 않고, 다름도 같음이라는 상대에 대한 기호와 다르지 않다. 그래서 데리다는 '같음을 다름의 다름(Le même est l'autre de l'autre=The same is the other of the other)'이라고 규명하고, 또 '다름도 자기와 다르게 같음(L'autre est le même autrement que soi=The other is the same otherwise than self)'이라고 명제화한 것이다.

만상이 이처럼 연회緣會의 계기로 성립하는 연생緣生이라면 만상은 같음과 다름이 서로서로 차이 속에서 동거하는 이중성의 위상으로 읽어야 한다. 차이와 동거가 만상을 해석하는 가장 간단한 언명이고, 이 언명이 곧 로고스와 같은 말이 아니라 파르마콘과 같은 문자-표지라는 것이다. 이중성의 파르마콘이 문자-표지의 별칭이라면 문자-표지의 형성은 반드시 이중성을 한 단위로 하여 이룩된다.

예컨대 종이 위에 물결무늬를 그리더라도 그 무늬는 흰 바탕을 전제로 성립하기에 흰 바탕이 물결무늬의 타자인 셈이다. 흰 바탕을 배제한 물결무늬는 사상누각과 같다. 그런 점에서 물결무늬와 흰 바탕은 서로 연루되어 있고 공동 출두하는 형국이다. 물결무늬와 흰 바탕 사이에는 서로 상보적인 가역 작용이 성립한다. 흰 바탕 없이 물결무늬를 그릴 수 없고, 물결무늬가 새겨짐으로써 흰 바탕이 둘로 쪼개져서 두 면을 동시에 지시한다. 즉, 두 면을 차이로서 동거시킨다.

말-표현의 세계는 계시적으로 일회성으로 흘러가서 공관적共觀的 사유synoptic thinking가 불가능하다. 그러나 문자-표지의 세계는 이처럼 상호 가역적 순환의 반복이 가능해서 공관적 사유가 가능하다. 로마 신화에서 야누스Janus는 로마의 기원을 이룩한 시조신이며 또한 수호신이다. 그는 얼굴이 앞뒤로 이중적이어서 서로 가역적으로 교차할 수 있고, 또 평화로울 때는 야누스 신전의 문을 닫고, 전쟁 때는 그 문을 열어둔다고 하는 반복적 이중성의 상징이다. 그리고 그의 아들의 이름은 폰스Fons라 하여 샘의 근원을 상징하는 신으로 여겨졌다. 야누스 신은 로마의 평화와 경제적 풍요, 도덕적 정직을 대변하는 신으로서 로마의 동전에 새겨져 있었다고 한다. 로마 인들은 야누스적인 모습이 자연의 실상으로서 자연이 교역이고, 교역이 평화를 보장하고, 또 그것이 풍요를 가져온다고 생각했다. 이것은 이 세상의 모든 것이 다 이중적이고 단일하지 않음을 나타낸다고 보고, 그런 이중성의 인식이 풍요와 정직과 평화의 원천이라고 여기는 사상을 담고 있다. 샘의 근원도 야누스의 아들과 관계하기에 결코 단일할 수 없다. 서양어로 정월을 뜻하는 'January=Janvier=Januar'는 야누스Janus에서 나온 용어다.

삶과 죽음도 차이와 동거의 이중성으로서 반복 가능한 가역적 공모의 상호의존적인 의타기성依他起性의 관계에 지나지 않는다. 그래서 삶은 죽음에 연기되어 있고, 죽음도 삶에 연기되어 있다. 여름의 무성한 생명력은 부패의 죽음에 연루되고, 겨울의 스산한 죽음은 안으로 감추어진 생명의 안온함에 공모되어 있다. 무덤은 삶이 죽음으로 연장되는 것을 뜻하는 동시에 죽음이 삶으로 연기되는 가역성을 상징하기도 한다. 무덤은 인간에게 죽음이 최후의 종착역이 아니라 죽음에서 다시 삶에 연기되기를 축원하는 인간의 소망을 상징하기 때문이다. 그런 점에서 무덤은 하나의 감치기le surjet=whipstitching의 경계선이다. 옷감의 천이 다시 다른 옷감과 이어지려면 옷감의 끝은 마침이 아니라 새로운 시작을 뜻하기 때문이다.

끝없는 연쇄의 이음이 텍스트의 본질이다. 그래서 텍스트는 텍스트의 연합l'inter-texte으로 확장된다. 그런 텍스트의 연합은 어떤 목적을 전제로 한 목적인으로 읽어서는 안 된다. 목적인의 사유는 해바라기처럼 태양중심주의적인 사고방식을 의미한다. 그러나 텍스트로 보이는 세상에는 그런 최종적 태양이 없다. 모든 것은 상호산의 연회요 연생이기에 만물이 만물에 대하여 평등한 연루의 공생을 매듭짓고 있다. 그래서 데리다는 그런 무목적의 세상 활동을 놀이jeu(play)에 비유했다. 놀이의 본질은 서로서로 역할을 맡아서 그 역할의 계기를 대응하는 무상 행위이다.

놀이의 세상에서는 자아의식이 뚜렷하게 부각되지 않는다. 놀이하는 아이는 자의식 없이 다만 어떤 상관적으로 설정된 역할만 맡아서 임시적으로 대행할 뿐이다. 혼자 놀이를 하여도 마음에는 이미 상대가 정해져 있고, 그 상대와 상관적 차이를 엮는다. 놀이를 하는 마음은 역할의 차이와 동거를 동시에 같음과 다름의 이중성으로 엮고 있기에 가능하다. 놀이하는 마음은 이 세상을 어떤 목적의식으로 통합하지 않고, 그 마음도 세상의 포틀래치potlatch에 연루되어 함께 차연의 고리를 엮어 나간다.

세상의 차연적 오감과 함께 인간도 세상의 만상이 된다. 인간이 특별히 의식의 자가성을 고집하지 않는다. 차연의 주고받는 공놀이가 바로 다른 것들과의 인연을 맺게 한다. 그러므로 만상과의 인연의 그물망은 공간적으로나 시간적으로 그 차연의 주고받음을 가능케 하는 중간의 빈 여백이나 사이가 없으면 불가능하다. 그 차이의 여백餘白(la marge=margin)은 경계를 말하는 표지標識(la marque=mark)이면서 또한 그 여백이 모순 대립의 투쟁을 야기하는 싸움터가 아니라 서로 동거하기 위하여 왕래하는 통로의 행정行程(la marche=march)[3]과 같다. 그런 점에서

---

3) 불어에서 여백餘白이란 뜻의 marge와 표지標識라는 뜻의 marque와 행정行程이라는 뜻의 marche가 서로 비슷한 능기적 발음을 지니고 있다는 것도 부기해야 한다. 데리다가

데리다의 철학적 사유에서 여백과 표지와 행정은 같음과 다름을 갈라놓으면서 이어주는 다리나 산마루의 주름과 같은 역할을 한다.

이 우주에는 보이지 않는 다리와 길과 주름으로 가득 차 있다. 이 다리와 주름은 앞에서 이미 본 코라의 다른 이름이기도 하다. 파르마콘과 코라는 언제나 같이 성립한다. 이중긍정의 파르마콘은 사이의 빈 공백과 같은 이중부정적인 코라의 배경 없이는 구조적으로 성립하지 않기 때문이다. 즉, 불교적으로 가유假有의 의타기성依他起性과 진공묘유眞空妙有의 원성실성圓成實性 같은 사실을 다르게 표명한 것이다. 의타기성이 파르마콘이라면 원성실성은 코라와 비슷하다. 우리의 마음은 현상적으로 보면 의타기성인 동시에 체성상으로 보면 원성실성과 다르지 않다.

데리다가 그의 『문자-표지와 차이L'Ecriture et la différence』에서 '우리는 오직 씀으로써만 쓰인다(Nous ne sommes écrits qu'en écrivant.=We are written, only writing)'라고 천명했다. 문자-표지로서 우리는 능동이고 수동이다. 우리가 타방에 대하여 작용하는 힘인 한에서 우리는 능동적으로 쓰고 있지만, 우리가 타방에 대하여 작용을 받는 저장고인 한에서 우리는 수동적으로 쓰인다. 우리는 화엄학적으로 연기緣起의 순환작용에서 유력有力인 동시에 무력無力이다. 유력有力인 한에서 우리는 타자로 진입하나, 무력無力인 한에서 타자에게 진입한다. 이 세상에 온전히 순수한 자가성을 보유하고 있는 존재는 어디에도 없다.

이 점을 암시하고 있다고 생각한다.

5
낭만석이지 않은 보충대리의 세상사

여기서 우리는 데리다가 루소Rousseau의 철학사상을 검토한 것을 음미하기로 하자. 루소는 유럽의 현존적 존재론의 형이상학에 영향을 받아서 진리의 현존적 존재를 모색하는 데 그의 생애를 바치다시피 한 철학자다. 그래서 그는 현존의 형이상학적 진리의 철학 선봉에 서서 후설이 의도한 '스스로 말하는 것을 듣기 le-s' entendre-parler'의 철학을 금과옥조로 신봉했다. 그런데 그런 현존적 영혼의 생생한 진리를 찾으려 한 루소가 점차 생생한 말의 현존은 죽음의 문자 없이는 불가능한 환상이라는 생각에 경도된다.

말을 살아 있는 목소리에 비유한다면 문자는 생기 없는 죽은 표지에 지나지 않는다. 그런데 루소는 그런 문자가 단순히 생명의 바깥에 있는 우연으로 보기 어려움을 직감했다. 나라는 인간이 죽기 시작할 때 나는 인간으로서 다시 살아난다는 역설을 감지한 것이다. 그런데 그전에 루소는 말은 자연스런 천부의 선물이고, 문자는 사회생활의 필요성 때문에 인위적으로 조작한 죽은 기호에 지나지 않다고 생각했다. 그래서 진리는 말의 생명 속에 실려 있지 문자의 시체 속에 표현할 수 없다고 여겼다. 루소에게 자연은 선의 화신이고, 문명은 악의 상징이었다.

자연이 선의 화신이라면 인간은 자연의 아들딸로서 자연적인 것으로 충족되어야 할 것이다. 그러나 실제로 인간은 자연의 손으로만 성장하지 않고 사회제도가 만든 교육의 도움을 받아야 힘과 지능을 구비한다. 자연의 선이 사회의 악에 의하여 보충대리補充代理(le supplément=supplement)되는 셈이다. 자연의 현존과 선이 문명의 인위와 악에 의하여 보충대리되어야 한다는 생각이 루소의 철학을 새롭게 지배하기 시작했다. 그는 인간의 손에 의하여 이 사회에 악이 도입되는데, 역설적으로 그 사회의 손에 인간이 자라야 한다는 사실에서 현존적 철학의 주장에 회의를 품기 시작했다. 동시에 그는 사랑의 낭만적인 지순한 감정도 성욕과 같은 폭력적 에로티시즘에 오염되고 뒤섞여 있다는 것에 경악을 금치 못했다. 부드러운 정감적 사랑의 낭만도 성욕의 음심을 배제하기 힘들고, 더구나 음심과 동거하고 있어서 사랑과 음욕이 서로 보충대리된다는 것을 보았다. 사랑과 음욕은 종이 한 장 차이로 서로 동거하는 차연 관계라고 어렴풋이 추정한 것이다. 그리하여 낭만적 현존의 아름다운 행복을 달성하기란 영원히 불가능한 꿈이 아닐까 의심하기 시작했다.

그런 그가 『참회록』을 쓰면서 어떤 어긋남의 경험을 한다. 그는 자신의 과거 잘못을 진실하게 만인에게 고백하려고 책을 쓴다. 그런데 그는 자신이 현재적인 생각이라고 여기는 것이 순수하게 현재적인 것이 아니라, 조금 전의 근접한 과거의 것에 대하여 거리를 두고 반추하는 격차에 지나지 않는다는 것을 감지한다. 따라서 현재진행형은 현재진행하고 있는 것을 진술하게 고백하는 것이 아니라, 근접한 과거의 것에 대한 반성에 지나지 않음을 깨닫는다.

그래서 그 근접한 과거의 것에 대하여 그가 감추고 숨기고 싶은 것과 진술하게 털어놓아야 하겠다는 것과 또 약간 미화해서 말해야겠다는 생각 등이 얽히고설키면서 현재의 순간에 저 모든 것이 복합적으로 뒤섞인 현상으로 나타난다는 것을 목도한다. 현재는 결코 단순하게 일점 근원처럼 순수하지 않고, 그런 현재는 존립하지 않는다는 것을 깨달은 것이다. 그는 단순하게 낭만적으로 '자연=근원=본연=선' 등이 같은 계열로 묶이고, 또 '문명=허위=오류=타락=악' 등이 다른 계열로 동질화되어 서로 오염되지 않는 순수성을 유지하지 않음을 통찰했다.

그는 예전에는 자연적인 것이 현존적이고, 그것이 인간의 모성애 같은 정감으로 이어진다고 여겼다. 가장 자연적인 정감은 동정심la pitié(pity)이라고 여겼다. 그러나 그 동정심이라는 숭고한 감정도 이미 그 안에 남에 대한 정감적 우월감의 쾌감이 뒤섞여 활동한다는 것을 직시한다. 이 것은 마치 자기 사랑l'amour de soi(self-love)의 순진무구한 감정이 이미 대타의식對他意識적인 자존심l'amour propre(self-conceit)의 악의적인 비교 감정과 함께 동거하고 있는 현상과 비슷하다고 할 수 있다. 자기 사랑도 순진무구하나 늘 이기심을 뒤에 감추고 있고, 자존심도 악의적인 대타의식의 허세를 띠고 있으나 비굴의 악덕을 방지하는 긍정적인 요인도 깃들어 있다. 모든 것이 파르마콘처럼 이중적인 것을 한 단위로 하고 있는 두 얼굴의 야누스와 같다.

또 그는 남성적인 이성la raison(reason)과 여성적인 수치심la pudeur(shame)은 '보충대리의 보충대리le supplément au supplément(the supplement to supplement)'로서 이중적인 보충대리 작용을 한다고 주장했다. 말하자면 이성적인 것이 자연이 준 약이라면, 사회적으로 남성이 범하기 쉬운 폭력적인 것과 방만한 것에 대한 치료적 보충대리 역할을 한다. 그것이 사회가 제공한 약이라면, 그것은 자연적으로 남성이 짓는 열정의 과격함을 중화시키는 치료적 보충대리 역할을 한다. 그리고 수치심이 자연적인 약이라면, 그것은 여성이 사회적으로 짓는 교활한 유혹을 막는 치료적 보충대리일 수 있다. 또한 그것이 사회적인 약이라면, 자연이 여성에게

준 감정적 환상에 대한 치료적 보충대리일 수 있다. 이처럼 이성과 수치심은 자연적이든 사회적이든 사회적인 악과 자연적인 악에 대한 치료기능을 담당한다는 점에서 보충대리의 보충대리라는 이중적 보충대리기능을 담당한다.

그러므로 루소는 자연적인 것은 오직 선이고, 사회적인 것은 오직 악이라는 택일적 일원론의 사유를 점차 받아들이기 어렵다고 생각했다. 모든 것이 파르마콘과 야누스처럼 일원적 진리의 개념으로 정돈되지 않는 세상의 사실을 안 것이다. 일점 근원의 진리를 찾으려는 마음은 낭만적인 꿈에 지나지 않는다. 말하자면 세상은 낭만적 현존의 형이상학적인 질서로 구성되어 있지 않다. 루소는 모든 낭만주의는 거짓이라는 생각을 굳혀 간다.

루소는 언어의 기원에 대해서도 처음에는 일점 근원의 시작이 있을 것이라고 여겼다. 그래서 언어의 기원을 탐구하는 도중에 말과 목소리의 현존처럼 자가성의 일치를 구가하는 낭만적 선율에 실리는 열정의 언어활동으로 사랑을 고백하는 감탄과 언어활동이 있다고 상상했다. 그런 사랑 고백이 노래로 변하고, 그 노래가 선율의 멜로디를 탄다고 상상했다. 그러나 루소는 언어활동이 사랑의 낭만적이고 열정적인 고백과는 무관하게 생물학적 생존의 현실적 필요 때문에 요청되는 이성의 냉엄하고 정확한 분절 의식과 상통하는 면이 있음을 지각했다.

그래서 전자의 언어활동은 남방의 낭만적 사랑의 언어활동이고, 후자의 언어활동은 비낭만적인 생존과 필요의 언어활동으로서 노래가 아니라 사실 기술이 중요한 언어의 요체라고 자각했다. 이것은 북방의 사실적인 언어활동에 해당한다. 그래서 언어활동도 남방의 낭만적 언어활동과 북방의 필요상의 언어활동으로 보충대리된다고 주장한다. 남방은 모음이 낳은 언어활동이고, 북방은 자음이 많은 언어활동이라는 것이다. 음악이 남방적 어조accent의 선율과 북방적 분절의 화음articulation으로 보충대리하듯이, 회화도 스케치인 선의 소묘와 살을 입히는 채색의 이중주라고 언급했다. 모든 것이 젓가락 운동처럼 그런 상호성으로 이 세상의 사실을 보충대리한다고 역설했다.

그래서 루소는 일점 근원의 낭만적 진리는 현실적으로 한 번도 구현된 적이 없는 시제時制가 없는 비현실적인 문법과 비슷한 것이 아닐지 의심하기 시작했다. 그는 점차 그런 낭만적 향수를 의심했다. 보충대리의 법은 자기의 안과 타자의 바깥이란 이분법적인 분류가 무의미하고, 보탬과 모자람의 개념도 명확하지 않다는 것을 실감케 하는 사유의 논리다. 모든 세상의 사실은 이질성끼리 접목한 것과 다르지 않으므로 이 세상에 일점 근원처럼 어떤 외부의 영향도 없는 순수한 내면성의 왕국도 성립할 수 없다. 또한 어떤 타자의 이질성을 배제한 동질성의 순종을 찾는 것도 한낱 공상에 지나지 않는다. 모든 것이 잡종이다. 이 세상의 사실은 모두가 잡종이다.

만약 데리다의 철학에서 신神을 언급할 수 있다면, 그 신神은 단지 놀이꾼le joueur(player)에 지나지 않는다. 보충대리le supplément(supplement)는 앞에서 우리가 거론한 차이와 동거의 이중성을 하나의 뜻으로 응집한 일종의 반反개념적 성격이다. 그 반개념적 성격은 불일不一의 차이와 불이不二의 동거를 동시에 알려주는 '이중적 이음줄double bind'과 비슷하다. 하이데거가 로고스Logos를 투쟁적인 것Strittigkeit(strife)과 친화적인 것Innigkeit(intimacy)의 이중성으로 해석한 것은 데리다가 말한 파르마콘과 비슷한 성격을 가리킨다. 따라서 데리다가 비판한 로고스의 자기 일치하는 공명적 진리는 데리다가 해석한 서양의 전통적 로고스의 의미와 다르지 않다.

하이데거의 철학에서는 그 로고스를 다르게 읽는다. 존재의 의미도 하이데거는 생멸의 사건Ereignis(event)으로 해독하기 때문에 데리다가 레비나스Levinas의 영향으로 읽은 현존의 자기동일성l'identité de soi présentielle(presential self-identity)으로서의 존재 개념과 동일한 차원이 아니다. 따라서 데리다와 레비나스가 하이데거를 현존의 철학자로 비판한 것은 기본적으로 하이데거를 잘못 읽은 데에 기인하는 것이다. 하이데거의 존재는 현존의 질서를 말하지 않는다. 하이데거에서 존재는 무無의 본질현시Anwesen(presence)으로 무無가 자신을 증여하는 보시처럼 읽어야 한다. 또 무無는 존재의 본질퇴거Abwesen(absence)로서 존재가 자신의 뿌리로 귀환하는 것으로 읽어야 한다. 이것은 마치 법성法性의 연회緣會로서의 유유(존재)와 그 연회緣會의 본성本性이 공성空性이라는 영가현각永嘉玄覺대사의 『선종영가집禪宗永嘉集』의 유有/무無의 이중주와 닮았다.

6
차연差延과 진리의 결정불가능성

앞장에서 우리는 차연差延의 의미를 몇 번이나 암시했다. 이제는 그에 대하여 본격적으로 설명을 시도할 차례에 이르렀다. 데리다의 철학을 차연의 철학이라고 부를 수도 있다. 차연의 개념은 차이différence와 연기

(연장délai=delay)라는 두 뜻을 하나로 합친 조어다. 그런데 불어에서는 특이하게도 차이différence라는 명사를 동사화하면 'différer'가 된다. 이 동사에는 '차이나다differ 또는 연기하다defer'라는 두 뜻이 함께 내포되어 있다. 그런데 데리다는 사전에 그 동사의 명사형이 없어서 그것을 인위적으로 만들어 차연으로 번역할 수 있는 'différance'라는 단어를 만들었다.

이 차연이란 단어의 발음은 차이를 가리키는 'différence'와 똑같다. 마치 하이데거가 차이를 뜻하는 단어 'der Unterschied'와 발음이 똑같은 'der Unter-Schied'를 만든 것과 같다. 이 단어의 의미는 데리다가 말한 차연의 의미와 비슷하다. 보통 그것을 그냥 '차이Unterschied'와 같은 뜻으로 번역하는데, 하이데거가 이유 없이 말장난하려고 그런 용어를 만든 것이 아니다. 하이데거는 'unter=inter'에다가 'schied'라는 '나누다scheiden'의 과거형 동사를 붙였다. 이때 'Unter-Schied'라는 단어 가운데에 줄(-)을 그은 것을 예사롭게 봐서는 안 된다. 'Uner-Schied'는 사이가 나누어져 있는데, 그것이 다시 줄(-)로 연계되어 있다는 것을 뜻한다. 더구나 독일어에서 'Schiedsgericht'는 중재재판소라는 의미라서 하이데거가 차연의 성격을 은연중에 암시하고 있다고 읽어야 한다. 이에 데리다는 하이데거를 현존의 철학자라고 비판했지만, 사실은 둘이 매우 흡사한 것 같다.

차연의 의미는 일차적으로 반反개념이다. 반개념이란 것은 일의적으로 의미가 통일되지 않고 적어도 이중적인 것이 하나의 단어에 필연적으로 개재되어 있는 것을 말한다. 차연은 사실상 이 세상의 모든 사실이 일의적인 개념으로 구성되는 것이 아니라, 상반된 두 가지가 공존하는 것 같은 '차이 속의 동거' 관계임을 지시한다. 그래서 세상사는 단순하지 않고, 아무리 단순하게 읽어도 모든 것이 최소한 이중적이라는 것이다. 데리다는 그 이중적인 '사이'가 가장 선험적인 요소를 띠기에 원原흔적l'archi-trace과 원原표지−문자l'archi-écriture으로서 차연이 가장 오래된 고어古語라고 설파한다. 차연의 관계는 두 가지의 이항적 대립보다 나이가 많고 오래되었다는 것이 데리다의 지론이다. 그러므로 산은 계곡과의 차연 관계인데, 인간은 산과 계곡이 생기기 전에 이미 표지−문자학적인 사유의 선험성에 의거해서 산과 계곡을 하나의 이항적 관계로 묶을 수 있는 원흔적의 선험성을 사유의 기본으로 한다는 것이다.

그러므로 차연의 사유 방식은 칸트Kant 철학에서처럼 시간과 공간을 내적 감성의 직관 형식과 외적 감성의 직관 형식으로 나누어 두 가지로 쪼개는 이분법을 수용하지 않는다. 차연은 이분법이되 이원적인 이분법이 아니라 이중적인 이분법으로 세상사를 인식하기 때문에 엄밀히 말하여 불일이불이不一而不二의 애매모호성으로 세상을 읽는다. 공간과 시간도 그런 불일이불이 관계로 이해한다.

연기延期(le délai=delay)의 개념을 시간적 대기temporisation(temporizing)라는 의미로 쓰기도 하고, 또 공간적 간격espacement(spacing)이란 뜻으로 인식하기도 한다. 그래서 데리다는 시간과 공간을 '시간의 공간 되기le devenir-espace du temps(becoming-space of time)'와 '공간의 시간 되기le devenir-temps de l'espace(becoming-time of space)'라는 차연 관계로 다발처럼 묶는다.

앞뒤의 관계는 시간적 대기의 차원으로 읽어도 되고, 공간적 간격의 차원으로 봐도 무방하다. 또 거꾸로 앞뒤를 시간의 간격이라고 봐도 좋고, 공간적 대기의 관계로 봐도 무리가 없다. 그래서 시간과 공간은 서로 차이만 나는 이물질일 뿐만 아니라, 서로 얽혀서 묶이는 동거의 사실이기도 하다. 그런 점에서 시공은 하나의 차연 관계로서 상호 연루되어 있고, 연좌법으로 묶여 있다. 시간은 공간의 성질로 찍혀 있고, 공간도 시간의 성질로 오염되어 있어서 모든 것은 자가성을 지우면서 타자를 가리킨다. 데리다는 이런 차연의 모습이 능동과 수동의 두 양식을 다 함의하기에 차연을 중간태la voix moyenne(middle voice)라고 부르기도 했다. 이런 중간태는 불법의 상징인 만卍자와 같고, 수사학적 교차배어법 chiasme(chiasmus)에 비유할 수도 있다.

자기 것을 고집하지 않으므로 의미상 산종散種(la dissémination=dis-semination)에 비유하기도 한다. 산종은 자기의 의미를 개념적 씨la semence(seed)로 여기지 않고, 의미의 씨를 뿌리되 자기 것으로 소유하지 않으며 다른 것에 분봉하여 흩어버리기 때문에 주된 것과 종속된 것의 경계가 사라지기 때문에 생긴 용어이다. 산종은 자가 애정의 소유 의식이 없으므로 자아의 자가성과 실체 의식의 소멸과 상응한다. 무아無我의 철학이 결국 산종散種의 철학이고, 차연差延의 철학이다. 본디 어원적으로 '씨'와 '의미'는 희랍어에서 상응하기 때문에 영어로는 의미론을 씨앗론과 비슷한 'semantics'라 부른다. 불어로 씨는 'semence'라 하는데, 그것은 희랍어에서 인식의 표식을 뜻하는 기호sēma에서 발단했다고 한다.

산종은 모든 주체 철학의 해체를 뜻한다. 그러므로 산종의 철학은 모든 내면성의 고유한 성역을 인정하지 않고 해체시킨다. 내면성은 주체 철학이 의지하는 신성불가침의 성역이다. 산종散種과 차연差延의 철학은 의식의 주체가 신비스런 내면성의 보물을 간직하고 있는 것처럼 여기는 자아의 우상을 파괴하려 한다. 데리다가 그의 얇은 저서인 『위상*Positions*』에서 지적한 바와 같이 '내면성은 자기 바깥에 의하여 가공되어 있고, 내면성은 언제나 자기 바깥으로 향하여 나아가고 있다. 내면성은 모든 표현 행위 이전에 자기로부터 차이를 만들거나 지연시키고 있다.' 데리다에 의하면 이항 대립을 기본적인 논리 철칙으로 삼는 구조주의가 해체적 차연의 철학을 가능케 하는 것이 아니라 차연의 철학이 이항 대립의 구조를 가능케 하기에, 차연이 이항 대립의 가능 근거인 '이전以前의 중용le milieu antérieur(mean anterior)'과 같다고 한다.

이전의 중용은 심리학자 융Jung이 말한 무의식적인 이항 대립의 '대대적 흐름Enantiodromie(enantiodromy)'을 성사시키는 사이의 빈 간격이나 공간 또는 주름의 경계라는 뜻과 비슷하다. 이런 사이가 파르마콘의 이중긍정을 가능케 하는 동시에 코라의 이중부정을 성립시킨다. 차연이 이중긍정과 이중부정을 가능케 하는 근본이므로 데리다는 그 차연과 산종을 '이전의 중용'이라고 명명했다. 그래서 이중긍정과 이중부정의 양면성을 가능케 하는 기본이 되는 차연과 산종은 이원성과 일원성을 모두 지양하는 불일이불이不一而不二의 구조를 띠기에 논리적으로 결정불가능성l'indécidabilité(undecidability)이라는 의미를 띨 수밖에 없다.

이중긍정과 이중부정이 이미 양자택일이나 양자용납을 불가능하게 하므로 결정불가능성의 상징과 마찬가지다. 하지만 거기에 다시 이중적으로 긍정과 부정을 모두 성립시키는 결정불가능을 나타내므로 차연의 철학은 확실하게 본질적으로 진리의 결정불가능성을 대표한다고 주장하지 않을 수 없다. 결정불가능성은 이 세상사가 인간의 판단으로 결정할 수 있는 현상이 아니라는 것이다. 즉, 이 세상사에서 인간이 목숨을 걸고 집착해야 할 도리도 없고, 죽기를 각오하고 지켜야 할 진리도 없다는 것을 상징한다.

그럼에도 불구하고 확실한 것은 타인들에게 어떤 집착과 신념을 강요하기 위하여 남의 나라나 남을 침략하는 행위를 막아야 할 이유는 충분하다. 이런 방어는 택일의 집착적 결정과 독재에 대한 자기 방어에 지나지 않을 뿐이다. 이런 진리의 결정불가능성은 진리에 대한 무관심으로 이래도 좋고 저래도 좋은 무정부적인 방임주의를 뜻하지 않는다. 진리의 불가결정론은 진리의 부재를 가리키는 허무주의를 뜻하는 것이 아니라 진리의 절대적 시원과 궁극적 목적이 존재한다고 여기는 진리의 태양중심주의적heliocentric 이데올로기를 비판하자는 것이다. 이미 레비나스가 절대적이고 유일하며 궁극적인 진리에 집착하는 것은 전쟁의 존재론l'ontologie de guerre(ontology of war)을 동반한다고 지적한 바 있다.

하이데거가 이미 철학의 종말das Ende der Philosophie(the end of philosophy)을 말한 적이 있다. 철학의 종말은 이 세상사를 인간의 잣대로 평가하고 이성의 이름으로 심판하지 말도록 종용하는 말과 동의어다. 노자老子가 이 세상을 신기神器로 보아야 한다고 한 것은 이 세상이 인간의 정신으로 장악되지 않는다는 것을 말한다. 하이데거가 말한 철학의 종말과 같이 데리다는 '철학을 우스갯감으로 만들어 세상에 북을 쳐서 알리기tympaniser la philosophie'라고 표명했다. 철학의 이념을 북을 쳐서 세상에 알려 그것이 얼마나 웃기는 헛소리인지 공표한다는 것이 그 말의 정신이다.

철학은 그동안 서양사에서 현존적 존재론의 진리에 해당하는 일점 지향의 근원이 되는 태양처럼 만물이 다 우러러보는 빛으로 숭배되었다. 이제 데리다는 그런 숭배 의식에 가득 찬 철학의 이념을 해체하려

한다. 데리다가 말하는 결정불가능성의 세상사는 니체Nietzsche의 반反전통과 반反형이상학 정신과 아주 비슷하다. 우리는 니체를 제대로 읽어야 한다. 서양의 형이상학사는 한마디로 소크라테스적인 영혼 중심의 역사가 기독교의 신학을 만나면서 신 중심의 역사로 치환되었다. 그러나 영혼 중심의 역사나 신 중심의 역사에 큰 차이가 있는 것은 아니다. 서양의 중세기에는 신의 아들이 인간이 되어서 신의 인간화에 초점을 맞추었다. 그러다가 르네상스를 거치면서 17세기의 데까르뜨Descartes부터 중세기의 신학이 근대의 인간학으로 방향을 전환했다. 그런 인간학의 절정이 헤겔Hegel의 정신현상학과 논리학이다. 이 정신현상학과 논리학은 곧 인간학의 신학 되기와 다르지 않다. 마르크스Marx의 철학은 그런 인간학의 신학화를 실천으로 이행하고자 하는 낭만주의의 극치에 해당하는 것 같다. 니체가 '신은 죽었다Gott ist tot(God is dead)'고 외친 것은 인간학의 신학화, 즉 인간의 신 되기apotheosis가 결국 신을 죽였다는 것을 나타낸다. 근대의 인간중심적 낭만주의가 신을 죽였다는 것이다. 이것은 대단한 통찰력이다. 니체는 철학의 낭만주의적 인간중심주의(신중심주의)를 거부하고 이 세상사가 허무주의에 직면해 있다는 것을 경고한 선각자다. 하이데거와 데리다는 이 니체의 철학을 계승한 후계자라고 생각한다.

세상사가 다 타자의 흔적을 상감하고 있는 한 상처를 입지 않은 지순至純한 존재는 낭만적 공상의 세상 말고는 어디에도 존재하지 않는다. 이런 각도에서 세상사를 보면 '문명∨자연', '정신∨물질' 등의 택일적 이분법은 덧없는 형이상학에 속한다. 니체는 이런 형이상학의 진리를 망치로 부수려고 했다. 차연의 입장에서 보는 세상사는 이 세상에 아무

데리다의 철학사상과 불교 **75**

것도 인간에 의하여 판단되지 않는 여여한 세상의 사실을 말하는 것과 같다. 판단이 유보가 차연의 철학적 주장일 것이다. 치연의 철학은 이 세상이 너무 인간에 의해 만들어진 의미로 과잉 상태에 처해 있다는 것이다. 의미의 과잉은 역설적으로 허무주의를 생산한다.

그러면 이 세상을 무의미하게 방치하자는 것인가? 이 세상의 모든 것은 서로서로 다른 것과 비스듬히 기대어 서 있는 형상이기에 하나의 가치판단으로 이 세상을 재단할 수는 없다. 데리다에게 모든 것은 존재(하이데거적인 의미에서 존재자)가 아니라 흔적이므로 흔적의 위상은 최소한 모든 것이 이중성의 상감과 접목으로 융섭되어 있음을 말한다. 그렇다고 그 이중적인 것들을 실체화해서는 안 된다. 그래서 그 이중성은 각각 자기 자리를 갖고 있지 않으며 그 자리를 지우는 이중성이라고 할 수 있다. 그래서 이 세상사가 일정하게 원인과 결과로 결정되지 않고 목적과 방편으로 나뉘지 않으며, 모든 것이 서로 시작도 끝도 없이 얽히고 설킨 새끼 꼬기의 연쇄와 같다. 그래서 하나의 의미를 극대화할 수 없고, 생사가 뫼비우스의 띠처럼 돌고 도는 회전운동의 바퀴와 같을 뿐이다. 그래서 데리다는 가끔 해체의 세계를 알리기 위하여 '타원/생략법 ellipse'이라는 단어를 사용했다.

타원l'ellipse(ellipse)은 평면 위의 두 점 사이에 생기는 거리의 합이 항상 일정하도록 움직이는 한 점의 궤적을 말한다. 생략법l'ellipse(ellipsis)은 문장에서 생략되어 언외의 뜻이나 여운이나 암시를 독자가 파악하게 하는 수사법을 뜻한다. 타원은 두 점이 기본적으로 평면 위에 설정되어 있고, 그 두 점에서부터 일어나는 거리의 합이 항상 일정한 한 점이 되어 움직이는 궤적이다. 아마 데리다는 차연처럼 이 세상의 세상사는 두 점의 '차이'에서 생긴 거리의 합인 '동거'가 언제나 일정하게 형성하는 '차이와 동거'의 이중성과 같다고 생각하여 타원이라고 명명한 것 같다.

차연의 타원은 일점 중심을 갖고 형성되는 같은 궤적의 원과 다르다. 타원은 평면 위의 두 점 사이에 따라 형성되는 타원의 크기가 다르므로 두 점은 불일이불이의 관계성을 이루고 있다. 타원은 마치 텍스트의 직물 짜기 같은 교직적 얽힘과 비슷하다. 그리고 그 차연은 수사학적 생략법처럼 생략된 단어나 문장으로 인하여 정상적인 문장보다 그 사이에 시간적·공간적 단축이 이루어졌음을 가리킨다. 그러나 그 사이가 이미 생략을 통하여 두 단어 사이에 차연의 다리를 형성하고 있음을 반영한다. 타원l'ellipse은 이중긍정의 파르마콘을 암시하고, 생략법l'ellipse은 이중부정의 코라를 상징하는 것 같다.

세상사가 축구공처럼 규칙적으로 굴러가지 않고, 럭비공처럼 불규칙으로 굴러가는 수많은 타원들의 얽음 장식이므로 어떤 원인과 목적의 일정한 진로를 예상할 수는 없다. 그러므로 신의 창조설과 예정조화설은 타원의 불규칙한 운동에서는 설명할 수 없다. 그리고 이 세상사는 무수한 생략법의 수사학과 비슷한 것 같다. 따라서 세상사는 생략법의 빈 공간과 시간의 여백이 항상 문장의 행간에 깃들어 있음을 인식해야 한다. 그 여백la marge(margin)이 차연의 사이를 가리키는 '이전의 중용'의 표지la marque(mark)이고, 또한 그것이 사이의 왕복을 말하는 행정la marche(march)이기도 하다.

차연의 철학은 예정조화설의 부정이고, 신神의 예정조화설의 자리에서 비어 있음이라는 허공의 여백을 읽을 것을 종용한다. 그 사이가 되는 허공의 여백은 표지의 역할을 하고, 행정의 오가는 길을 가리키기도 한다. 그렇다면 그 여백은 허무가 아니며, 또한 세상사에 대한 여유와 관계의 신호로서의 표지와 서로 다른 것과 장애 없이 오가는 무애의 행정과 같은 길로 읽도록 종용하는 사유가 아닌가? 세상사에서 가장 어리석은 짓이 자가성에 얽매인 고집이라고 할 수 있다. 차연差延의 철학은 이 고집의 어리석음을 북을 쳐서 세상에 알려 우스갯감으로 만들려 한다tympaniser.

본능과 본성의 욕망과 그 본질

1
본능과 본성의 욕망

맹자孟子는 "가욕지위선可欲之謂善"(하고 싶은 것을 선이라 함 –「盡心下」)이라고 말했다. 이 말은 스피노자Spinoza가 『윤리학*Ethique*』에서 언급한 "우리는 어떤 것이 좋다고 판단하기 때문에 그것을 바라고 원하며 욕망하는 것이 아니라, 우리가 스스로 그 어떤 것을 바라고 원하며 욕망하기 때문에 그것이 좋다고 판단한다"[4]는 구절과 언뜻 닮은 것 같다.

그러나 맹자의 저 말에는 애매모호한 점이 있다. 즉, 맹자가 말한 선이 '좋은 것(好)'을 가리키는 것인지, 아니면 '옳은 것(義)'을 가리키는 것인지 선명한 초점을 찾기가 쉽지 않다. 선을 '좋은 것'이라 간주하면 그것은 우리의 자연적 기호와 같아서 "우리가 욕망하기 때문에 좋은 것"과 동의어가 되지만, 선을 '옳은 것'이라 간주하면 그것은 우리의 도덕적 판단의 결과와 같아서 "우리가 옳다고 여기기 때문에 우리가 바라는 것"으로 해석되기 때문이다.

말하자면 맹자의 욕망론이 애매모호하다는 것은 그 사유의 지리멸렬함을 말하는 것이 아니라, 오히려 그의 사유가 인간의 욕망이 품고 있는 다의적 의미를 잘 꿰뚫어 보았다는 관점으로 이어진다. 따라서 그의 욕망론은 인간이 얼마나 해석하기 어려운 속이 복잡한 존재인지를 단적으로 보여준다.

그의 욕망론은 대체로 세 갈래의 흐름을 간직한 것으로 보인다. 첫째로 감각적인 육체적 욕망에도 보편성이 있듯이 정신적 욕망에도 감각

---

4) 스피노자Spinoza, 『윤리학*Ethique*』 3장, 명제 9, 주석.

적 욕망과 비슷한 보편성이 있다는, 이른바 두 욕망 사이의 유사성을 강조한다는 점이다. 둘째로 그는 그 두 욕망 사이에 유사성이 있는 것은 인정하지만, 그 둘 가운데 하나를 선택해야 할 때는 정신적인 욕망을 즐겨 선택해야 한다는 점을 말한다. 선善은 우리의 심신이 모두 하고자 원하는 것이지만, 그래도 정신이 하고자 원하는 것을 선택하는 것이 더 옳다는 것이다. 여기서 맹자는 이미 일종의 도덕적 가치판단을 개입시키고 있다. 정신적 욕망이 육체적 욕망보다 옳다고 여기는 가치판단이 성립하기 때문이다. 여기서 좋아함과 옳다고 여김이 은근히 분리된다. 셋째로 그는 이익을 좇는 육체의 욕망과 선을 추구하는 정신의 욕망을 완전히 대립적으로 대비하면서 이욕利慾의 마음과 성선聖善의 가치를 추구하는 마음을 확연히 갈라놓는다.

이 점을 맹자의 텍스트를 살펴보며 좀 더 간략히 고찰해보자. 첫 번째 욕망론을 뒷받침하는 구절을 보자. 그는 「고자告子 상上」에서 우리의 몸이 맛있는 음식과 아름다운 색과 소리를 좋아하듯이 우리의 마음도 보편적으로 좋아하는 것이 있다고 은유화하면서, 그 마음의 보편적 기호를 리理와 의義라고 지칭한다. 몸의 본능과 마음의 본성이 모두 은유적으로 동일한 기호의 보편성을 지니고, 그 보편성이 곧 선善이라는 말로 해석된다.

다음으로 두 번째 욕망론의 보기를 나타내는 준거를 소개한다. 그는 역시 「고자 상」에서 "삶도 내가 욕망하는 바이고 의義도 내가 욕망하는 바이나, 그 두 가지를 겸하여 내가 얻을 수 없을 때에는 삶을 버리고 의를 취하겠다"는 말을 남겼다. 이 말은 바로 위의 첫 번째 진술과 어감에 조금 차이가 있다. 이 말은 몸의 기호와 마음의 기호 사이의 유사성이

금가면서 마음의 도덕적 가치가 몸의 자연적 기호보다 선善의 가치를 띤다는 의미를 암시한다. 너 가치를 띤다는 것은 선의 의미에는 이미 가치판단의 결과가 개입되어 있다는 뜻을 지닌다. 도덕적 옳음의 가치로서 선은 때로는 자연적 기호의 선과 분리될 수 있다는 메시지를 그 말이 전달할 수도 있다. 그러나 이 진술은 아직도 선을 몸의 좋아함과 마음의 좋아함으로 이분화하는 어중간한 단계의 의미를 지닌다고도 할 수 있다.

그러나 다음 내용은 세 번째 욕망론의 보기를 입증한다. 맹자는 「진심盡心 상上」에서 "도척의 무리와 순 임금을 따르는 무리의 차이는 결정적으로 리理와 선善의 구분"이라고 언급하여, 선은 본성의 자발성이고 악은 이욕적 본능의 자발성이라고 갈라놓으며 둘을 대립시켰다. 또 이런 대립은 그가 「고자 상」에서 "이욕적 행위의 동기는 세속적인 부귀를 나타내는 인작人爵이고, 성선적 행위의 동기는 인의예지仁義禮智와 같은 천작天爵"이라고 확실히 이원화한 주장에도 드러난다.

이처럼 맹자의 소론이 매우 모호해서 그가 말한 선이 자연적 좋음을 뜻하는지, 아니면 도덕적 옳음을 말하는지 뚜렷이 판가름하기가 어렵다. 맹자의 사상이 후대에 와서 주자학과 양명학으로 갈라지는 까닭을 여기서 이해할 수 있다.

주자학이 일반적으로 선을 옳음으로 간주하여 도덕적 판단에 따른 선지후행先知後行의 경향을 띤다면, 양명학은 선을 좋음으로 간주하여 자연적 기호로서의 지행합일知行合一을 말하는 것은 우연이 아니다. 흔히 양명학의 지행합일 개념을 오해하는 수가 있는데, 그것은 앎과 행위가 일치되어야 한다는 당위적 요청이 아니라 자연성에서 앎과 행위가 본디 일치하고 있다는 사실 확인의 뜻으로 풀이해야 한다.

물론 양명학도 주자학처럼 유학의 공부론을 학문의 생명으로 삼아서 "존천리存天理 거인욕去人欲(천리를 보존하고 인욕을 제거함)"을 공통의 사명으로 한다. 그러나 그 공부 방식이 다르다. 주자학에서는 본능의 인욕을 억제하는 길이 곧 본성의 선을 인식하고 거기로 나아가는 점진적 공부의 길임을 말하고, 양명학에서는 본능의 인욕을 억압하는 길을 먼저 닦는 대신 본성의 자연성인 천리가 이미 인성에 갖춰져 있으므로 그 본성의 기호를 발양하는 데 우선해야 한다고 말한다.

우리가 이처럼 먼저 맹자와 그 유학의 소론으로 이 글을 시작하는 까닭은, 그의 사유가 철학사에서 몸의 본능과 마음의 본성이란 문제를 제기하면서 욕망과 선의 관계에 어떻게 접근해야 하는가 하는 단서를 처음으로 제기한 것으로 보이기 때문이다. 그가 말한 "가욕지위선"이 인간이 욕망하기에 선이 된다는 뜻인지, 아니면 보편적인 천리가 바로 선이기 때문에 인간이 욕망해야 한다는 뜻(욕망해도 좋다는 것)인지? 대체로 양명학은 전자를, 주자학은 후자를 선택하고 있다고 봐야 할 것이다. 선이 마음의 욕망으로서의 기호와 같기에 양명학은 심즉리心卽理를 말할 수밖에 없다. 주자학은 선이 보편적 천리의 성性이기 때문에 마음이 본능의 일차적 욕망을 누르고 천성天性을 지향해야 하는 당위의 요구를 올바른 도덕적 판단으로 여겨 날마다 거기로 들어가야 한다는 성즉리性卽理를 천명하지 않을 수 없다.

맹자의 유학은 적어도 인간을 욕망으로 보았다는 점에서 현대적인 의미에서 큰 철학적 숙고의 자료를 제공한다. 그가 욕망을 어떻게 보았든지 간에 인간에게는 본능의 욕망과 본성의 욕망이 서로 겹치기도 하고 떨어지기도 한다는 모호성을 철학사에서 처음으로 제기한 철학자로 보인다. 비록 주사학과 양명학의 욕망론이 차이를 띠고 칠힉의 주요한 성찰 과제로 남아 있지만, 그 문제를 여기서는 더 이상 문제 삼지 않겠다.

주자학과 양명학이 모두 본능을 욕망으로 본다는 점에서는 똑같으나, 주자학은 '본성의 욕망'에서 본성을 목적격으로 해석하여 본성을 욕망해야 하는 보편적 가치로 읽으려 했고, 양명학은 '본성의 욕망'에서 본성을 주격으로 해석하여 본성이 욕망한다고 하여 본성이 마음의 자발성과 다르지 않다고 본 것이 둘 사이의 큰 차이라고 할 수 있다. 어떻든지 유학이 인간의 본질적 이해를 욕망에서 시작해야 한다고 본 점에서 유학의 철학사적 의의를 높이 평가하지 않을 수 없다.

욕망은 오늘날 무의식으로 간주된다. 즉, 맹자의 사유는 마음이 본질적으로 욕망이고 무의식임을 말한다. 그는 욕망을 자연성으로 보고, 그 자연성을 본능적인 것과 본성적인 것으로 이분화한 것으로 보인다. 본능과 본성이 모두 자연성이라는 한자리에 놓여 있으나, 또한 그는 그 욕망의 언어가 다름을 밝혔다. 이것이 그의 욕망론의 모호성이 지닌 양가성兩價性의 특성이고 깊이이기도 하다.

그는 본능의 욕망을 이욕심利欲心으로 집약하고, 남의 것을 '빼앗지 않으면 실컷 먹지 못하는(不奪不饜)' 약육강식과 비슷하다고 「양혜왕梁惠王 상上」에서 지적했다. 말하자면 본능의 욕망은 소유의 욕망이고, 내 욕망이 남의 죽음을 원하는 그런 것이라고 기술한다. 그런가 하면 본성의 욕망은 존재의 욕망으로 해석한다. 존재의 욕망은 공동존재의 욕망과 같다. 맹자는 순 임금의 마음을 '남들과 함께 즐겨 같이하는(善與人

同)' 욕망과 '자가성自家性을 버리고 타인들을 따르는(舍己從人)' 욕망이라고 「공손추公孫丑 상上」에서 지적했다.

본능의 욕망이 소유욕임을 어떻게 읽어야 하는가? 라깡J. Lacan은 동물의 본능과 인간의 그것이 서로 비슷하면서도 다름을 지적했다. 그 차이가 생기는 원인은 인간의 무의식적 본능은 말에 의하여 발생하는데, 동물의 경우에는 말과 무관한 자연의 기제라는 데 있다. 라깡은 언어활동langage이 무의식을 가능케 하고, 무의식은 언어활동처럼 구조화되어 있다고 언급했다. 인간의 본능적 무의식은 늘 남과의 관계를 전제한 언어활동의 욕망이 있기에 발생한다는 것이다. 그래서 본능의 무의식은 "그것이 말한다(Ça parle)"는 문장으로 요약된다.

본능의 무의식이 왜 말하는가? 신생아가 어머니의 자궁에서 세상에 나올 때 그는 어머니의 몸을 잃어야 하는 운명에 처한다. 어머니의 몸은 곧 자기의 몸이다. 자궁을 떠나면서 태반과 탯줄과 양수를 잃어야 한다. 살기 위한 필수적 상실이다. 이것을 그는 '존재의 결핍le manque à être'이라고 부르고, 존재의 결핍은 곧 '존재의 입 벌림la béance d'être'이라고 은유한다. 이것은 본능의 욕망이 본질적으로 배고픔의 표현이고, 그 배고픔이 생리적으로나 성욕적으로나 의지적으로나 인식론적으로 채워지기를 바라는 것과 같다.

이런 라깡의 생각은 불교의 유식학唯識學에서 말하는 사식론四食論과 닮았다. 사식론의 첫째는 단식段食으로서, 우리가 몸을 유지하기 위하여 생리적으로 음식을 쪼갠 다음에 뭉쳐서 먹는 것을 뜻한다. 이것은 라깡이 말한 필요besoin의 차원과 통한다. 둘째는 촉식觸食으로서, 이것은 성욕처럼 서로 접촉하여 성적으로 상대방을 먹고 싶어 하는 가애可

愛의 경지이다. 이것은 라깡이 말한 성적 충동pulsion과 맞물린다. 셋째는 의사식意思食으로서, 생각으로 언어 행위를 통하여 남을 그리워하고 바라는 의념과 의지를 뜻한다. 마지막으로 식식識食은 인식으로서, 다른 것을 앎으로써 소유하려는 언어활동을 말한다. 그러한 의사식과 식식은 라깡이 말하는 요구demande와 비슷하다.

유식학에서 욕망을 먹이의 소유로 표현하는 것은 라깡이 말한 무의식의 총체적 표현인 배고픔을 욕망désir이라고 기술한 것과 같은 의미라고 생각한다. 단적으로 맹자가 말한 본능의 욕망은 곧 배고픔을 만족시키기 위해 먹으려는 욕망과 다르지 않다.

그러면 우리는 맹자가 말한 본성의 욕망을 어떻게 읽어야 하는가? 이 본성이란 개념은 철학사에서 여러 가지로 표현되어 왔다. 예컨대 고대 인도의 베다 철학에서는 아트만atman으로, 유식학에서는 아뢰야식 Alaya vijñana으로, 화엄학에서는 법성法性으로, 선禪에서는 자성自性으로, 노장사상에서는 도道로, 양명학에서는 양지良知로, 서양의 에크하르트 M. Eckhart는 신성神性으로, 스피노자Spinoza는 신神 즉卽 자연自然(Deus sive natura)으로, 하이데거M. Heidegger는 존재Sein라는 용어로 본성의 뜻을 표현했다. 특히 융C. G. Jung의 분석심리학에서는 자성自性으로 번역됨 직한 'das Selbst'라는 말로 표현했다. 앞으로는 이 용어를 자성으로 옮기겠다.

이 자성은 의식상의 주체인 자아Ego와 달리 무의식 속에서 모든 집단무의식의 최종심급에 해당하는 그런 주체를 상징한다. 말하자면 무의식의 주체인 자성은 어머니의 자궁과 같이 비어 있어서 인간의 원초적 씨앗을 보존하고 탄생시키는 창고와 같은 역할을 하기도 하지만,

또한 집단무의식의 가장 원본적 원형으로서 자기실현의 강한 리비도 Libido의 욕망을 표현하는 언어의 힘과 같기도 하다. 그런 점에서 융의 이러한 자성은 유식학에서 말하는 아뢰야식과 비슷한 기능을 함의하고 있다고 할 수 있다. 아뢰야식도 모든 종자들을 보관하는 빈 창고와 그 종자들이 현행화하는 강력한 힘이라는 상반된 두 가지 기능을 함의하기 때문이다.

우리는 본성의 욕망을 이해하기 위하여 그것을 철학적으로 조금 소묘해야 한다. 스피노자와 양명학, 불교와 하이데거를 간략히 비교하자. 들뢰즈G. Deleuze는 『스피노자와 표현의 문제Spinoza et le problème de l'expression』에서 스피노자의 신神은 인격신이 아니라 자연의 다양한 필연성들을 하나로 통일하고 있는, 즉 안으로 말고 있는com-pliquant 수렴적 통일을 뜻하고, 자연은 신의 통일적 필연성을 밖으로 다양하게 펼치는ex-pliquant 확산적 전개를 가리킨다고 언급했다. 들뢰즈는 스피노자의 '신 즉 자연 Deus sive natura'이라는 진리는 우주의 필연적 법이 일즉다─即多 다즉일 多即─의 이치, 즉 통일성 속에 다양성이 깃들어 있고 다양성 속에 또한 통일성이 내재해 있기에 하나의 이치가 모든 것을 다양하게 꿰뚫고 있다는 의미에서의 일의성─義性(univocité)의 법식과 다르지 않음을 보여주는 것이라고 읽는다.

다양성에서 통일성으로 수렴되는 원융문圓融門과 통일성에서 다양성으로 전개되는 행포문行布門의 왕복으로 이 우주를 해석하는 화엄학의 발상과 스피노자의 사유가 서로 닮았다. 화엄적인 이사무애理事無礙(이법과 사실이 장애 없이 오감)의 이치를 스피노자의 언어로 옮기면 그것은 곧 신神의 이법理이 곧 자연의 사실事과 다르지 않다는 법칙으로 이행되는 것과 같다.

그래서 스피노자에게 신의 속성인 사유와 자연의 속성인 연장은 인간을 지극한 행복至福으로 인도하기 위한 필연적인 진리라는 표현과 다르지 않다. 이 진리의 표현에 인간은 자기를 보존하려는 욕망conatus의 말을 대응시켜야 한다는 것이다. 인간의 무의식은 자기 존재를 보존하려는 욕망을 성취하기 위하여 필연성이 표현하고 있는 법을 아는 것이 선결적이라는 것이다.

이런 사상을 흔히 범신론汎神論(pantheism)이라고 불렀으나 정확히 말하면 만유재신론萬有在神論(panentheism)이라고 명명하는 것이 옳을 것이다. 왜냐하면 범신론은 다양한 사실들이 곧 신의 정신적 표현이라는 의미에 치중하는 사상이므로 만유재신론에 비하여 다양한 사실들과 통일적 정신의 신과 상호회통하는 무애성을 뜻하는 호환의 의미가 약하기 때문이다. 만유재신론에 의하면 신은 곧 만유 속에 다양하게 표현되어 있고, 그 만유는 신 안에 통일적으로 표현되어 있다는 사상이다.

물론 능산적 자연能産的 自然(natura naturans, 신과 같은 무한한 자연의 속성)과 소산적 자연所産的 自然(natura naturata, 무한한 자연의 속성에서 파생된 유한한 자연의 양상)을 말하는 스피노자의 사유가 일의성의 일즉다一即多라고 보기 어려운 대목이 있지 않느냐고 말할 수 있겠으나, 신은 만유의 다양한 모든 것들을 자기 안에서 표현하는 능산적 자연으로서의 능동성이고, 만유의 다양한 사물(양상)들은 신의 일의성 속에서 그것이 다양하게 전개된 유한한 소산적 자연에 지나지 않는다는 것이다. 표현하는 자연의 존재와 표현된 자연의 존재라는 점에서 존재의 무한성과 유한성에서 차이가 있으나 다 같은 신의 존재이기에 존재론적으로 일의적이라는 것이다.

양명학의 정금론精金論도 이와 비슷한 일의성의 철학을 말한다. 주자학은 이일분수론理一分殊論으로서, 이것은 하나의 이치(理)가 다양하게 만물 속에 분유되어 있어서 하나의 이치(理一)와 다양한 이치들(理多) 사이에 존재론적 유사성도 있지만 기질氣의 본질에 의하여 존재의 다양한 차이가 발생한다고 본다. 이 주자학적 이일분수론은 토미즘Thomism에서 말하는 존재론적 유비성ontological analogy 이론과 너무도 비슷하다.

그러나 주자학의 이일분수론과 달리 양명학에서는 성인이 지닌 본성의 금이나 범인이 지닌 본성의 금은 양적으로 차이는 있지만 본질적인 차이는 없다고 보기에, 왕수인王守仁은 『전습록傳習錄』에서 "도처에 성인들이 가득하다(滿街都是聖人)"고 말한다. 하나의 본성인 양지良知(금으로 상징됨)가 만인에게 다양하게 나누어져 있으므로 양적으로 많고 적은 차이에도 불구하고 모두 다 똑같은 양지의 본질을 띤다는 것이다.

신神의 일一과 그 속에 내재한 다양한 양상들이 호환되고, 성인의 양지가 범인의 양지와 교역되는 것은 원효元曉가 일심一心의 근원과 삼공三空의 바다가 서로 가역적으로 왕래한다고 말한 것과 다른 생각이 아니다. 근원은 바늘구멍만큼 작고 바다는 한없이 크다. 구멍만한 근원과 바다가 서로 원융의 통일성(一)과 행포의 다양성(多)의 관계로서 오간다는 것이다. 또 의상義湘도 "조그만 먼지 속에 시방 우주가 내함되어 있다(一微塵中含十方)"는 만유재신론을 주장했다.

하이데거는 존재Sein과 존재자Seiendes을 매우 엄격히 구별했기 때문에 이런 일즉다一卽多의 사유와 아주 달라 보인다. 그가 그렇게 엄격히 구별한 까닭은 서구의 철학사에서 유有(존재)를 무無의 나타남으로 보지 않고 무를 허무로 여겨 유와 동거할 수 없는 모순적인 개념으로 파악했기 때문에, 유가 '존재하는 어떤 것Etwas Seiendes'이라는 존재자로 전락했음을 고발하기 위함이다.

그가 존재를 화엄학적인 법성의 성기性起(Ereignis)처럼 '그것이 준다(Es gibt)'로 이해하고, 그것Es으로서의 존재를 곧 자신을 주는 보시布施와 같은 시여施與(Gabe)로 읽는다는 것은, 존재를 사물Ding이 서로 임대차하듯이dingen 주고받는 차연差延(Unter-Schied)의 오감과 별개의 것으로 이해하지 않는다는 것을 말한다.

차연의 의미는 불교의 연기緣起사상처럼 이것이 생기기 때문에 저것이 일어나고, 저것이 없어지기 때문에 이것도 사라지는 그런 관계의 이치를 말한다. 즉, 차연은 상호간에 차이差異의 어긋남이 있는데, 그 차이가 대립이나 모순의 투쟁을 유발하는 것이 아니라 오히려 서로 상대방에게 자기의 것을 연기시키는 상호의존의 연기延期가 일어나는 것을 축약해서 언급한 말이다. 존재의 본질은 무無와의 사이에서 일어나는 차이와 연기의 그런 이중성과 같으므로 그런 존재의 이해법은 다양한 사물들 사이에서 벌어지는 차연의 생기와 다르지 않기에 하이데거의 존재론도 존재의 통일성과 사물들의 다양성 사이에서 생기하는 일즉다一卽多의 호환론과 다르게 이해할 수 없다.

말하자면 존재는 '그것이 준다(Es gibt)'라는 본질의 다양한 현상화와 같은 뜻으로 파악되기 때문에, 존재는 현상적 사물의 연기와 다르지 않다. 그래서 결국 하이데거의 사유에서 존재의 본성도 사물의 다양한 거래와 호환되는 일의성을 지니는 것으로 보인다. 그는 '그것이 준다'라는 존재의 성기性起를 또한 '그것이 말한다(Es spricht)'라는 뜻으로 풀이한다. 이러한 하이데거적인 '그것이 말한다(Es spricht)'를 라깡적인 '그것이 말한다(Ça parle)'와 같은 의미로 보아서는 안 된다. 전자는 본성의 욕망을 말하고 후자는 본능의 욕망을 말하는 것으로 읽어야 할 것이다. 이 점을 좀 더 자세히 살펴보자.

무의식(본능과 본성)의 욕망은 모두 삼인칭단수 중성대명사(Ça, Es)의 성격을 지녔다는 점에서 공통적이다. 그러나 본능의 욕망은 소유욕으로서 빼앗긴 것을 다시 찾고자 하는 배고픔의 갈증을 해결하려는 의미를 띠고, 본성의 욕망은 존재의 욕망으로서 이미 맹자가 암시했듯이 하이데거는 그것을 공동존재Mitsein의 욕망이라고 읽는다.

하이데거는 『이정표Wegmarken』에서 "존재의 말을 들음은 현존재가 자기 자신에게 공동현존재Mitdasein가 하는 응답을 각성시키는 일을 한다"[5]고 언급했다. 공동현존재는 말을 하는 사이의 관계와 다르지 않다. 존재의 욕망은 공동존재의 욕망이기에 말하기의 욕망과 다르지 않다. 본성은 말한다.

본성도 말하고, 본능도 말한다. 본능과 본성이 모두 말한다는 점에서 무의식은 단적으로 말하는 욕망이다. 이 점은 마치 불교 유식학에서 아뢰야식이 능연심能緣心이나 연려심緣慮心으로서 끊임없이 말하려고 하는 관심의 욕망이라고 보는 관점과 비슷하다. 그 아뢰야식이 이중적이어서 본성의 욕망처럼 여래장의 씨앗이 깃들어 있기도 하고, 또 본능의 욕망처럼 중생의 씨앗이 잠복해 있기도 하다.

본성과 본능이 똑같이 아뢰야식의 자리에 동거해 있으나 그러한 욕망이 자성das Selbst과 자아das Ich의 말 가운데 어느 말로 표현되는가에

5) 하이데거, 『이정표Wegmarken』, 「근거의 본질에 관하여Vom Wesen des Grundes」, 175쪽

따라 존재와 소유의 갈림길이 나뉘는 것 같다. 이를 두고 유식학은 아뢰야식을 진망화합식眞妄和合識이라 부른다. 이 진망화합식의 무의식적 욕망을 언어학자 뱅브니스트E. Benveniste가 『일반 언어학의 제문제 1 Problème de linguistique générale 1』에서 밝힌 내용과 연관해서 생각하면 흥미롭다.

여기서 그는 소유동사 avoir가 문법적으로는 타동사이지만, 실질적으로 타동사의 본질인 사행동사의 역할을 수행하는 것이 아니라 자동사인 존재동사 être와 비슷하게 상태동사의 기능을 맡는다고 한다. 그래서 '소유하다'라는 동사를 수동형으로 사용하지 않는다는 것이다. 좀 더 쉽게 말하면 '소유하다'라는 동사는 '~에 속하다'라는 뜻을 지닌 'être à…'의 의미처럼 쓰이기 때문에 주어의 존재에 귀속되는 어떤 성질을 표시한다는 것이다. "내가 돈을 가지고 있다"는 문장의 경우, 내가 돈에 어떤 사행적 영향을 미치는 것이 아니라, 다만 주어가 돈을 갖고 있다는 상태를 말하는 것에 지나지 않는다. 그래서 지구상에서 인구어印歐語(인도유럽어)를 제외하고는 모든 언어가 소유동사와 존재동사를 나누지 않고 섞어서 같이 쓴다는 것이다.

우리말에서도 '가지고 있다'라고 쓰고, 한자어에서도 '유有'가 존재와 소유의 두 뜻을 모두 지시하는 말로 사용한다. 우리는 아무것도 가지고 있지 않으면 실제로 존재하지 않는 것처럼 착각한다. 이처럼 존재와 소유는 일상적으로 그 임계를 정확히 구분하기 힘든 애매성을 띠고 있으므로 무의식의 욕망이 본능과 본성으로 분화되지만, 맹자는 그 두 가지를 연속의 차원에서 말하기도 하고 불연속의 의미로 읽기도 하는 모호성을 보인다고 생각한다. 하이데거와 라깡이 모두 '그것이 말한다

⟨Es spricht/Ça parle⟩'로 본능과 본성의 욕망을 서술한 것이 우연의 일치만은 아닐 것이다.

2 서양철학사상의 본질

서양철학사상을 일관되게 관통하는 하나의 지배적 이념이 있다. 그것은 인간이 '이성적 동물 animal rationale'이라는 것이다. 니체 F. W. Nietzsche는 이 아리스토텔레스Aristoteles의 인간 정의를 아주 괴상한 웃음거리로 간주했으나, 기실 저 정의는 대단히 정교하게 인간을 규정하려는 의도를 간직한 것이라고 보아야 한다. 인간은 동물은 동물인데, 보통 동물이 아니라 이성적 동물이라는 것이다.

여기서 동물과 이성을 접목하려고 시도한 의도가 무엇인지를 알아야 한다. 이성이란 개념은 서양철학에서 지성이나 지능이란 개념과 교환할 수 있는 성질을 갖는다. 본디 지성intellect과 지능intelligence은 서양 언어에서는 별로 의미에 구분이 없다. 단지 우리말에서는 주로 전자는 철학적으로, 후자는 심리학적으로 사용하고 있을 뿐, 의미상에는 큰 차이를 보이지 않는다. 우리는 지능이란 용어로 통일적으로 사용하려고 한다. 지능적이라는 수식어는 이성적이라는 용어의 현실적 능력이라고 이해해도 좋을 것이다.

여기서 우리는 서양철학에서 인간을 이해하는 본질 규정인 '이성적 동물'이란 명제가 함의하는 의미를 알기 위하여 세 철학자의 도움을 받고자 한다. 그들은 베르크손H. Bergson과 니체와 하이데거이다. 베르크손과 다른 두 철학자들은 뉘앙스에서 차이가 있다. 베르크손은 '이성적 동물'의 명제를 긍정직으로 보기 위한 사유를, 그리고 다른 두 철학자들은 그것을 부정적으로 비판하기 위한 철학적 사유를 개진했다.

우선 베르크손의 철학에 바탕을 두고 우리의 생각을 간략히 정리한다. 그는 본능과 지능의 관계를 말하면서 인간은 본능의 차원에서는 동물에 비하여 열등하기 짝이 없음을 지적했다. 동물적 본능의 정밀성과 정확성 그리고 거의 차질 없는 예감력에 비하여 인간의 본능은 대단히 허약해서 자신의 생존 전략을 거기에 맡길 수 없다는 것이다. 그래서 인간은 동물에게 없는 이성적 지능의 힘을 극대화하는 것으로 생존의 무기를 갖추었다.

그런데 동물적 본능은 직접적이고 정확하나 지극히 폐쇄적인 닫힌 체계인 반면, 인간의 지능은 부정확하고 간접적이지만 무한히 열린 개방적 체계를 띤다. '이성적 동물'이라는 표제는 아리스토텔레스가 동물생리학을 인간생리학으로 치환하려는 목적의식을 드러낸 전략적 사고의 산물이다. 동물에게는 제한적이지만 매우 정확한 생존기술의 본능을 인간의 차원으로 승화시켜, 무제한적이고 정확한 생존기술을 이성의 지능이 습득하고자 하는 인간학의 목적의식을 저 표제가 은연중에 은닉하고 있다고 할 수 있다. 그것은 동물적인 본능의 힘을 인간이 인간적인 본능의 욕망으로 옮기되, 동물의 매우 제한적인 힘을 인간에게는 무한한 힘으로 변용해 지능으로 이전하려는 그런 인간학을 상징한다. 이 인간학이 서양철학의 본질적 사명이다.

닫힌 본능을 열린 본능인 지능으로 변용하기 위하여 이성의 지능은 과학을 개발해야 한다. 물론 베르크손은 칸트 철학으로 대표되는 이성주의의 한계를 지적하고 인간의 정신적 본능인 이성과는 다른 식관 l'intuition의 영역을 크게 부각시켰으나 여기서는 논의하지 않기로 한다. 서양 근현대 철학은 일반적으로 이 이성의 과학과 형이상학을 쌍생아로 탄생시켰다.

동물적 본능 앞엔 문제가 없으나 인간의 이성 앞에는 끝없는 문제가 제기된다. 문제라는 것은 욕망의 말이 일으킨 과학과 같다. 동물적 본능의 연속과 불연속으로서 인간의 지능적 욕망이 없으면 이 세상에 문제가 생길 수 없고, 따라서 과학도 탄생하지 않았을 것이다. 모든 과학은 문제를 해결하려는 실용적이고 도구적인 이성의 산물이다. 서양이 동양보다 자연과학과 사회과학이 더 발달한 까닭은 바로 무의식의 본능적 욕망을 이성이란 이름으로 승화시켰기 때문이다.

소유적 욕망에 의한 과학적인 문제 해결은 만인의 소유욕과 직결되므로 보편타당한 객관적인 문제 해결problem-solving 방안을 찾지 않을 수 없다. 자연을 소유하기 위하여 자연을 객관화해야만 하고, 만인의 이욕심이 저마다 제기하는 문제를 해결하기 위하여 객관적인 법을 존중해야만 한다. 문제를 해결하려는 이성은 이렇게 자연과학과 사회과학을 낳았다. 그러나 이성은 과학의 객관성에 만족하지 않고 자신의 힘을 절대화하는 방향으로 나아갔다. 그런 이성의 자기 절대화가 소유의 욕망을 포기한 것은 아니다. 그것은 이성의 생리상 불가능한 일이다.

이성의 무한한 소유욕을 절대 진리로 명분화하기 위하여 서양철학은 그리스도교와 결부하여 신을 절대 이성으로 떠받들었다. 신을 절대 이성으로 숭앙함으로써 인간의 의지와 이성에 의한 소유의 욕망화는 이데올로기적으로 정당성을 갖게 된다. 인간적 이성이 도구적이고 실용적이어서 어딘지 모르게 품위가 낮은 것처럼 여겨졌으나, 이성과 의지를 신적인 것으로 승격함으로써 이성은 초월적 의미를 띠고 형이상학적으로 고양된 것같이 느껴지게 했다.

이런 이성의 과학과 형이상학을 망치로 두들겨 때린 이가 니체다. 이성의 과학과 형이상학은 '이성적 동물'로서 인간학을 점차 그 뿌리에 해당하는 동물학과 무관한 것으로 여기도록 하는, 이른바 초동물성의 정신을 돋보이게 했다. 그래서 과학과 종교는 인간이 동물성을 멀리 떠나보낸 것이 아닌가 하는 착각을 하도록 만들었다.

그러한 착각을 깨뜨리고 서양철학의 과학과 신학적 형이상학은 동물적 권력의지Wille zur Macht의 확장과 다르지 않다고 폭로한 이가 바로 니체다. 그는 플라톤Platon과 아리스토텔레스가 간 길과 정반대의 길을 갔다. 그들은 동물을 인간으로 길들이기 위한 철학의 방향을 모색했는데, 니체는 인간을 동물로 되돌리기 위한 작업을 시도했다. 동물로 되돌린다는 것은 과장된 표현이다. 인간은 이성이 아니라 권력의지라는 욕망임을 밝히려고 했다고 읽어야 할 것이다.

과거의 철학은 이성의 지능이 곧 권력의지의 욕망임을 모르고 천박한 동물성을 고상한 인간성으로 탈바꿈시키는 것이 이성이라고 여겼다. 그래서 문제 해결 능력은 인간의 표상이고, 이 표상은 신이 인간에게 허여許與한 능력으로만 이해했다. 그러나 이 능력이 바로 권력의지라는 욕망의 소유욕과 다르지 않음을 일깨운 이가 니체였다. 그는『권력의지La Volonté de puissance』에서 "우리의 지성, 우리의 바람, 우리의 감정들까지도 우리의 가치판단에 의지한다. 이 가치판단은 우리의 본능과 우리의 생존 조건들에 대응한다. 우리의 본능은 권력의지로 환원된다. 권력의지는 우리가 파내려갈 수 있는 마지막 사실이다. 우리의 지성은 하나의 도구"[6]라고 서술한다.

베르크손은 '이성적 동물'의 의미를 동물적 본능을 대체한 인간적 지능의 인간학이라고 해석하고, 니체는 다시 그 의미를 권력의지의 확산과 팽창이란 의미로 해석하고, 하이데거는 다시 그것을 의지와 가치의 철학으로 통찰했다. 또 니체의 권력의지를 하이데거는 진리의지와 선의지로 해석하면서 서구의 철학사는 이 이성의 진리의지와 도덕의 선의지로 점철된 역사와 다르지 않다고 말했다. 하이데거는 그런 점에서 플라톤의 지고선至高善의 이데아는 진리와 선을 통합한 최고 가치의 철학이고, 이것은 인간이 지향하는 당위의 의지가 이르러야 할 궁극의 목적과 같다고 본다.

그는 이런 플라톤의 초감각적 형이상학이 니체의 감각적 권력의지의 욕망과 아주 다른 것처럼 보이나, 사실은 똑같은 지배의지를 다르게 표현한 것에 지나지 않는다고 통찰했다. 또한 데까르뜨R. Descartes의 코기토cogito(나는 생각한다)가 니체의 볼로volo(나는 원한다)의 철학과 다른 것처럼 보이나, 사실 두 철학은 본질적으로 동일한 사유를 다르게 이야기한 것에 지나지 않는다는 것이 그의 소론이다. 데까르뜨의 '코기토cogito'는 과학적 이성의 확장과 그 지배를 겨냥하고 있지만, 니체의 '볼로volo'는 권력의지의 지배와 확장이라는 소유욕의 의지를 노골적으로 표시한 것에 지나지 않기 때문이다.

물론 니체의 사상은 탈근대성의 요인을 내포하기에 권력의지라는 한

---

6) 니체, 『권력의지La Volonté de puissance』, G. Bianqui 불역, 223~224쪽.

면으로 그의 모든 사유가 결집되는 것은 아니나, 하이데거가 본 니체의 서양철학사 파괴도 서양철학사를 관통한 의지와 가치의 철학의 역설적 반항에 지나지 않는 것이다. 서양철학사의 본격적 해체는 하이데거를 통하여 이루어진다고 봐야 할 것이다. 하여튼 서양 근현대 철학에서 소유의 욕망이 이론이성에서는 진리의지의 자연 지배로, 실천이성에서는 선의지에 의한 세상 지배로, 역사이성에서는 자가성의 동일성에 의한 타자의 지배로 표현되었다.

프로이트S. Freud의 정신분석학은 인간의 원초적 욕망인 그러한 소유욕이 어떻게 심적 질병을 앓지 않고 건강하고 성공적인 삶을 심리적으로 영위할 수 있겠는가를 밝힌 정신의학의 담론이다. 여기서 라깡의 거울 단계le stade du miroir나 오이디푸스 콤플렉스le complexe d'Oedipe를 논술하지는 않겠다. 아기가 건강하게 사회의 이성적 일원으로 등록되기 위해서는 아버지의 이름le nom du Père과 아버지의 법la loi du Père에 복종하는 태도를 익혀야 한다. 그런 태도는 아버지의 법에 따르지 않으면 거세된다는 무의식적 공포감과 함께 형성된다.

어머니도 이 아버지의 상징적 법을 엄수한다는 수용적인 자세를 보여야 아기도 어머니가 소유욕의 궁극적 능기能記(le signifiant)인 남근男根(Phallus)을 소유하고 있지 않음을 깨닫고 상상의 세계l'imaginaire을 버리고 상징적 명령l'ordre symbolique에 귀속한다는 것이다. 만약 그러한 무의식의 소유욕을 방치하면 만인이 만인에게 늑대가 되는 사회질서 불능의 상태를 불러오기에, 그가 말한 상징적 질서와 명령은 결국 아무에게도 이익이 안 되는 반사회적 혼란을 방지하는 법과 같다. 그런 점에서 프로이트와 라깡의 정신분석학을 부르주아지bougeoisie의 사회생활을 강요하는 인격 교정학의 의미와 같다고 지적하는 푸꼬M. Foucault의 말이 전혀 엉뚱하지는 않다. 이런 '아버지의 법'은 레비스트로스C. Lévi-Strauss의 인류학에서 근친상간 금지법la loi de prohibition de l'inceste의 보편성에 대응된다. 남자가 자기 여자를 스스로 취하지 않고 다른 남자나 집단에 시집보내는 것은, 결국 인간 속에 깃든 무의식으로서 사회생활을 할 수 있게 하는 무의식적 교환 요구와 직결된다는 것이다.

소유욕은 결국 남과의 관계를 전제로 하는 욕망이다. 소유의 본능적 욕망은 먹으려는 욕망이고, 이것은 이 세상에 혼자 있을 때는 생기生起하지 않는 상호 주관적 관련성을 띠기 때문이다. 그래서 내가 먹고 싶어 한다는 것은 남들도 먹고 싶어 한다는 것을 염두에 둔 것이다. 그러므로 '아버지의 법'은 상호 주관적 소유욕을 가능케 하는 최소한의 질서 잡기 명령이라서 그것은 사회적 합리성을 제고하기 위한 법이다. 그렇기에 아버지의 권위와 그것을 인정하는 것이 소유욕의 세계에서는 큰 비중을 차지하고, 사회적 합리성의 본질은 아버지 중심주의paternal-isme라고 규정받는다.

조금 전에 우리는 소유욕이 결국 상호 주관적 관계의 욕망 체계라는 것을 살펴보았다. 이 상호 주관적 관계의 욕망을 가장 적나라하게 표현한 것이 헤겔Hegel이다. 헤겔은 인간의 소유욕이 남에게 인정받기를 바라는 욕망임을 가장 여실하게 서술했다. 그가 밝힌 주인과 노예의 변증법이 그렇다. 사회생활에서 인간의 만남은 무의식적으로 자신들의 위신을 세우기 위한 투쟁으로 엮여 있고, 그 과정에서 서로는 남을 인정하지는 않으면서 남에게는 인정받고자 한다. 각자는 남의 죽음을 찾는다. 남의 죽음을 찾되 남의 존재가 필요하다. 남이 없으면 자기의 욕망이 솟아나지 않는다. 그래서 라깡은 헤겔의 영향으로 인간의 욕망을 일컬어 "인간의 욕망은 님의 욕밍le désir de l'autre[7]이라고 언명했디. 인간의 욕망이 남의 욕망의 욕망, 즉 남의 욕망이 욕망하는 대상이기를 바라는 상호주관성을 지니는 동시에 그 욕망을 잡아먹으려 한다. 그래서 인간의 본능적 욕망은 매우 공격적이고, 그러면서 남의 인정을 받고 싶어 한다.

3
동양 사유에서 본성의 자발성과 행복

우리는 소유욕과 이성주의적 문제 해결의 논리가 모두 뗄 수 없는 관계를 맺음을 앞에서 음미했다. 이런 소유욕의 문명은 니체를 시발로 하나의 큰 전기를 맞았다. 그는 '신은 죽었다'고 선언했다. 인간의 진리의지와 선의지의 표본이었던 신이 동물 차원의 생명과 다르지 않은 권력의지의 다른 이름에 지나지 않는다는 것은, 전통적인 이성적 이상과 목적으로서의 신의 본질을 사멸시키는 것과 같다.

이런 무신론의 선언과 함께 반신론反神論의 절규가 까뮈A. Camus의 문학에서 솟아났다. 까뮈는 이성적이고 문제 해결의 절대 권능을 지닌 창조의 신이 어떻게 역사를 이토록 부조리하게 방치할 수 있느냐는 절규를 제기했다. 그의 부조리 문학은 이성주의의 세상 보기로 다져진 서구 문명사에서 그것이 더 이상 약효를 지니지 못하는 임계선에서 나타난 성실한 물음이다.

니체의 무신론과 까뮈의 반신론은 서구 문명사에 하나의 커다란 허

---

7) 라깡, 『에끄리Ecrits』, 279쪽.

무주의의 흐름을 새겨놓았다. 내적 공허의 텅 빈 허무주의는 반사적으로 외적인 허장성세를 더욱 촉진하는 경향을 일구었다. 그래서 현대 문명의 상징인 미국은 하늘까지도 나의 소유 터전으로 삼으려는 높은 마천루sky-scraper 문명을 앞장서서 창도했다. 마천루는 과학기술주의의 자랑이고, 인간의 지배 의지가 합법적이라고 과시하는 본능적 욕망의 극치이다. 저 마천루를 소유하지 못한 문명일수록 후진적 열등의식을 강하게 느껴서 모두가 그 대열에 동참하기 위하여 기를 쓴다. 현대의 과학기술주의는 정신의 공허와 함께 가고, 자랑스러운 소유가 별로 없는 인간은 거의 있으나마나 한 취급을 당한다.

가치value는 필연적으로 가격value으로 전락되기 마련이므로 시장가격이 별로 나가지 않는 사람은 죽어도 좋은 사람으로 취급한다. 모든 것이 그렇게 되어 간다. 이런 허무주의에 저항하기 위하여 신앙에 더욱 매달리는 경향은 이미 유럽에서는 시들해졌지만 미국에서는 아직도 진하다. 그것은 미국이 아직도 유럽과 달리 이성주의의 진리의지를 허무주의적인 시각으로 보지 않고 낙관주의적인 실용주의의 힘찬 행진으로 본다는 증거일 것이다. 실용주의를 낙관적으로 보는 것은 도덕적 선의지에 입각한 신앙에 대한 자기 확신이 그만큼 강하다는 것을 반영하는 것이다. 진리의지와 선의지의 지배 의지는 늘 두 팔의 행진처럼 함께 율동하기 때문이다.

그러나 동양은 소유의 욕망이 지니는 의지와 가치의 문명과는 다른 정신문화를 간직한다. 그 정신문화를 우리가 앞에서 거론한 바와 같은 본성의 욕망, 존재의 욕망이라고 부르자. 그러면 존재는 무엇인가? 이것은 본성이 무엇인가라는 물음과 다르지 않다. 존재와 본성은 저런 객관적 답변을 요구하는 물음에 걸려들어서는 안 되는 그런 본질을 띤다. 존재와 본성의 본질은 객관적으로 어디에 전시할 수 있는 존재자도 아니고, 그렇다고 주관적으로 자아만이 특이하게 갖고 있는 자의적 성격도 아니기 때문이다.

존재는 인간의 권력의지를 넘어서 스스로 나타나는 현시의 말일 뿐이다. 불교에서는 그 존재를 진공묘유眞空妙有라 표현하고, 노자는 그것을 유무상생有無相生이라 언표했다. 이 구절을 진공이 모든 존재자를 존재케 한다는 의미로 해석하면, 이는 하이데거가 말한 "존재가 존재자를 존재케 한다sein-lassen"는 뜻과 상통한다. 또 진공이 허무가 아니고 존재의 원만한 성취와 다르지 않다는 의미로 해석하면, 이는 또한 그가 말한 "무Nichts는 허무nichts가 아니고 유有(Sein)의 은적으로서 한없는 깊이와 같은 탈근거Ab-grund"라고 해독할 수 있다.

저 불교의 말과 하이데거의 사유는 유有에서 무無와 공空과 같은 은적의 깊이를 배제하면, 그 유는 필연적으로 소유의 유로 전락한다. 따라서 소유의 유는 존재를 존재로서 이해하지 못하고 다만 존재하는 어떤 것이라는 존재자의 수준으로만 안다. 그렇게 존재가 존재자의 차원으로 격하되면 그에 따라 모든 사물도 다만 소유욕의 대상으로 전락한다.

다른 한편으로 노자가 말한 유무상생은 하이데거가 말한 유무의 동거성Selbigkeit을 상기시키기도 하려니와, 화엄학의 법장法藏이 밝힌 "색은 공에 의거해서 서고, 공은 색에 준거해서 밝아진다(色依空立 空約色明)"는 의미와 비슷하다. 이 법장의 소론은 색은 공에 의지해서 존재할 수 있고, 거꾸로 공은 색과 결부됨으로써 자신을 나타낼 수 있다는 의미로 해석할 수 있다. 색은 절대 공의 비어 있음이란 허공성을 바탕으로 해서 사물로서의 색들이 그 안에 용인되어 존재할 수 있고, 반대로 비어 있음의 공은 사물의 색의 무늬를 통하여 공을 공으로 나타낼 수 있다.

법장의 이런 화엄적 세상 보기는 노자의 『도덕경道德經』 2장에 나오는 유무상생이란 구절을 연상시킨다. 그의 사유는 무의 형이상학으로서 무가 원인이 되어 유의 결과를 잉태한다는 전통적 해석과는 달리, '유/무'가 한 쌍의 불일이불이不─而不二(하나로 일원화하는 것도 아니고 둘로 이원화하는 것도 아님)의 차연差延 관계를 맺고 있어서 원효가 말한 융이이불일融二而不─(둘을 융화하되 하나로 일원화하지 않음)의 대사법代謝法(교대하여 주고받는 법)과 결코 다르지 않다. 차이와 연기緣起의 합성어인 차연差延이라는 말은 20세기에 하이데거가 창안하여 'Unter-Schied'로 표시했고, 차이라는 뜻인 'Unterschied'와 친족 관계를 이룬다. 또 뒤늦게 데리다J. Derrida도 그 말을 불어로 창안하여 'différance(차연)'라고 명명했고, 또 차이라는 뜻인 'différence'와 이웃하게 만들었다. 데리다가 스스로 창안했는지, 아니면 하이데거의 영향을 받았는지는 잘 모르겠다.

중요한 것은 그 말이 최근의 포스트모더니즘 철학의 영향으로 크게 주목받았지만, 데리다의 주장처럼 인류의 철학사에서 이미 사람들은 세상을 인과성因果性(causalité)이 아니라 교직성交織性(textualité)의 법칙으로 읽어 왔다는 점이다. 차연은 데리다의 소론처럼 세상을 직물 짜기 texte의 교직성으로 보는 이치와 다르지 않으므로, 저 차연의 사유는 원효가 말한 대사代謝의 법과 다르지 않다. 이러한 불교적 대사의 법을 노자는 유무상생의 도道로 표시했다. 그러므로 유무상생은 유/무가 색/공처럼 서로 공생하고 있다고 이해해야 한다. 따라서 본성의 욕망을 인과법칙처럼 해독하면 안 되고, 상반된 것들을 불일이불이不─而不二의 차연적 교직의 법칙으로 읽어야 한다. 융이 집단 무의식의 리비도를 늘 '싱관법의 흐름Enantiodromie'이라고 표현한 것도 우리의 차연적 사유와 크게 다르지 않을 것이다.

본성의 욕망은 본능과 같은 그런 자발적인 힘이기 때문에 어떤 당위적인 의무감의 엄숙한 명령이 별로 쓸데없다. 본성은 당위의 도덕 판단과는 다른 지대에 서 있다. 칸트는 이 세상에서 당위의 선의지와 현실의 세속적 행복이 일치하지 않음을 예리한 아픔으로 느꼈다. 그래서 이 세상이 부조리하지 않으려면 도덕적 가치인 덕Tugend과 현실 생활의 복Glück이 일치해야 한다고 주장했다. 그는 이 세상에서는 그런 일치를 기대하기 어렵다고 여겨서 당위에 의하여 내세를 요청했다. 이런 사상은 그가 이 세상이 근본적으로 부조리함을 인정했다는 것을 말한 것이다.

칸트의 도덕학은 인간에게 도덕적 당위의 명령으로 엄숙하고 경건한 삶을 살도록 권장하지만, 결코 그의 도덕학이 인간을 행복의 길로 인도한다고 생각할 수 없다. 그의 당위의 도덕법이 너무 엄숙하고 무상의 명령으로 작용하면, 인간의 무의식은 신경증neurosis의 질병을 앓는다. 그뿐만 아니라 당위의 도덕은 본성의 욕망 앞에서는 아무 할 일이 없어진다. 본성의 욕망은 선악의 도덕적 판단에 따른 '옳음/그름正/邪' 이전에 본성이 '좋아함好'에 따라 자연발생적으로 자발적인 행위를 표현한다. 본성의 욕망은 스스로 좋아하기 때문에 그것이 좋은 것이지, 어떤 것이 옳다고 판단하기 때문에 좋아하는 그런 목적론을 받아들이지 않는다. 다시 말하자면 본성의 욕망은 규범성을 따르기보다 자발성을 더 가까이한다. 존재의 욕망은 우리가 즐겁고 행복하기를 바라는 욕망과 다르지 않다. 그것이 자성의 리비도다.

본능과 소유의 욕망이 만족을 겨냥하고 있다면, 본성과 존재의 욕망은 기쁨을 찾는다. 기쁨의 욕망은 정신의 욕망이다. 이 무의식의 정신적 욕망을 왕수인은 「대학문大學問」에서 "좋은 색을 좋아하고, 역한 냄새를 싫어하는 것(如好好色 如惡惡臭)"과 같다고 진술했다. 본능의 욕망과 크게 다르지 않다. 그러나 본능의 욕망은 자가성을 중심으로 하는 이기적 욕망이지만 본성의 욕망은 만물과 형제애를 나누는 기쁨의 본질을 지닌다.

존재한다는 것은 자신을 주는 시여施與의 욕망과 같다. 그러나 소유동사는 존재동사와 경계가 모호하다는 뱅브니스트의 소론을 늘 염두에 두어야 한다. 그 차이는 소유의 만족과 존재론적 기쁨의 사이만큼 벌어져 있다. 만족과 기쁨이 다 리비도의 에너지를 생기生起하게 하나, 전자의 경우 그 리비도의 생기는 주인과 노예의 변증법이 지시하듯 남의 것과 충돌하여 어쩔 수 없이 합리적인 타협점을 찾아야 하지만, 후자의 경우 그 리비도는 나의 기쁨이 곧 타인의 기쁨으로 이어지는 축제의 놀이를 낳는다.

마음의 욕망이 이처럼 자발성을 띠기 때문에 마음의 욕망—본능적이든 본성적이든—은 어떤 목적의식에 투철한 도덕성으로 무장하기보다는 오히려 자연성의 자기표현을 더 좋아한다. 그러므로 강요된 당위적 도덕률보다 자성의 자기표현을 찾는 것이 마음의 욕망에는 더 유효하다. 가톨릭 도미니크 교단의 수도승이었던 에크하르트가 강론에서 "모든 성자와 신의 어머니인 성모 마리아와 육화된 그리스도가 지녔던 모든 선은 나의 본성"[8]이라 한 것은, 신성神性이 곧 내 인성의 자기표현

---

8) 에크하르트, 『Traités et sermons』, 142쪽, traduits de l'allemand par F. A. et J. M.

과 다르지 않다는 만유재신론적인 신인합일론神人合一論을 말한다. 이 것은 그 당시(13~14세기)에는 이단의 말로서 충격적일 수밖에 없었고, 그 래서 그는 죽은 뒤 교황 요한 22세의 교서에 따라 유죄 선고를 받았다. 하느님은 바로 자성의 본성과 다른 것이 아니고, 하느님이 인간의 본성 에 시여施與하신 선물은 곧 행복이라는 그의 가르침과 우리의 주장은 별로 어긋나지 않는다.

이제 우리는 본능의 욕망과 한자리에 공존하고 있으나, 하이데거가 말한 본래적 실존의 욕망인 이 본성의 욕망이 기쁨과 행복을 찾고자 하는 말을 귀담아듣는 그런 사유를 익혀야 한다. 하이데거는 『존재와 시간*Sein und Zeit*』 164쪽에서 "오직 이미 이해하고 있는 자만이 귀 기울여 들을 수 있다"고 읊었다. 우리는 이 본성의 존재론적 기쁨과 행복의 욕 망을 이해하기 위한 사유의 길로 접어들어 가야 한다. 우리의 철학적 사유는 이 자성의 말을 이해하는 사색과 문화에서 너무 멀리 떨어져 있었다. 이제 21세기 인류의 철학적 사유는 저 본성의 존재가 하는 말 을 이해하는 법을 배워야 할 것이다.

우리는 본능의 의지와 그 의지를 인간화하는 이론이성과 실천이성의 말을 너무나 많이 들어왔다. 그런 이성주의자 가운데 이상주의자는 이 성에 입각해서 세상을 혁명하려고 인간이 인간의 뿌리가 되는 신인간 중심주의Neo-humanism 철학을 외치기도 했다. 그러나 세상은 조금도 변 하지 않았고, 그런 혁명의 엄숙한 신학적-도학적 의지가 세상을 바꾸 기는커녕 오히려 세상을 억압 구조로 망가뜨렸다. 그 억압 구조 속에서 많은 인간이 심신의 질병으로 괴로워하며 죽었다.

그 본성의 욕망이 본능의 욕망에 휘둘리지 않고 제소리를 내도록,

즉 저 본성이 우리에게 좀 더 가까이 올 수 있도록 우리는 흥분으로 들 뜬 문명을 고요하게 진정시키는 법을 익혀야 한다. 그러기 위하여 무위 無爲의 무의지적 도道가 경제과학적인 유위有爲의 의지적 도道보다 더 인간을 기쁨과 행복으로 초대하는 길인 동시에 이 세상을 평안하게 하 는 길임을 깨달아야 한다.

무위의 도라고 하여 아무것도 하지 않는 게으름을 예찬한다고 착각 해서는 안 된다. 무위의 도는 이론이성의 과학인 실학實學과 실천이성 의 도덕인 도학道學이 인간 세상을 합리적이고 부조리하지 않은 진선미 眞善美의 세상으로 개조할 수 있으리라는 무한 지성주의와 무한 의지주 의의 철학을 거부하는 지혜의 깨달음이다.

무위의 사유는 무의식에 깃든 화엄적인 법성과 선禪의 자성, 양명 학의 양지, 융적인 개념으로 표현하여 스스로의 '자성의 실현Selbstver- wirklichung'을 이루도록 마음을 비우는 것이다. 또한 에크하르트가 말한 영혼의 신성Gottheit과 하이데거가 말한 존재의 말을 귀담아 듣고 그것 을 '기억Gedächtnis'하고 거기에 '귀의Andacht'하고 그것에 '감사Dank'하는 사유와 다르지 않다.

그 신의 신성은 에크하르트에게 있어서 인성의 자연성과 다르지 않 다.[9] 왕수인이 "성인이 거리에 그득하다"고 말한 것처럼 에크하르트는 "그리스도가 여기저기에 있다"는 생각을 수줍게 표현했다. 에크하르트 는 이미 스피노자와 같은 만유재신론panentheism의 사유를 중세에 했고, 이런 사유는 사사물물事事物物에 불성이 깃들어 있다는 동양의 화엄적 시각과 크게 벌어져 있지 않다.

---

9) 앞의 책, 266쪽.

무위의 사유는 본성의 자발성에 우리의 마음을 맡기려는 종용從容(Gelassenheit)의 행위와 다르지 않기에 그 사유는 선종의 6조 혜능慧能이 말한 "선과 악을 다 생각하지 않음(不思善不思惡)"[10]이 인간의 본성이라는 말과 통한다. 또한 왕수인이 『전습록』 상 101조에서 지적한 마음의 본질은 "선도 없고 악도 없다(無善無惡)"는 말과 비슷하다.

이런 사유는 다시 에크하르트의 명상과 그 궤적을 같이한다. 그는 신을 무선무악無善無惡이라고 단도직입적으로 칭하지는 않았으나 "신이 선하지도 않고, 더 선하지도 않고, 가장 선하지도 않다. 만약 내가 신이 선하다는 말을 한다면 나는 흰 것을 검다고 호칭할 때와 같이 잘못 말하는 경우와 같다"[11]는 파격적인 말을 남겼다. 이것은 선악의 가치판단을 신의 세계에 도입하는 것을 마다하는 사유에 해당한다.

왜 '불사선불사악不思善不思惡'과 '무선무악無善無惡'이 본성의 말에 해당할까? 그것은 본성이 도덕적 가치를 초월한 무념무상의 원형임을 암시하는 것이 아닌가? 선의식이 강하면 그만큼 악의 그림자도 짙어진다. '선/악'이 함께 동봉하고 있는 것은 플라톤의 파르마콘Pharmakon처럼 '약/독'이 서로 별개의 것이 아니고 함께 거주한다는 것을 말한다. 이런 선/악의 동봉법칙은 융이 말한 '페르소나persona와 그림자'의 양가성과 같은 대대 현상과 같다. 노자는 "천하가 다 미를 미라고만 알면 그것은 악이고, 선을 선이라고만 여기면 그것은 불선일 뿐이다(天下皆知美之爲美 斯惡已. 皆知善之爲善 斯不善已)"라고 말했다. 선이 악으로 미끄러지고 악이 선이 되기도 하는 역사의 역설을 우리가 어떻게 읽어야 할까?

---

10) 한형조 역해, 『無門關—너는 누구냐?』, 144~145쪽.
11) 에크하르트, 『Traités et sermons』 266쪽.

역사의 현장에서 대부분의 역사는 선악이 함께 동봉하는 '상관법의 흐름Enantiodromie'을 빚어 왔다. 특히 역사의 현장에서 스스로 선의 세력이라고 자신을 절대화한 세력이 출발의 동기와는 달리 결과적으로 범한 가공할 공포의 반복을 우연이라고 여겨서는 안 된다. 그렇다고 선악을 동일시하자는 것은 결코 아니다. 그만큼 선악의 경계를 명확하게 긋기가 어렵다는 것이다. 성경의 비유처럼 곡식과 가라지가 역사의 와중에서 함께 자라나는 것(마태 13장 24~30절)이 파르마콘의 비유와 대체로 비슷하지 않은가?

선악을 넘어선 중성의 입장은 융이 말한 분할 이전의 원형적 전일성全一性(Ganzheit)을 뜻하는 것으로 읽어야 할 것이다. 그의 심리학에서는 그런 원형적 전일성을 상관 현상을 모두 포용하는 '어머니의 이마고 mütterliche Imago'로 그린다. 이 그림이 만다라Mandala의 현성으로 욕망화한다. 또 이런 본성의 욕망을, 모든 것을 금으로 바꾸는 연금술의 비약秘藥인 '현자의 돌philosopher's stone'이라 표현했다. 불성과 양지와 같은 개념을 모든 것을 금으로 바꾸는 그런 꿈 같은 '현자의 돌'로 이해하지 않고서 어떻게 생각하겠는가?

라깡이 말한 '아버지의 법'과 대조되는 것이 '어머니의 이마고'이다. 도道를 어머니로 그리는 무위의 사유는 인간의 마음을 저 '현자의 돌'처럼 생각하고 만다라를 응시하는 그런 태도를 띤다. 그 태도를 양명학의 왕기王畿는 "공부하지 않는 가운데의 참 공부(無工夫中眞工夫)"[12]라는 뜻으로 역설적으로 표현했다. 의지적으로 공덕을 쌓는 공부가 아니라 인간을 자연처럼 물화物化하는 자연화가 진정한 공부라는 것이 왕기의 소

---

12) 이주행李柱幸 박사학위논문, 「양명학陽明學과 왕기王畿의 무위유학無爲儒學」, 82쪽.

론의 뜻일 것이다. 거기엔 인간을 자연성으로 해체하는 인간의 자연동형론physiomorphism이 깃들어 있다.

그동안 인류의 문명이 이성적 동물의 방향으로 진행되면서 이 본성의 존재론적 욕망의 의미가 많이 은폐되어왔다. 이제 철학적 사유는 이성적 동물로서 알고 행하는 과학과 도덕의 무장보다 본성의 욕망과 존재의 말을 귀담아듣고 그것을 현성現成시키는 깨달음의 길로 나아가는 법을 익혀야 한다. 그러나 그런 깨달음의 길은 내가 앞으로 제시해야 할 것이 아니라 이미 이 세상에 그 길이 사실적으로 닦여 있다. 그러나 동양의 현자들은 인간이 그 길을 보는 법을 도외시하여 이미 이 세상에 새겨져 있는 사실의 법을 따르기보다 새롭게 유위의 법을 만들어 세상을 지배하려고 애써왔다고 특별히 말해왔다. 그린 점에서 칠학적 사유는 먼저 그 길을 보는 마음을 열어야 한다. 현자들은 특별한 방법이 있는 것이 아니라 마음의 방향을 돌리기만 하면 된다고 가르친다.

4
시중時中의 도道

그러나 그런 현자들의 가르침만으로 세상이 다 투명해지겠는가? 인간은 몸을 갖고 태어난다. 불교에서 이 세상을 욕계欲界라 부르는 것은 인간이 몸이라는 조건을 떠날 수 없다는 것을 의미하는 것이 아닌가? 마음이 몸과 분리되지 않기에 마음을 무의식이라 불렀다. 본능도 몸과 분리되지 않을 뿐만 아니라, 본성도 몸과 분리되지 않는다. 본능이 몸과 분리되지 않기에 우리는 라깡의 말처럼 무의식이 잃어

버린 몸(태반과 양수와 탯줄)을 찾으러 그토록 애타게 헤매는 깊은 소유욕을 지울 수 없다. 이것이 몸을 지닌 인간의 운명이다.

소유욕이 배고픔을 채우려는 식욕으로 은유화되고 환유화되기에 인간은 그동안 음식을, 성욕을, 관념을 먹기 위하여 일생을 바치며 역사를 채워 왔다고 해도 지나친 말이 아니다. 먹지 않으면 살 수 없는 인간이 어떻게 소유욕을 지울 수 있겠는가? 그것은 인간이 욕계에 사는 운명인 한 불가능하다. 가장 큰 인간의 불행은 얼마만큼 먹으면 만족할 수 있는 포만 상태에 이른다는 한계선이 없다는 데 있다.

다른 한편으로 본성의 욕망도 몸을 떠나서는 이해할 수 없다. 본성이 자연성이지만 인간의 몸이 그것을 자성으로 느끼지 않으면, 그것은 다만 하나의 무의미한 추상에 지나지 않을 뿐이다. 그래서 불교에서는 그 본성을 몸과 연관하여 법신法身/보신報身/응화신應化身이라고 구체화했다. 몸은 마음을 구체화한다. 그래서 참선도 호흡과 몸의 자세에서 시작한다. 그러므로 몸이 욕망이고, 몸이 본능과 본성의 자발성으로 이중화된다. 이 본성의 말은 마음의 가난이 기쁨과 행복의 도라고 일러준다. 마음의 가난이 반드시 경제적인 빈곤 상태에서만 가능하다고 여겨서는 안 된다. 빈곤 상태는 허기진 마음의 역설적인 갈망 때문에 더 열등의식을 키울 우려가 크다. 세상에는 빈곤과 마음의 가난을 동시에 자연스럽게 받아들이는 이가 드물다. 사회가 경제적으로 넉넉하면서 사람들이 마음의 가난을 즐겁게 받아들인다면, 사람들이 열등감에 빠질 확률이 적으니까 전자보다 훨씬 덜 어려울 것이다.

그러나 원칙적으로 본능의 소유론적 욕망과 본성의 존재론적 욕망 사이에 어떤 가교가 있는 것 같지는 않다. 하이데거의 말처럼 그 사이에는 단절이 있을 뿐이고 오가는 길이 없는 것 같다. 그러나 그의 생각처럼 미래 문명이 온통 존재의 사유로 환원된다는 것은 불가능해 보인다. 다만 존재의 욕망을 문명의 첫째가는 지혜로 여기고, 인류가 그것을 위한 교육과 정치를 생각한다면 무한 소유의 탐욕이 주는 허망함과 무상함을 사람들이 좀 더 일찍 깨닫지 않겠는가? 그동안 세상은 본능의 소유론이 지배해 왔다고 해도 지나친 말이 아니다. 정치는 본능의 소유론으로 둘러싸여 왔다. 본능의 소유론에 입각한 정치·경제를 타파하고자 반본능적인 당위의 의무론으로 새로운 세상을 열려고 했으나 세상은 바뀌지 않았다.

본성의 욕망에 의한 정치는 본능의 욕망에 의한 정치처럼 자발성에 바탕하지 않으면 안 된다. 그리므로 본성의 정치는 이상주의적 당위의 도덕처럼 명령으로 요청되는 것이 아니라, 본성의 욕망이 자연스럽게 나올 수 있는 문명의 구조를 가능케 하는 데서 가능하지 않겠는가? 의식의 차원이 아니라 구조의 조건을 본성의 생리에 알맞게 함으로써 본성이 본능에 무시당하지 않는 그런 현실이 가능하지 않을까?

공자孔子의 가르침이 다시 위대하게 보인다. 그의 제자 가운데서 특출하게 범상치 않은 두 사람이 있었다. 안연顔淵과 자공子貢이다. 안연은 공자가 가장 사랑한 제자이지만 불행히도 요절했다. 그러나 그는 공자의 가르침이기도 한 무위자연의 도를 터득한 인물이다. 자공은 공자의 제자 가운데 가장 부자였고, 세속적으로 정치와 외교, 재정, 경제에서 큰 업적을 낳은 인물로서 유위기술의 도를 발휘했다. 공자, 그는 인류사에서 최초로 무위의 본성과 유위의 본능이라는 두 자발성을 이 세상에서 끊임없이 각각 다르게 말할 수밖에 없다는 사실을 터득하고, 그 둘 사이에서 중용의 도를 모색하는 길밖에 다른 대책이 있을 수 없음을 갈파한 스승이 아닌가?

하지만 중용의 도는 일정한 정답이 없고, 시대의 상황에 따라서 알맞음의 시중時中을 영구히 찾는 미제未濟의 도가 아니겠는가? 지금의 시중은 본성의 욕망이 본능의 욕망을 더욱 능가하도록 하여 인류가 들뜬 자신의 병을 치유하는 법을 배워야 할 때가 아닐까? 그러기 위하여 우리는 도덕을 재무장해야 한다는 당위론적 의무론의 역설보다 오히려 문명을 구조적으로 개선하여 본성의 욕망이 자연스럽게 살아나는 길을 닦아주는 지혜를 찾는 것이 더욱 인류를 행복하게 하는 것이 아니겠는가?

조선조 유교에서 해방된 공자 사상

이 저술의 전개를 통하여 우리는 공자 유학의 본질을 성찰하는 좋은 기회를 가졌다고 생각한다. 우리는 그동안 공자의 유학을 너무 조선조 유학의 업보에 가두어 그것이 남긴 테두리 밖을 더 자유롭게 유영하는 것은 생각하지도 않고 제자리걸음만 했던 것은 아닌지 자성한다.

조선조 이래 남아 있는 공자 유교의 업業은 당위적 교조성으로 명분론적 허상에 집착함과 도학적 순수주의를 구체적인 문제 해결 능력보다 귀하게 여기는 원리주의적fundamentalistic 사고방식으로 점철되어 있는 것처럼 보이기 때문이다. 우리의 연구는 어떻게 하면 유학이 원리주의적 경직성에서 벗어나 공자 유학의 숨은 그윽한 향기를 다시 생생하게 퍼지게 할 수 있겠는가 하는 관점으로 귀착된다.

공자의 사유 세계는 한마디로 요약할 수 없다. 크게 보면 그의 사유 세계는 세 영역으로 나뉘는 것 같다. 안자적顔子的인 무위유학無爲儒學과 증자적曾子的인 당위유학當爲儒學과 순자적荀子的인 유위유학有爲儒學이 그것이다. 그동안 사람들은 안자적인 무위유학에는 별로 주목하지 않았다. 안자顔子가 남긴 기록이 거의 없고, 『논어』에 아주 단편적인 것만 전하기 때문이다. 또 『장자』「대종사」나 「인간세」에 안자의 심재心齋와 좌망坐忘에 대한 담론이 전하는데, 『장자』가 정통 유가의 경전이 아니므로 그 기록에 대한 순수성을 의심하는 사람도 있다. 그러나 그런 의구심은 안자 사유의 본질을 별로 바꿔놓지는 못한다. 장자가 공자와 안자의 도움을 받아야만 자기의 생각을 세울 수 있는 자신 없는 인물이 아니기 때문이다. 장자는 유가의 도움을 필요로 하는 그런 사상을 견지하지도 않고 또 그럴 필요도 없는 사람이다. 『장자』에 공자와 안자의 긴 대화가 나오는 것은 공자와 안자의 사유가 도가의 무위자연의 사유와 비슷한 점이 은닉되어 있기 때문이라고 읽어야 할 것이다. 공자에게는 안자에게서 보이듯 역사의 현실을 초탈하여 인성을 자연성으로 회귀시키고자 하는 인간의 자연동형론적인 모습이 새겨져 있다.

그런 무위의 유학이 자사子思의 『중용』에는 천도天道의 성誠으로 표현되어 있다. 이 천도의 성誠은 노력하는 당위의 인도人道인 성지誠之(성실하게 함)와 다른 지평에 있다. 자연성으로서의 천도는 중용의 본질처럼 '불면이중不勉而中 불사이득不思而得(힘쓰지 않아도 중도를 나타내고 생각하지 않아도 얻어짐)'하는 자연성의 그림과 다르지 않기 때문이다. 그런 점에서 중용은 바로 자연성이다. 자사는 자연은 중용의 도道를 어기지 않는 것이라고 보고, 또한 그 중용의 도道를 거짓이 없는 성誠이라고 보았다.

이것을 다시 맹자가 양지양능良知良能이라 표현하고 요순堯舜을 지명했다. 요순이란 인물은 탕무湯武와는 다른 차원에 있다. 말하자면 요순이 자연성의 양지양능의 차원이라면, 탕무는 자연성의 회복을 위한 당위적인 도덕적 노력과 의지의 화신이다. 맹자의 유학은 무위적인 요순의 유학과 당위적인 탕무의 유학으로 대별된다. 이 탕무적인 맹자의 유학은 수기치인修己治人과 내성외왕內聖外王의 일치를 겨냥하면서 주자학의 대종으로 연결된다. 맹자의 유학에는 안자적인 무위유학과 증자적인 당위유학이 공존하는데, 증자적인 수기치인의 당위유학이 압도적으로 우세하다. 그래서 맹자학이 주자학의 도학적 정치학으로 연계된다.

그런가 하면 과연 이 도학적 정치학이 가능한가 하는 의구심이 늘 도학사道學史에 있었다. 그런 의구심은 바로 도학이 정치의 치세학으로 접변되기보다 오히려 신학적 도학으로 변형되는 길을 터놓는 계기를 만든다. 퇴계학이 그런 신학적 도학의 길을 밟으려 했다. 그러면 도학적 정치학이 실현할 수 없는 공상에 가깝다면 그 도학의 길을 포기해야 하는가?

여기서 도학적 치세학이 율곡학처럼 실학의 길로 나아가려는 움직임을 본다. 그런 점에서 한국의 퇴계학退溪學과 율곡학栗谷學은 주자학의 공상적 도학 정치학을 버리고 각각 신학의 길과 실학의 길로 접어든 하나의 대표적인 예라고 해야 옳을 것이다. 율곡학이 바로 순자적인 실학은 아니지만 그것이 더 진행했더라면 틀림없이 실학의 문으로 우리를 인도했을 것이 틀림없다. 그러나 율곡학이 그런 방향으로 진행하지 않았고, 실제로 한국 유학사에서 그의 후학들인 노론에 의하여 중세로 후진한 느낌을 받는다.

맹자의 유학이 복잡하여 무위의 초탈학과 당위의 신학적인 초월학과 당위의 정치학적인 명분학이나 혁명학으로 삼분되는 면을 보인다면, 순자의 철학은 처음부터 간결하게 실학의 방향으로 나아갔다. 맹자의 사유가 일반적으로 반본능적인 자연학으로서의 무위유학을 기본으로 깔고 있다면, 순자의 유학은 친본능적인 자연학이라고 부를 수 있다. 이 친본능적인 자연학이 인공적인 지능의 실용학이 된다.

반본능적인 자연학으로서의 양명학과 친본능적인 자연학으로서의 실학은 겉으로 보면 전혀 관련 없는 것처럼 보인다. 그러나 자연성을 진리의 영역으로 본 점에서 공통적인 요인이 잠재되어 있다. 양명학은 자연성인 생물학적 본능의 차원을 이욕적이라고 반대하면서도 그 본능의 선천적 능력을 정신화시켜 그것을 정신적인 직각直覺으로 변형시키고, 실학은 자연성을 생물학적 본능으로 읽는다. 그 생물학적 본능의 능력을 인간이 다시 지능으로 자리 이동시키려는 것이 실학이다.

직관의 직각直覺과 본능의 직각은 서로 비슷한 점이 있다. 직관은 열린 본능이고 본능은 닫힌 직관이다. 우리는 이미 앞에서 본능이 닫힌 지능이고 지능은 열린 본능이라는 말을 한 적이 있다. 본능은 그만큼 양가적이다. 본능은 추리를 거치지 않는 즉각적 깨달음이라는 측면에서 직관과 비슷하고, 또 생존을 위한 무의식적 앎의 방식이라는 점에서 의식적 앎의 방식인 지능과는 다르지만 생존의 무기라는 점에서는 비슷하다. 다만 차이점은 직관과 지능은 모두 열린 기제인데 본능은 닫힌 기제라는 것이다.

그럼 점에서 왕기王畿와 같은 명대의 직관적 양명학자의 사유가 나중에 이지李贄를 거쳐 청대에 대진戴震과 같은 실학자의 친본능적·감각론적 경험론 사상과 철학적으로 전혀 관련 없는 것처럼 보이지 않는 것은, 반본능적 자연주의와 친본능적 자연주의의 양극이 자연성의 마주나기라는 대생對生의 대립이기 때문이다. 서로 다르나 또한 서로 마주보고 있다.

무위유학이 자연 속에서 한 떨기 아름다운 꽃을 보고서 마음이 그 꽃이 되는 것과 같은 의미를 지닌다면, 당위유학은 역사 속에서 인간이 서로 이욕심과 이기심으로 약육강식하는 투쟁을 보고서 그런 추악한 마음을 혁명하지 않고서는 역사가 불행과 악의 장이 되리라는 것을 경고하는 의미를 지닌다. 그런 경고가 경고에 그치고 현실적으로 무력하다는 것을 체험한 순간, 현실에서 느낀 절망을 통해 당위유학은 신학으로 승화한다. 그래서 영혼이 현실성에서 낭만성으로 이행하면서 음악과 시적 분위기의 현존 속에서 님을 경배하고 어진 마을을 만들며 님인 성인을 닮으려 한다. 그래서 초탈의 유학이 돈오적이라면 초월의 유학은 점수적이다. 님을 닮으려 하는 사유가 점수의 길을 가지 않고 어떻게 돈오의 길을 가겠는가?

그리고 역사 현실을 마음의 당위로써 해소하려는 유학의 공상성을 깨달은 곳에 실학의 임시방편 수단이 의미화하여 나타난다. 실학은 당위학의 공상성을 걷고 오직 역사 현실을 경험과 이성으로 문제를 해결하는 과정으로 보려는 시도를 결행한다. 실학은 임시변통의 수단학이지만 마음이 세상을 객관적으로 해결해야 할 문제로 본다. 세상을 문제 뭉치로 보고 그것을 풀지 못할 때 실학은 늘 그 세상을 풀 수 있는 답을 강구한다. 그러나 그 해답은 영원히 변하지 않는 해답이 아니라, 상황에 따라 우리에게 실리와 공리를 줄 수 있는 수단과 방편에 지나지 않는다. 그러므로 실학은 최고의 불변하는 도리를 찾는 것이 아니라 그 상황에 가장 알맞은 도구를 찾을 뿐이다. 그러므로 실학은 도구적 지성의 철학이다.

그렇다면 공자의 유학은 무위적 자연성, 당위적 도덕성 또는 종교성, 그리고 유위적 도구성이라는 여러 도道를 함의하고 있는 복합체인 셈이다. 자연성自然性과 도덕성道德性(종교성宗敎性)과 도구성道具性의 상반된 세 가지 영역이 공자의 사유 속에 새겨져 있다면, 우리는 그것을 어떻게 하나로 소화해야 할지 그림이 잘 그려지지 않는다. 그런데도 공자는 자신의 도道를 '오도일이관지吾道一以貫之(나의 도는 하나로 꿰뚫고 있다)'라고 언명했다. 공자가 나가고 나서 그 '일이관지'한 도道를 문인들이 묻자 증자는 그것이 충서忠恕라고 언급했다. 그런 증자의 답변을 공자가 직접 들은 것이 아니므로 공자가 그에 어떻게 반응했는지는 우리가 알 길이 없다.

그런데 우리가 생각하기에 증자의 충서라는 답변은 어딘가 미흡하다. 충서忠恕는 '일이관지一以貫之'라는 표현과 결이 잘 맞지 않기 때문이다. '일이관지'라는 표현은 여러 가지 다양한 성격들을 하나로 꿰었을 때 사용함직한 용어인데, 충서忠恕라는 개념은 그런 다양성의 총화라는 의미와 뉘앙스에서는 너무 멀다고 느껴지기 때문이다. 우리는 공자가 말한 '일이관지'의 뜻을 어떻게 해석해야 할까?

우리는 공자가 스스로 밝힌 '일이관지'한 도道는 적어도 우리가 지금까지 살펴본 유학의 본질처럼 '무위유학/당위유학(정치학과 신학)/작위(유위)유학'의 세 영역을 관통하듯이 포괄하는 의미를 함축해야 설득력 있다고 생각한다. 그 도道를 어떻게 이해해야 할까?

자사의 『중용』에 "희노애락이 아직도 발현되지 않은 것(未發)을 중中이라 하고, 발현되어(已發) 모든 마디들을 공유하면서 어느 곳에도 치우치지 않는 것(皆中節)을 화和라고 한다. 중中이라는 것은 천하의 대본大本이고, 화和라고 하는 것은 천하를 통달하는 도(達道)이다. 중화中和에 이르면 천지가 자리를 잡고 만물이 화육된다"[13]는 진술이 있다. 우리는 여기에 등장하는 중화中和의 개념이 공자가 '나의 도道는 하나로 꿰뚫고 있다'라고 한 '나의 도(吾道)'를 가리키는 것이 아닌가 한다. 증자가 말한 충서忠恕의 개념은 당위적인 수신의 차원에서 핵심이 되는 개념이지만, 무위자연적인 유학의 도道와 유위적인 작위유학의 도道의 경지에서는 저 충서忠恕의 의미가 중심적인 의미를 띤다고 보기 어렵기 때문이다. 그러면 '중화中和'의 개념을 어떻게 읽어야 할까?

---

13) 『중용中庸』, 제1장, "喜怒哀樂之未發 謂之中. 發而皆中節 謂之和. 中也者 天下之大本. 和也者 天下之達道也. 致中和 天下位焉 萬物育焉."

두말할 나위 없이 '중中/화和'는 중中과 화和라는 두 개념이 복합된 용어이다. 『중용』의 진술과 기기에 관련된 주注들을 음미하면, 중中은 마음의 성性이 아직 정情으로 발현되기 이전의 치우치지 않은 상태를 일컫고, 화和는 마음의 성性이 이미 정情으로 발현된 상태에서 어느 쪽에도 치우치지 않으면서 그 모든 정情의 차이를 다 회임하고 있는 그런 현상을 일컫는다. 즉, 공통적인 특성은 성性이나 정情의 상태에서도 어느 곳에도 치우치지 않으면서 여러 가지 것들에 모두 적용되는 공유성이 중中/화和의 의미에 해당되는 것으로 보인다.

미발未發의 경우 어느 곳에도 치우치지 않으면서 가능한 다양성에도 모두 적용될 수 있는 그런 중中을 우리가 어떻게 이해할 수 있을까? 그 중中은 깨끗한 맹물 맛에 비유될 수는 없을까? 맹물 맛은 무엇이라고 말로 표현하기 어렵다. 다만 그것은 한없이 싱거운 맹물 맛일 뿐이다. 싱거운 맹물 맛일수록 그 물은 더욱 순수한 것에 가깝다. 만약 어떤 맛이 그 물에서 느껴질 때는 이미 불순한 어떤 것이나 잡스러운 것이 들어가 있다는 것을 반증한다. 아무 맛이 느껴지지 않으므로 우리는 맹물을 미발의 성性을 상징한다고 부를 수 있다.

미발未發의 성性과 같은 맹물이 어느 곳에도 치우치지 않고 가능한 다양성을 모두 관통할 수 있다는 것은 무슨 의미를 상징할까? 맹물은 바로 무미無味하기 때문에 모든 음식을 조리하는 데 다 쓰이는 것이 아니겠는가? 만약 맹물 맛이 아니고 이미 어떤 특정한 맛이 있는 물이라면 우리는 그 물로 무슨 요리를 할 수 있겠는가? 물이 맹물이 아니고 이미 어떤 맛이 있다면, 그 물은 이미 어느 맛에 치우쳐 있고 하나의 맛으로 결정되어 있어서 다른 모든 다양성에 공유될 수가 없는 것이 아닌가?

이런 물의 맹물 상태를 『중용』에서 중中이라고 표현했다고 생각한다.

자의적으로 중中의 뜻은 '가운데/중심/과정/어느 한 쪽에 치우치지 않는 것/안/여럿의 가운데와 안/사이/중매/알맞다/일치하다/닿다' 등을 말한다. 중中의 개념이 이렇게 다의적이므로 중中의 무미와 담백함은 저런 다의성을 모두 함의할 수 있는 본질을 지녀야 한다.

중용의 중中은 무미성無味性이란 개념을 뜻한다고 생각한다. 자연성으로서의 심성이 바로 미발의 무미일 때, 그 성性은 곧 중中이라는 의미와 같다. 그 무미를 구태여 맛으로 표현하자면 담백미淡白味라고 해야 할 것이다. 중中은 무미이고 담백미이다. 이 무미의 담백성은 공자가 『논어』 「팔일八佾」에서 비유하듯이 모든 채색화를 그릴 수 있는 원 바탕으로서의 흰색(繪事後素)에 비유될 수도 있고, 마음이 어떤 감정에 흔들리기 전 고요한 물의 표면 상태로 은유화할 수도 있다. 그렇게 마음이 고요하기에 모든 것을 있는 그대로 잘 수용하는 마음의 여백과 비어 있음과 비슷하고, 자연의 세계에서 모든 삼라만상의 차이를 차이로서 다양하게 표현할 수 있게 하는 텅 빈 공간의 적요와 닮았다. 이 무미의 담백한 상태는 역사와 사회생활이라는 인간관계에서 필연적으로 끼게 마련인 선악의 갈래와 자의식의 굴레가 생기기 이전의 순수성을 상징하는 것이 아니겠는가?

그러므로 중中은 무선무악無善無惡의 경지이다. 선악은 이미 선악이 싸우기 시작한 상태를 말한다. 싸움이 시작되면 대결과 투쟁이 모든 생각을 점령하기 때문에 그만큼 여백의 비어 있음이 어렵다. 이 중中은 그런 무미의 자기 것이 없기 때문에 오히려 천지의 모든 것을 모든 것의 본디 자리에 두는 너그러움을 지닌다. 그런 너그러움을 『중용』은 '종용

從容'이라고 표현했다. 맹물이 모든 음식의 요리와 그 맛내기를 맛으로 표현할 수 있도록 하는 이치와 비슷하다. 중中은 자기 것을 소유하지 않는다. 그런 점에서 중中은 무아無我요, 무소유의 경지이다. 중中이 무아이고 무소유이므로 천지의 다양성이 다양성으로 자리 잡는다.

그러면 화和는 어떠한가? 중中이란 개념과 마찬가지로 이 화和란 의미도 단순히 하나로 정리되지 않는다. 우리가 한자의 철학적 개념을 우리말로 옮기면서 부딪치는 가장 어려운 점은 그 한자의 뜻을 단순한 의미로 옮길 수 없다는 것이다. 우리말에서는 그 한자에 따른 다의적인 의미를 내포하는 어휘를 구할 수 없기 때문이다.

'화和'의 뜻도 여러 가지이다. 예컨대 '화하다/알맞다/서로 교응하다/소리를 맞추다/합치다/화평하다/같다/화합하다/따르다/화해하다 /모이다/담그다/허락하다/바꾸다/교역하다' 등의 뜻이 잠재되어 있다. 이 모든 뜻이 화和의 철학적 의미로 쓰인다는 것이다. 화和는 현상들이 다양하게 표출되어 있음을 전제하기 때문에 공자가 말한 '오도일이관지吾道一以貫之'의 언표 동기도 다양성을 전제한 의미로서 위에 열거한 뜻을 모두 관통하는 도道라는 의미와 무관하지 않다고 읽어야 할 것이다.

『중용』에서 언급한 '발현되어도 모든 차이의 마디들에 다 공유하면서 어느 곳에도 치우치지 않음(發而皆中節)'이란 의미는 화和의 의미와 직결되는 것으로 보인다. 마디(節)라는 것이 무엇인가? 마디는 관절처럼 차이를 드러내는 요인인 동시에 그 차이가 서로 연계성을 띠고 있음을 알리는 기호와 같다. 관절은 기능성의 차이를 알리는 불연속 기관인 동시에 각 기능의 차이를 서로 유기적으로 연결시키는 연속의 의미도 지닌다. 그렇게 보면 마디는 다양한 차이와 그 다양한 차이를 서로 연결시키는 다리의 역할을 하기도 한다. 그러므로 차이는 이것이 있기에 저것도 생기는 그런 관계성과 다르지 않다. '일이관지'라는 표현은 다양성의 존재를 인정할 때 이룰 수 있는 표현법이다. 몸은 뼈마디들의 차이와 연결 구조에 의하여 다양성의 통일이 이루어진다.

그런 점에서 정情들은 성性의 다양한 표출이다. 화和는 그런 점에서 다양하게 표출된 정情들이 어느 한 쪽으로 치우치지 않고 모든 다양성(節)에 공유될 수 있는 공공성公共性의 정감情感을 뜻한다고 보인다. 이 공공성의 정감에 공통적인 요소는 모두 자가성을 없애거나 지우거나 또는 억압한다는 점이다. 그래서 무위자연 유학의 경우에는 그 공공성의 정감이 자아성을 지우고 자기를 자연으로 해체시키거나 초탈시키는 무심적인 대공大公이란 의미이고, 당위유학의 경우에는 그 공공성의 정감이 '우리가 존재한다'라는 정치 공동체나 신앙 공동체라는 대공大共의 의미이며, 유위유학의 경우에는 그 공공성의 정감이 실질적인 사회적 대공大功이란 의미로 표현되는 것이라고 읽어야 할 것이다.

기호학적 의미에서 능기能記(le signifiant)로서의 위의 대공大公, 대공大共, 대공大功의 발음이 모두 똑같다는 점에 주목해야 한다. 저 능기들은 각각 뜻이 조금씩 달라 뉘앙스에 차이가 있다. 능기적 발음이 비슷하거나 똑같으면서 각각의 뉘앙스가 다르다는 것은 중화中和의 의미가 계열체상paradigmatic으로는 하나의 원본을 지니지만, 결합체상syntagmatic으로는 세 가지 차원의 각각 다른 영역으로 결합할 수 있음을 암시한다.

먼저 무위유학의 대공大公은 정명도程明道가 말했듯이 지극히 공평한 마음을 뜻한다. 마음의 공평무사公平無私함은 마음이 깨끗한 거울처럼 비어 있는 상태를 지칭한다. 그래서 그는 그런 대공大公을 텅 빈 모양을 지시하는 뜻에서 확연廓然하다고 언표했다. 이런 확연한 대공大公의 공공적인 정감은 장재張載에 이르러서 태허太虛의 개념으로 표현된다. 확연하고 텅 빈 대공大公의 공공성이란 정감은 자아를 해체시키는 무아의 정감을 낳는다. 그래서 태허太虛스런 대공大公은 대공大空과 비슷하다고 읽어야 한다.

다만 대공大公을 대공大空으로 강조하면 유교와 불교의 변별성이 의심스럽게 보이나 그런 사소한 관점은 무시해도 좋다. 우리는 무위유학의 대공大公 개념과 도가적인 태허太虛와 불가의 대공大空이 어떻게 본질적으로 서로 다른지 잘 모른다. 모두 인간의 자연동형론의 해체적 물학을 함의하는 것으로 보인다. 이 물학이 초탈의 학으로서 사실의 법을 진리로 보게 한다. 초탈은 인간의 마음이 이 세상의 무인격적인 중성의 사실을 법으로 깨달아서, 마음도 그 사실의 법처럼 사실성이 되는 것을 일컫는다. 그래서 이 초탈의 무위유학에서 마음은 사실의 물物과 다른 것이 아니고, 그 사실을 깨닫는 정신과 동의어가 된다. 정신의 본질은 깨달음에 있다. 깨달음은 마음이 사실의 법이 되는 것을 말한다.

당위유학의 관점에서 공자의 도道가 지니는 공공성의 정감을 살펴보기로 하자. 우리는 이미 앞에서 이 당위유학이 두 가지 길로 나뉠 수 있다고 언급했다. 두 가지 길은 당위유학의 외왕적 정치화와 내성적 종교화이다. 여기서 이 두 가지 길을 다시 설명하지는 않겠다. 아무튼 당위유학의 공통적인 이념은 공동체 형성이고, 그것은 나를 '우리' 속에 관여시켜 상호주관성의 관계 그물 속에서 나를 의미 있게 하는 사상을 함의한다. 우리의 존재는 존재론적으로 나보다 선행하고, 그 '우리'의 공동체가 존립하기 위하여 나는 그대에게 헌신해야 한다. 당위유학은 그대에 대한 이런 헌신을 효제孝悌라고 부른다. 그러므로 효제는 어진 인애仁愛의 마을을 형성하기 위한 대공大共의 공공성이란 정감과 다르지 않다.

말하자면 당위유학은 효제의 정치학과 신학이라는 두 가지 길을 제시한다. 물론 우리는 효제의 정치학이 지닌 낭만적 공상을 지적하면서 효제의 정치 공동체를 떠나서 효제의 신학적 공동체를 희망했다. 희망은 기도를 동반한다. 기도는 현실의 유아주의적 아상我相 전쟁과 비수를 품은 인간의 한풀이 와중에서 상처를 입은 영혼이 자신을 치료하기 위하여 인애의 어진 마을을 찾으려는 희망과 다르지 않다. 영혼은 본질적으로 안식을 찾고, 그런 안식은 인애의 상호주관성 속에서만 가능하기 때문이다.

여기서 마음은 본질적으로 영혼이 된다. 영혼이 된 마음은 사랑(仁愛)의 요구와 다르지 않다. 영혼이 찾는 사랑(仁愛)이란 상호주관성의 요구가 곧 대공大共의 공공적 정감을 부른다. 남녀 사이의 사랑도 인간의 영혼이 바로 상호주관적인 마을이기에 일어나는 현상 가운데 하나이다. 영혼은 낭만적이기에 끝없이 사랑을 희구한다. 영혼은 인애의 사랑 속에서만 행복하기 때문이다. 대공大共의 공공성이란 정감은 곧 사랑(仁愛)의 상호주관성이란 정감과 다르지 않다. 인애의 상호주관성은 바로 심학인 초월의 학으로서 님과의 상호주관성을 진리로 여기게 한다. 마음의 영혼은 사실의 도道를 너무 차갑다고 느낀다. 영혼은 님의 인격적 부름에서 건네는 따사로운 느낌의 관여가 기도하는 마음으로 이어진다고 믿는다. 영혼은 님을 진리로 믿는다.

마지막으로 유위유학 또는 작위유학의 도道는 맹자처럼 효제의 정치화를 의미하지 않는다. 이욕의 욕심이 파도치는 현실 사회의 경영과 직결되기 때문에 서로 판이한 사회 구성원들의 욕심을 사회화시키는 순자적인 예법은 결국 이성의 활용 말고는 다른 방법이 성립할 수 없다. 이성은 순자의 사상에서 사회를 지능적으로 관리하기 위한 지성인 '위僞'라는 개념과 다르지 않다. 지능적인 사회 관리는 자연의 경제과학적인 이용과 무관하지 않다. 그러므로 순자의 사유는 결국 이성적 작위의 문화만이 모든 사회 구성원들에게 몫의 차이를 제정하여 대등 의식의 질투와 시기심으로 사회의 불화를 극복케 하는 공익公益의 공리성功利性을 창출하도록 하고, 모두의 욕망을 일정 한도에서 채운다.

순자가 제창한 '군거화일지도羣居和一之道'의 의미는 결국 사회적 공공성의 정감으로서 대공大功의 공리성을 현실 사회의 가장 합리적인 경영 방식으로 채택함을 말한다. 이 경우에 순자가 말한 마음은 무위적 사실을 깨닫는 정신도 아니고, 사랑(仁愛)의 공동체와 상호주관성을 찾는 영혼도 아니다. 그것은 바로 현실의 사회생활 속에서 만인이 만인에 대하여 늑대가 되지 않게 하는 이성의 합리성을 말한다.

인간은 본디 교활한 존재이다. 그러나 순자는 그 교활한 자연적 성악을 사회적 관리 영역으로 환원시켜 예법으로 그것을 사회성으로 순치하게 했다. 자연의 이기적 교활성을 사회적 공리성으로 바꿀 수 있게 하는 것은 결국 모두가 이기적인 것을 인정하면서 그 이기성을 사회적 중재로 지연시키는 합리적 마음인 이성밖에 다른 무엇이 있겠는가? 여기서 쓴 '합리적'이라는 어휘는 '사리적私利的'이라는 것과 '사회적社會的'이라는 것의 양가성을 두 끝으로 잡고서 그 중간을 취하는 의미이다.

루소는 인간이 온전히 자연적인naturel 존재도 아니고, 또 온전히 사회적인social 존재도 아니라고 언명했다. 즉, 인간 존재는 사회가능적 socialble이라는 것이다. 이 말은 대단히 의미심장한 뜻을 지니고 있다. 인간은 사회가능적 존재 양식을 함의하기 때문에 사회적 존재 양식이 실패할 수도 있고 성공할 수도 있는 어중간한 중간치기다. 인간이 만약 온전히 사회적 존재라면 순자의 철학은 필요 없다. 순자의 철학은 인간이 보장받은 사회적 존재가 아니기 때문에 생긴 사유다. 인간이 '사회적 동물'이라고 말한 아리스토텔레스의 말은 너무 낙관적이다. 인간에게는 반사회적인 동물의 징표가 은닉되어 있기 때문이다.

사회가능성의 존재로서의 인간을 사회적 존재로 성공시키게 하는 것은 이성이다. 이성의 합리성은 인간이 사회성을 가질 수 있게 하는 원동력이다. 그러므로 비이성적 감정의 골에 자신을 쉽게 던지는 사람일수록 반사회적인 행태를 무의식적으로 자행한다. 그런 점에서 합리성은 합리주의적 철학의 명제로 보면 안 되고 인간이 자기의 일인칭적 이익과 사회성과의 타협을 모색하는 마음의 능력으로 이해해야 한다.

지금까지 우리는 공자가 말한 '오도일이관지吾道一以貫之'의 도道를 어떻게 해석해야 할 것인가를 살펴보았다. 그 도道는 미발시未發時에는 물과 같은 무미의 담백성을 나타내는 '중中'이고, 이발시已發時에는 공공성의 정감을 표시하는 '화和'와 같다고 해석했다. 말하자면 공자의 도道는 곧 중화中和의 도道를 말한다는 것이다. 그 중화의 도道는 맹물의 가변적 적용처럼 어떤 고정된 맛을 교조적으로 지탱하지 않는다. 중화의 도道는 교조와 경직의 반대편에 서 있다.

우리가 『논어』를 읽으며 느끼는 가장 큰 맛은 거기에 나오는 공자의 언술이 참으로 싱거울 정도로 밍밍하다는 것이다. 바로 공자의 사유는 맹물처럼 밍밍한 데 그 깊은 맛이 있다. 『논어』에는 자극적인 언설이 거의 없다. 자극적인 언행은 사람들의 주목을 끌기에 충분하다. 그러나 자극적 언행은 한때 주목을 집중하여 호기심을 만족시킬지는 몰라도, 사람의 평상심을 마비시키고 한 생각만 하도록 고착시킨다. 그러나 맹물의 밍밍한 맛은 별로 특이하고 기이한 것은 없지만 그 맛에 질리지도 않고 어디든지 쓸모 있는 그런 다양성을 지닌다. 공자의 『논어』가 자극이 강하지 않아서 쉽게 우리의 눈이 번쩍 뜨이게 하는 일은 없을지 모른다. 하지만 그 맛은 물맛처럼 자기의 맛을 고집하지 않아서 오히려 다양한 음식의 재료로 쓰이듯이 그런 다양성을 지닌다. 그런 점에서 공자의 언행록인 『논어』가 이미 중中의 무미한 담백성淡白性과 화和의 다양한 공공성公共性이란 맛을 아련히 풍긴다고 할 수 있다.

공자의 사상이 중화의 도道라면 왜 이 세상 보기를 무위의 자연성과 당위의 도덕성과 유위의 실용성이란 세 가지로 쪼갰을까? 그것은 이 세상이 아직도 인간의 마음으로 움트지 않았을 때에는 미발의 무미성과 같은 물로서 모든 것을 회임하고 있었으나, 이 세상이 인간의 마음에서 정감으로 촉발되면 결코 하나의 범주로 환원되지 않는다는 것을 말하는 것이 아닌가? 이 세상은 인간의 정감에서 초탈의 대자유로 촉발되기도 하고, 또 초월의 공동체적 관여로 나아가기도 하고, 이와는 달리 현실의 실용적 사회생활을 경영하여 실질적 효과를 기도하기도 한다.

공자의 『논어』에는 그러한 세 가지 도道가 다 언급되어 있다. 세 가지 모두 그의 언행에서 언급되어 있다는 것은 이 세상이 어떤 경우에도 한 가지로 환원되지 않는다는 것을 뜻한다. 이 세상이 한 가지로 환원되지 않는다는 것은 곧 인간은 한 가지로 환원될 수 없는 복합적 존재 양식을 구비하고 있다는 것과 다르지 않다. 인간의 정신은 걸림 없는 자유의 진리를 찾으면서 영혼은 사랑(仁愛)의 진리를 그리워하고, 이성은 사회생활 속에서 이익을 구하려고 꾀를 짠다. 이것이 인간의 진면목이다.

공자는 이러한 인간의 모습을 어느 곳에도 치우치지 않고 보려 한 균형적 사유인이었다고 읽어야 하지 않겠는가? 그는 『논어』「자한」에서 네 가지를 가까이 하지 않는다는 절사絕四를 말한다. 그것은 '무의毋意, 무필毋必, 무고毋固, 무아毋我'이다. '무의毋意'는 일을 시작하면서 개인적인 사의에서 출발하지 않는다는 뜻이다. '무필毋必'은 일을 추진하면서 꼭 이루고야 말겠다는 외곬의 신념을 피력하지 않고 상황에 가장 알맞은 길을 선택한다는 뜻이다. '무고毋固'는 어떤 고집이나 집착에 얽매여 있지 않다는 뜻이다. '무아毋我'는 일을 마무리하면서 자아중심적인 자가성을 위하여 사리사욕을 펼치지 않는다는 뜻이다.

우리가 본 공자의 '오도吾道'는 이 '절사絕四'의 마음과 같은 것이라 생각한다. 그래서 공자는 현실의 사회생활에 임해서는 대공大功의 실학을 펼치고, 초월의 공동체를 형성하기 위해서는 대공大共의 심학을 말하고, 초탈의 대자유를 위해서는 대공大公의 물학을 피력했다. 우리는 공자를 시중지도時中之道를 읽은 분이라고 한다. 진리가 중화中和이고, 그 중화中和가 시중時中이라는 것이다. 시중의 뜻은 어떤 고정된 교조의 집착과 기필의 우상이 있는 것도 아니고, 나의 사의私意나 자가성의 중심이 있는 것도 아닌 '사무四毋'의 사유에서 그때마다 주어진 시대 상황에 가장 알맞은 진리를 중화의 정신으로 엮어 나간다는 뜻이다. 그러므로 어떤 불변의 유일한 교조는 있을 수 없다. 진리의 도道는 늘 최고 maximum의 것이 아니라 최적optimum의 것이다. 그것이 중화中和이고 그것이 시중時中이다.

공자는 최적의 道를 이렇게 피력했다. "군자는 천하의 일에 대하여 반드시 옳다고 하는 것이 따로 없으며, 절대로 옳지 않다고 하는 것이 따로 없다. 다만 의義를 좇을 뿐이다."[14] 여기서 주희는 이 마지막 구절이 없으면 공자의 사상이 노장老莊의 것과 구별되지 않았을 것이라고 지적한다. 노장 사상도 어떤 특정한 길을 미리 정해놓고 그것을 따르지 않기 때문이다. 공자의 사상도 어떤 교조적 노선을 미리 정해놓고 거기에 매진하는 외곬의 독선을 배격하는 점에서 노장의 것과 다를 바 없다.

공자의 도道는 외곬의 흑백적 교조를 철저히 배격한다. 그의 도道는 주어진 구체적 상황 속에서 가장 적합한 것을 찾는다. 초탈의 자유와 초월의 사랑(仁愛)과 실용의 이익을 그의 도道는 모두 회임하고 있다. 어느 한 곳에 외곬으로 집착하지 않는다. 집착하지 않지만 모든 것이 다 좋다는 긍정주의나 모든 것이 다 틀렸다는 부정주의 일변도를 지향하지는 않는다. 무조건적인 긍정주의는 과잉 호르몬제의 독성을 불러일으키고, 무조건적인 부정주의는 과잉 항생제의 독성을 불러온다. 초탈의 자유도 과잉 호르몬화하면 예禮가 없는 허허로움의 방자함으로 미끄러지고, 초월의 사랑도 과잉 호르몬화하면 님에 대한 충성이 독선의 편협함으로 미끄러지며, 실용의 이익도 과잉 영양화하면 쉽게 이익만 사냥하려 하는 불공한 마음가짐을 가진다. 그래서 부자치고 교만하지 않은 사람이 드문 사태에 이른다. 초탈과 초월, 실용에는 각각의 비판적 부정성이 필요해진다. 그것이 없으면 저 모든 것이 틀림없이 병리 현상으로 흐르기 때문이다.

---

14) 『논어論語』, 「이인里仁」, "君子之於天下, 無適也, 無莫也, 義之與比."

그런데 어떤 상황에서 어떤 차원을 도道로 삼을 것인가 하는 것은 미리 결정된 기준이 있는 것이 아니라, 그 시대 상황에 적중한 것을 택해야 한다. 이것이 시중時中의 도道이다. 그 시중의 도를 선택하는 기준은 바로 공자가 말한 의義이다.

의義의 개념은 무엇일까? 당위적인 차원에서 보면 그것은 마땅히 수오지심羞惡之心의 의義가 된다. 그러나 수오지심의 의義는 당위의 규정을 강하게 풍긴다. 그래서 우리는 저 '의지여비義之與比'의 의義를 그렇게 풀이하기를 원치 않는다. 우리는 그 의義를 시중의 가장 알맞은 의미라는 의義로 해석하려다. 그렇다면 공자의 사상은 절대 긍정과 절대 부정의 두 극단을 버리고 시대 상황에 가장 알맞은 의미를 따른다는 것으로 추정된다.

그 의미는 고정된 것이 아니라 가변적이다. 그러나 그렇더라도 원칙이 없다는 것은 아니다. 가변적이되 원칙적인 것은 자유와 인애와 공익이란 세 가지 의미 가운데 어떤 한 가지 맛을 더 강조하는 요리처럼 가변적이나, 다른 맛들을 완전히 닫아버리는 편파적인 외곬의 길을 마다하는 그런 공공성公共性의 원칙이 살아 있어야 한다. 일미의 맛은 가변적이나 그 일미가 외곬의 일지미一之味가 되어서는 안 되고, 다양한 맛들을 담은 그런 일미一味여야 할 것이다. 그래야만 '발이개중절發而皆中節(발현되어 모든 마디들을 공유하고 있으면서 어느 한 곳에 치우치지 않음)'의 화和가 살 것이다. 공자의 도道는 시중時中의 상황에 따라 가변적이라 할지라도 자유와 사랑(仁愛), 공익이란 세 가지 마디 가운데 어느 하나도 희생되지 않고 모두 살아 있어야 하는 그런 원칙을 떠나지 않는다.

이상의 진술을 뒷받침하는 공자의 말을 끝으로 몇 가지만 골라서 들고 우리의 글을 마치겠다. "안회顔回는 거의 성인의 경지에 이르렀다. 그리고 그의 마음은 거의 빈 궤처럼 비어 있었다. 그런데 사賜(자공子貢)는 천명天命을 수용하려 하지 않고 재산을 많이 늘렸다. 그의 예측은 거의 늘 적중했다."[15] 그동안 많은 주석가들은 공자가 말한 안회의 누공屢空을 단지 가난해서 쌀궤가 늘 비어 있었다는 의미로 해석했다. 물론 이미 공자는 안회가 청빈낙도清貧樂道했던 인물이었다고 밝혔다.

그러나 우리는 안회의 청빈낙도를 오직 물질적인 가난으로만 보아서는 안 된다. 경제적 가난을 참을 수 있는 것은 마음의 가난이 뒷받침되지 않으면 안 된다. 마음이 가난하다는 것은 정명도가 말한 '마음이 시원하게 텅 비어서(廓然而大公) 만물이 마음에 비치고 마음은 거기에 순응(物來而順應)'하는 그런 대공大公의 빈 마음으로서의 대공大空과 다르지 않다. 그래도 우리의 이런 해석에 가장 가까운 것은 주희朱熹의 주석이다.

이처럼 공자도 안자가 표현하는 마음의 가난처럼 그의 마음을 표현하기도 했다. "내가 지식을 소유하고 있느냐? 나는 아는 것이 없다. 어리석은 사람이 있어 나에게 물으면, 나는 마음을 텅 비우는 것같이 하여서 그 물음의 양 끝을 두드려서 최선을 다해 대답한다."[16] 과거의 어떤 주석은 이 공공空空의 의미가 불교나 노장적 의미로 오해될까 저어해서 그것을 공공悾悾(정성을 다함)이란 뜻으로 풀이했다. 그런 해석이 틀린 것은 아니지만 적실하다고 보기는 어렵다. 마음에 자가성과 아집의

---

15) 『논어論語』, 「선진先進」, "子曰. 回也. 幾庶乎. 屢空. 賜不受天命. 而貨殖焉. 億則屢中."
16) 『논어論語』, 「자한子罕」, "子曰. 吾有知乎哉. 無知也. 有鄙夫問於我. 空空如也. 我叩其兩端. 而竭焉."

교만이 없기 때문에 어리석은 사람의 질문이 비록 유치하지만 그것이 마음에 오더라도 형이하적인 것과 형이상적인 것의 두 끝을 잡아서 그의 수준에 맞도록 절실히 설명해 주었다는 것이다. '누공屢空'과 '공공空空'은 모두 무위적 자연 유학이 마음의 가난을 깨달음과 다르지 않음을 묘사한 것이라고 읽어야 한다.

그런가 하면 공자는 그의 제자 자공이 재산을 늘리는 데 귀재임을 진술했다. 이런 자공의 입장은 안연의 마음의 가난보다 못하지만 그렇다고 무시해도 좋은 것은 아니다. 과거의 전통 유학의 해석은 이런 자공의 실학적 마음을 너무 과소평가했다. 실제로 자공子貢은 자로子路만큼 『논어』에 자주 등장하는 인물이다. 자공은 우리가 조금 전의 인용에서 보았듯이 순자처럼 형이상적인 천명天命을 받아들이려 하지 않았다.

실제로 『논어』 「공야장公冶長」에서 공자가 자공에게 안회와의 인물 됨됨이를 비교해서 묻는 질문에, 자공은 어찌 자신이 안회의 높은 성덕을 따라갈 수 있겠느냐고 하면서 안회는 하나를 들으면 열을 알고, 자기는 하나를 들으면 겨우 둘을 알 뿐이라고 대답했다. 말하자면 그는 내성內聖의 차원에서 안회와 비교할 수 없는 인물임을 자인한 셈이다. 그러나 공자는 외왕外王의 능력에서는 자공이 탁월한 능력의 소유자임을 긍정적으로 평가했다. 「옹야雍也」에서 공자는 자공이 현실적 사리에 통달達해 있으므로 정치하는 데 어려움이 있을 수 없다고 말했다. 자공이 경제와 외교 분야에서 탁월한 업적을 남긴 것과 공자의 평가는 결코 분리되지 않을 것이다. 우리는 순자의 유위유학의 뿌리가 공자의 제자 가운데 누구인지는 확실히 모른다. 순자도 그 점을 해명하지 않았으므로 정확히 언명할 수 없다. 그러나 여러 가지 사유의 공통성으로 볼 때

자공과 순자는 서로 매우 비슷하다.

이미 『논어』에서 공자도 "사람의 잘못은 각각 그 무리와의 관계에서 생긴다"[17]고 지적했다. 즉, 인간관계에서 악행이 일어난다는 것이다. 자연적인 삶은 무선무악에 가까우나 인간이 무리를 이루는 공동체나 사회체 속에서 선악의 갈림이 생긴다는 뜻이다. 모든 선악은 이미 집단의 무리를 전제로 하는 역사나 사회생활에서 가능하다는 것이다. 루소Rousseau가 사회생활이 모든 악의 연원이라고 본 것은 결코 설득력 없는 공상의 허구가 아니다. 루소는 『불평등의 기원과 근거론Discours sur l'origine et les fondements de l'inégalité』에서 인간이 운명적으로 자연생활을 버리고 사회생활을 선택한 순간부터 '발효la fermentation'와 '모방l'imitation'이 인간의 무리黨에서 악이 발호되는 계기라고 진단했다.

그런데 루소는 '발효'와 '모방'이 그냥 악의 기원과 근거에 그치는 것이 아니라, 선의 기원과 근거에 해당한다고 보았다. 말하자면 열정적인 인간성의 발효는 남의 관심을 끌기 위한 허영심과 비슷하지만, 그것은 동시에 인간의 사회적 발전을 촉진시키는 촉매제 역할을 한다는 것이다. 그리고 모방도 과학기술의 모방과 같은 선의 측면도 가능케 해주었고, 악의 전파와 흉내의 악행도 전파시켰다는 것이다.

우리는 이미 인간의 사회생활과 역사생활에 선악의 동봉성이 작용한다고 살펴보았다. 선악은 사회생활과 분리되지 않고 함께 간다. 사회생활과 역사의 현장은 결코 무선무악일 수 없다. 그래서 공자는 '오직 인자仁者만이 사람을 좋아할 수 있고, 사람을 미워할 수 있다'[18]라고 술

---

17) 『논어論語』, 「이인里仁」, "人之過也 各於其黨. 觀過 斯知仁矣."
18) 『논어論語』, 「이인里仁」, "子曰. 惟仁者 能好人 能惡人."

회했다. 여기서 인자仁者는 사회를 관리하고 경영하는 공평한 이성의 소유자라고 할 수 있다. 말하자면 공자가 말한 중화中和의 이성적 표현이라고 보아도 좋다. 그런 이성적 판단력을 소유한 관리자가 사람을 좋아하고 미워할 수 있다는 것이다. 불교와 그리스도교에서는 사람을 미워한다는 것은 상상할 수도 없는 일이다. 그러나 공자의 유교는 사회적으로 악행을 자행하는 자를 나의 사감에 비추어서 미워하는 것이 아니라, 사회생활의 공평한 경영을 위하여 그렇게 하는 것이 합리적이라는 것이다. 이것이 공자의 실학이다. 순자는 이 실학을 이어받았다.

그러나 '마을이 어질다는 것里仁'은 사회생활에서 선악이 떨어질 수 없다는 이중성인 '능호인能好人'과 '능오인能惡人'의 양가성으로 나아가는 것을 말하는 것일 수 없다. 우리는 역사의 사회생활에서는 '어진 마을里仁'이라는 공동체의 형성은 낭만적인 꿈같은 헛된 정열에 지나지 않음을 안다.

공자는 「안연顏淵」에서 '어진 마을'이 되기 위해서는 '극기복례克己復禮'가 이루어져야 한다고 지적한다. "안연이 공자에게 인仁에 대하여 묻자, 공자 가라사대 자기를 이기고 예禮로 되돌아가는 것이 인仁이다"라고 했다. 물론 여기서 순자가 말한 예禮는 사회생활의 질서를 유지하기 위한 예법과 비슷한 개념일 수 없다. 그것은 오히려 맹자적인 공동체의 영혼인 상호주관성의 사랑仁愛을 뜻하는 것이라고 보아야 한다. 사랑의 상호주관성만이 공동체를 가능케 하는 영혼이므로 그 예禮는 자기의 자가성을 지우고 님에게 귀의하여 님을 경배함으로써 맺어지는 '우리' 공동체를 가능케 하는 상호주관성의 선善과 다르지 않다. 상호주관성의 '우리' 공동체를 위하여 자기를 죽이고 '우리가 존재한다'는 효제의 공동체를 가능케 하는 종교성이 '극기복례克己復禮'이다. 이런 극기복례의 영혼은 오직 상호주관적인 공동체를 무의미하게 하는 것을 '보지도 않고(非禮勿視), 듣지도 않고(非禮勿聽), 말하지도 않고(非禮勿言), 행하지도 않는(非禮勿動)' 인애의 요구와 다르지 않다. 인애의 요구는 인간에 대한 사랑이다.

그래서 공자는 인仁은 곧 '애인愛人(인간을 사랑함)'이라고 『논어』「안연」에서 말했다. 이 '애인'은 영혼들이 서로서로 의지하고 믿는 희망의 공동체에 헌신하는 것과 다르지 않다. 어떤 정치로도 이 세상의 부조리를 해소할 수 없다. 우리는 왜 안연과 같은 성인의 경지에 이른 사람이 요사해야 하는지, 도척과 같은 도적의 괴수는 장수를 누렸어야 하는지 그 까닭을 잘 모른다. 그 이유를 모를 뿐만 아니라, 어떤 선정善政도 그런 부조리를 씻지 못한다. 그때 인간은 공자도 안회의 요사 앞에 통곡했듯이 이 세상에 대하여 깊은 부조리와 절망을 느낀다. 그 부조리 앞에서 절망은 인간을 허무의 나락으로 유혹한다. 우리가 공자의 당위유학에서 본 신학적 종교 공동체의 의미는 이 세상의 부조리와 그 절망을 넘어 영혼이 희망의 메시지를 찾도록 하는 데에 있다. 극기복례는 이 세상의 현실에 절망한 영혼들이 존재론적 희망의 상호주관성을 창조하도록 하는 데 있다.

이렇게 보면 공자의 유학사상은 우리가 앞에서 이미 주장했듯이, 물학적 무위유학, 심학적 당위유학, 사회적 실학유학이라는 세 갈래를 모두 회임하고 있는 중화中和의 일이관지一以貫之임에 틀림없는 것 같다. 우리가 동서의 모든 사상가들을 다 알 수는 없지만 자기 마음에 정신의 깨달음, 영혼의 인애, 이성의 교지를 다 품으면서 그 세 가지 영역을 마음이 미발일 때에는 중中의 물과 같은 무미성으로 흡수하고, 이발일 때에는 마음의 다양한 현상을 화和의 공공적 정감으로 분수화시키는 사실을 설파한 이로 공자 말고 또 누구를 생각할 수 있는가?

마음은 물학적 초탈의 정신, 심학적 초월의 영혼, 그리고 실학적 경영의 이성을 통괄한다. 그런 경우 동양 사상에서 흔히 사용한 마음은 정신과 영혼과 이성이란 세 의미를 모두 품고 있는 뜻으로 이해할 수 있다. 정신은 깨닫기를 원하고, 영혼은 사랑하기를 원하고, 이성은 생존의 출구를 갈구하려 한다. 공자는 인간의 마음이 하나의 뜻으로 굳어지면 안 되고 세 가지를 언제나 다 살리는 균형을 유지하되 시대의 요구에 따라 그 가운데 어떤 것을 중시하는 시중지도時中之道를 겨냥하는 것으로 보인다.

인간은 절대로 하나의 의미로 환원되지 않고, 세상도 절대로 하나의 영역으로 수렴되지 않는다는 것을 공자보다 잘 터득한 사유의 스승이 또 누구일까? 석가세존은 주로 초탈을, 예수님은 주로 초월을 강조한 것으로 보인다. 공자에게도 초탈과 초월을 함께하는 그런 사유의 방이 있다. 성결시대가 끝나고 세속시대가 펼쳐지면서 많은 철학자들은 초탈과 초월을 떠나 세상의 부조리를 직시하면서 그 세상을 경영하거나 세상의 부조리를 완전히 혁명하는 시도를 꾀했다. 그러나 세상의 완전한 부조리의 청산은 부질없는 헛된 정열의 도로에 그칠 뿐만 아니라, 그것이 존재론적으로 불가능하다는 생각을 근대성이 남겨 두었다. 그래서 다시 이 세상의 부조리와 악에 대한 정면 공격이 아니라, 건강과 질병을 늘 긴장하며 관리하는 양생법으로서의 의학적 진단의 발상이 실학적 처방으로 다가온다. 질병을 흥분시키는 것이 아니라 그 질병이 발호하지 못하도록 진정시키는 것이다.

그렇나면 공자의 사유는 무엇인가? 우리가 여기서 사유라는 개념을 쓰지 사상이라는 어휘를 피한다는 것에 주목하기 바란다. 사상은 어떤 이념을 진리로 제시하나 사유는 어떠한 이념의 빛을 제시하기보다는 세상을 보는 마음의 눈을 정직하게 그리려 한다. 공자가 세상을 본 마음은 한 가지로 단출하게 정리되지 않는다. 공자는 초탈을 생각하여도 석가세존처럼 분명하지 않고, 초월을 생각하여도 예수님처럼 강렬하지 않다. 그리고 세속의 경영을 생각하여도 선명한 노선을 주장하지도 않았다. 공자의 사유가 이처럼 밍밍한 것처럼 보이는 것은 이 세상이 두터운 벽으로 칸막이되어 있는 것이 아니라, 서로 여닫을 수 있는 문으로 세상의 집이 나뉘어 있어서 문지방을 넘나들 수 있는 구조라는 것을 알려주는 것이 아니겠는가?

세상이 확실한 칸막이로 나뉘지 않았다는 것은 인간의 마음이 확실한 칸막이로 구획되어 있지 않다는 것을 뜻한다. 그것은 인간의 마음이 하나의 뜻으로 수렴되지 않는다는 것을 말한다. 인간을 정리할 수 있는 하나의 궁극적인 절대 진리가 존재하지 않는다는 것은 인간이 자연의 법으로 해체되는 동시에 사회를 구성하는 욕망이기도 하고, 또 드높은 님에게 합일하려고 하는 기원임을 뜻하는 것은 아닌지? 공자가 본 인간은 애매모호하다. 인간은 이 애매모호함이 싫어서 선명함을 반기지만, 그 선명함이 외곬으로 기울 때 인간은 다시 희미한 원초적 애매모호함으로 되돌아온다. 그래서 중용中庸의 의미는 늘 되살아나는 것이다.

이런 애매모호성 때문에 현실에서 많은 업적을 남긴 자공을 공자보다 훌륭하다고 여기는 일이 생긴 것 같다. 자공의 현실적 성공이 공자의 깊은 사유보다 빛나 보이는 것이 세상사람들의 수준이다. 다음 말을 인용한다. "숙손무숙叔孫武叔이 조정에서 어떤 대부에게 말했다. 자공이 공자보다 낫다. 자복경백子服景伯이 이 말을 자공에게 알렸다. 이에 자공이 말했다. 궁전의 담으로 비유하자면, 사賜(자공)의 담은 어깨 높이에 미칠 따름이다. 궁 안의 모든 좋은 것을 다 들여다볼 수 있으나, 선생님의 담은 몇 길이나 되어 그 문을 찾아 들어가지 않으면 종묘의 아름다움과 백관의 부유함을 볼 수 없다. 그 문을 찾은 사람은 아마도 적을 것이다. 그분(숙손무숙)이 그렇게 말하는 것 또한 무리가 아닐 것이다."[19]

숙손무숙이나 자복경백은 모두 노나라에서 높은 벼슬을 한 대부이다. 공자의 사유가 적어도 오늘을 사는 우리에게 남긴 도道는 세상을 보는 마음의 도道는 하나로 획일한 것이 아니므로 이 세상에 절대 진리라고 고집할 것은 없다는 것이다. 그러므로 한 곳에 얽매어서 자신의 마음을 못박고 사는 것보다 더 어리석은 것은 없다는 것이다. 그런 점에서 말초적 자극과 정서적 흥분, 그리고 종교적·이념적 광신주의는 마음의 병이며 세상의 재앙이다. 이것들은 우리의 마음을 한 곳에만 집착케 하기 때문이다.

공자의 도道는 인간이 사회를 형성하여 살아야 하는 운명을 짊어진 이상 그 사회를 버리는 것도 아니고, 그렇다고 거기에만 집착하는 것도 아닌 길을 가도록 종용하는 것 같다. 사회생활을 영위하기 위해서는 경

---

19) 『논어論語』, 「자장子張」, "叔孫武叔語大夫於朝廷 子貢賢於仲尼. 子服景伯以告子貢. 子貢曰. 譬之宮牆 賜之牆也及肩 窺見室家之好. 夫子之牆數仞 不得其門入 不見宗廟之美 百官之富. 得其門者或寡矣. 夫子之云 不亦宜乎."

제생활이 가장 중요하다. 공자는 이것을 「자로子路」에서 이렇게 술회했다. "공자가 위나라에 가실 때 염유가 수레를 몰고 있었다. 공자께서 말씀하셨다. 백성이 많구나. 염유가 여쭈었다. 백성이 많으면 무엇부터 먼저 해야 합니까? 공자가 대답했다. 그들을 부유하게 해 주어야지. 부유하게 한 다음에는 무엇을 해야 합니까? 그들을 교육시켜야지."[20] 경제와 교육이 정치의 두 가지 목표이다.

그런 공자가 「헌문憲問」에서 '견리사의見利思義'라고 말했다. 사리사욕은 모든 인간을 다 맹목적으로 만든다. 돈은 사회생활에서 꼭 필요한 수단이나 모두가 그것의 노예가 되어서 이제는 세상을 지배하는 신神이다. 사회생활의 거의 대부분이 소유를 위한 삶이다. 소유, 그것만이 사회생활의 전부다. 그런데 우리는 사회가 부유하더라도 경제적 소유에 광신적으로 얽매이지 않는 문명을 공자를 통하여 생각한다. 그 문명을 우리는 초탈과 초월의 마음에서 구한다.

초탈은 역사와 사회의 인력에서 탈출하려는 마음이고, 초월은 드높은 가치를 위하여 자신을 바치는 마음이다. 그동안 인류는 동서를 막론하고 역사와 사회에 있을 것 같은 절대 진리라는 마법의 술에 취하여 몽환의 세월을 보냈다. 역사와 사회라는 마법의 술에서 깨어나 그곳에서 구원을 찾지 말고, 역사와 사회를 초탈하고 초월한 맹물의 밍밍한 맛으로 마음을 되돌리기를 종용하는 것이 공자의 도道가 아니겠는가?

---

20) 위의 책, "子路: 子適衛 冉有僕. 子曰 庶矣哉. 冉有曰 旣庶矣 又何加焉. 曰 富之. 曰 旣富之 又何加焉. 曰 敎之."

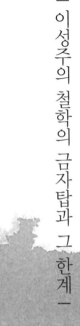

주자학과 토미즘

一 이성주의 철학의 금자탑과 그 한계 一

1
실재론적 이성의 형이상학

필자는 주자학자도 토미스트도 아니다. 필자는 학문적 편력 과정에서 한때 주자학과 토미즘의 놀랄 만한 유사성을 보고 무척 놀랐다. 주자학과 토미즘은 동서양의 중세(12~13세기)라는 서로 비슷한 시기에 나왔지만 서로 교류한 흔적은 전혀 보이지 않는다. 그럼에도 불구하고 이론적으로 비슷할 뿐만 아니라 사상사적으로도 다양한 그 시대의 철학사상을 통합했다. 또 그들이 믿는 종교를 호교하려는 입장도 비슷하다. 그 이후부터 필자는 동서 철학의 사유가 서로 직접적으로 접촉하지 않았음에도 불구하고 어떤 깊은 유사성이 구조적으로 작용한다는 것을 깨달았다.

철학적 사유는 동서고금을 막론하고 '능위적 사유(유위적 기술적 사유+당위적 도덕적 사유)/무위적 사유' 또는 '사회철학(의식학)=nomos의 철학/자연철학(자연학)=physis의 철학', '자연의 인간동형론anthropomorphism/인간의 자연동형론physiomorphism', '자아학egology/무아학science of egolessness', '이성적 구성주의rational constructionism/산종적 해체주의disseminative deconstructionism' 등으로 분류되는 것이 아닌가 하는 생각을 지울 수 없다. 자연의 인간동형론은 자연의 아름다움과 좋음을 심학화心學化하여 인간성의 기본으로 구성하려는 철학을 뜻하고, 인간의 자연동형론은 인간을 물학화物學化하여 인간의 사회적 선악을 자연의 몰의식으로 해체시키려 하는 사유 체계를 뜻한다. 그래서 철학적 사유는 '능위적 사유≒사회철학≒의식학(심학)≒자연의 인간동형론≒자아의 철학≒구성주의 / 무위적 사유≒자연철학≒자연학(물학)≒인간의 자연동형론≒무아의 철학≒해체주의'의 계열로 구분됨직하다.

우리가 여기서 언급하고자 하는 주자학과 토미즘은 이성철학의 정상으로서 전자의 계열에 해당한다고 보인다. 그 까닭을 지금부터 간략하게 설명하려고 한다. 이 글은 주자학과 토미즘을 평면적으로 비교하는 것을 지양한다.[21]

주자학과 토미즘은 모두 이성주의 철학이다. 인간이 의식으로 세상을 논의할 때 믿을 수 있는 것은 이성理性이 아니고 무엇이겠는가? 의식에서 인간이 찾는 진리와 선은 인간이 믿을 수 있는 것이어야 한다. 인간의 의식활동에서 인간이 신뢰할 수 있는 능력을 예로부터 이성이라고 불렀다. 플라톤Platon과 아리스토텔레스Aristoteles가 말한 '디아노이아dianoia/누스nous'를 토마스 아퀴나스S. Thomas Aquinas는 '라티오ratio/인텔렉투스intellectus'로 옮겼다. 이것이 서양에서 근대 이후로 이성理性(reason/raison/Vernunft)으로 각색되었다. 독일어 'Vernunft'는 라틴어 계열이 아니므로 동사 'vernehmen(알아차리다/분별하다)'에서 분파되었다고 한다. 이성은 이미 지성(지능)과 비슷한 의미를 갖고 있어서 '이성reason=지성intellect=지능intelligence'과 서로 교환되는 의미로 쓰인다.

그런데 주자학에는 그런 용어가 표면적으로는 없지만 내용에는 이성(지성)에 해당하는 용어가 있다. 이것을 주희朱熹는 인심지령人心之靈이나 심지허령心之虛靈이라 했다. 이 개념은 신비적인 정신적 직관의 능력을 말하는 것이 아니다. 주희의 말을 인용한다. 인심지령人心之靈이나 심지

---

21) 그런 비교적 방편은 필자의 졸저인 『철학적 사유와 진리에 대하여 —현실적 소유론과 사실적 존재론—상·하』(청계출판사)의 상권 2장 「주자학과 토미즘」에서 어느 정도 비판적으로 다루었다. 따라서 이 글은 그를 이은 새로운 숙고라고 여기기 바란다.

허령心之虛靈은 '일상생활 속에서 사물과 일들을 접하면서 곧바로 올바른 판단으로 직설분명함을 얻어 그것을 추리하여 사람에게 일반화함(日用之間 應事接物 直是判斷得直截分明 而推以及人)'[22]이나 '학문의 도道는 다른 것이 아니고 일의 대소大小와 이치의 심천深淺을 막론하고 눈앞에서 정밀하게 살펴서 리理와 일치하는 단계에 이르는 것(學問之道無他. 莫論事之大小 理之深淺 但到目前 卽與理會到底)'[23] 또는 '학문의 요체는 오직 사실들에서 그 진리를 심사숙고해서 구하고, 그릇됨을 결정적으로 제거하여 이런 습관이 오래 싸여 마음과 이치가 하나로 만남(爲學之要 惟事事審求其是 決去其非. 積習之久 心與理一)'[24]을 가능케 하는 마음의 능력을 일컫는다. 그러므로 주희가 말한 심지허령心之虛靈하여 통철한 능력은 곧 토미즘의 이성과 지성의 능력과 다르지 않다.

이성에 대한 신뢰는 곧 인간의 정신으로서의 의식의 역량에 대한 믿음을 전제한다. 의식의 개념은 데까르뜨R. Descartes 철학 이후에 의식과 자의식의 등식화가 성립하여 서양 근대정신의 지주가 되었다. 그 전에는 의식의 개념이 그렇게 뚜렷이 부각되지 않았으나 이미 정신의 지성과 이성적 영혼의 능력이 의식의 개념을 낳기 직전이었다. 동양에서는 마음心을 적극화한 개념이 의식의 뜻을 대행했다. 이성적 영혼이나 영명한 마음이 우주의 모든 것을 인식론적으로 포용할 수 있기에 단적으로 이성은 인간의 위대성을 상징하고 우주의 진리를 낙관적으로 바라볼 수 있게 하는 근거가 된다.

---

22) 장백행張伯行 찬찬撰, 『속근사록續近思錄』 3권.
23) 『속근사록續近思錄』 2권.
24) 『속근사록續近思錄』 2권.

주자학은 『시경詩經』의 "솔개는 하늘에서 날고 물고기는 연못에서 뛴다(鳶飛戾天 魚躍于淵)"와 같은 생명의 우주에 대한 시원적 환희로 인간의 즐거움이 되돌아가기를 기약하고, 토미즘은 질송E. Gilson이 분석했듯이 구약의 창세기에 하느님이 모세에게 계시한 '나는 스스로 존재하는 자(Ego sum qui sum)'와 같은 '성스러운 진리(haec sublimis veritas)'를 통하여 하느님이 스스로 '자신을 스스로 존재하는 존재(Deus est suum esse)'라고 알려주었으므로 이 성스러운 존재의 진리를 인간이 찬양하는 그런 기쁨을 맛보는 것을 누리기 바란다.

주자학과 토미즘은 모두 우주의 존재에 대한 강한 낙관적인 긍정에서부터 시작한다. 그래서 그런 긍정을 확인하는 마음의 능력이 절대적이라는 의미에서 주희는 '유심무대惟心無對'[25]라고 말하고, 토마스는 '영혼은 어떤 점에서 모든 것(Anima est quodammodo omnia)'[26]이라고 아리스토텔레스를 이어서 읊었다. 이성적 영혼은 신의 존재론적 우주 창조의 '아름다운 비율에 힘입어(proportio debita)'[27] 그 미의 아름다움을 노래하는 사명을 띠고, 허령통철한 마음은 '솔개가 날고 물고기가 뛰는 우주적 생명의 활물活物과 연관되는 모든 것이 다 즐거울 수밖에 없음(觸處朗然)'[28]을 밝히고 있다. 모두 우주적 낙관론 철학을 견지하고 있다. 이성철학은 인간 의식의 지존한 사명을 촉발하고 있으므로 낙관론적 우주론을 전개하지 않을 수 없다. 인간이 믿고 의지하는 이성이 어찌 서글플 수 있겠는가?

---

25) 『속근사록』 1권.
26) 질송E. Gilson, 『토미즘Le thomisme』, 130쪽.
27) 드 빌프M. De Wulf, 『토마스 철학 입문Initiation à la philosophie thomiste』, 183쪽.
28) 『속근사록』 1권.

그래서 주자학과 토미즘은 모두 존재하는 우주의 실재를 무엇보다도 민저 긍정하고 찬양한다. 그래서 이 두 철학은 관념론idealism이 아닌 실재론realism의 철학으로 출발한다. 이 우주에 존재하는 모든 것은 마음이나 이성적 영혼이 분비한 것이 아니라, 마음과 이성적 영혼에 가장 먼저 다가오는 실재요 현실이다. 주희는 『대학』의 격물치지格物致知 장章을 새로 보망補亡하면서 치지致知는 격물格物의 경험에서 시작함을 지적했다. 격물은 심외心外의 사물에 마음이 이르러 생긴 경험에서 그 이치를 궁구하는 것을 일컫는다. 그는 '인심지령人心之靈'이 사물의 이치를 개념적으로 파악하는 것을 격물物格이라 했다. 격물物格은 마음의 이성이 사물에 대한 개념적 이해를 얻어 개념에 의한 사물의 심적 동화현상을 일컫는다.

인식은 사물의 경험에 대한 개념적 소유에서 출발한다. 주희의 격물치지론은 경험적이고 실재론적 지식론의 의미를 함의한다. 주자학에서 격물의 단계는 토미즘의 '어떤 것이 존재한다(Aliquid est)'는 의식의 발견과 같다. 토미즘의 인식론은 반 스텐베르겐F. Van Steenberghen의 분석처럼 '어떤 것이 실존한다'와 '실존하는 어떤 것은 의식된다'는 두 가지 의미가 합일하는 것에서 출발한다.[29] 둘은 동시에 성립하지만 법적으로는 전자가 후자보다 앞선다. 전자가 없다면 후자도 성립할 수 없기 때문이다. 물론 후자가 없다면 전자의 긍정도 발생하지 않는다. 그러나 존재가 없다면 의식의 자각은 발생하지 않는다. 그래서 토미즘은 사물의 실재적 존재를 최초의 기표primum notum[30]라고 불렀고, 의식의 자각을 최

---

29) 『Epistémologie』, 75쪽 참조.
30) scientia를 연상할 것.

초의 인식primum cognitum[31]이라고 생각했다.[32] 그러므로 실재적인 것은 의식적인 것에 대립되는 것이 아니라, 의식적인 것도 실재적인 것의 한 존재 방식으로 여길 수 있다.[33] 주자학을 객관적 관념론이라 부른 중국 본토의 해석은 적절하지 않다. 주자학은 경험적 실재론의 성격을 지니므로 의식의 존재에 대한 동의同意가 주자학과 토미즘 철학의 기본이 된다. 의식이 존재를 정립하는 것이 아니다.

주자학에서는 실재적으로 사물에 리理가 존재하는데, 그 리理를 물격物格(개념적 동화)하여 마음의 이성이 인식하면 성性으로 탈바꿈된다. 그런 점에서 주자학이 말하는 우주의 실재적 리理로서 본연지리本然之理인 태극太極은 마음의 이성에 인식되어 본연지성本然之性의 인극人極으로 바뀐다. 따라서 성리性理는 마음의 이성理性이 개념적으로 파악한 우주의 궁극적 존재의 진리다.

"도道는 통일적인 이름이고, 리理는 세부적인 것이다. 그것이 마음에서는 성性이라 불리고, 사물에서는 리理라고 불린다(道是統名 理是細目. 在心喚做性 在事喚做理)."[34] 이 성리는 점차적으로 사물에 대한 지성적 이해의 폭을 넓혀 나가고 궁극처에 이르러 마음의 이성이 활연관통하는 지성적 경지의 최고 수준知之至을 일컫는다.

앎의 인식이 전제되지 않는 모든 사유는 마음의 이성이 만족하지 못하는 답답한 불명不明이라는 결핍을 안고 간다. 주희는 주지주의主知主義(intellectualism) 철학을 전개한다. 이성철학이 필연적으로 가는 길이다.

---

31) con-scientia를 연상할 것.
32) 반 스텐베르겐Van Steenberghen, 위의 책, 78쪽 참조.
33) 독일어의 Bewußt-sein을 연상할 것.
34) 『속근사록』 1권.

토마스의 철학도 이 점에서 예외가 아니다. 토미즘에서 실재적인 어떤 것의 출현은 의식에게 그 어떤 것을 지성적으로 알고 싶은 욕망을 불러 일으킨다고 생각한다. 즉, 의식이 자신의 존재론적 결핍을 느낀다. 식물 적인 생혼生魂과 동물적인 각혼覺魂과 다른 인간 영혼의 본성은 지성적 으로 아는 능력으로서의 이성에 있다. 따라서 이성적 영혼의 목적은 나 의 제한적 경험의 한계를 넘어서 존재하는 모든 것들의 궁극적 존재인 신神의 완전한 인식을 이론적으로 겨냥한다.

신神을 완전히 인식할 수는 없지만 그래도 이성적 영혼은 그곳을 향 하여 자신을 완성시키기 원한다. 이 욕망이 주지적主知的이다. 주자학의 궁극적 진리인 성리性理가 실재적 궁극 존재인 태극지리太極之理의 이성 적 동화同化이듯이, 토미즘의 궁극적 진리인 신神도 실재적 존재와 이성 적 사유의 일치를 뜻한다. 그럼에도 불구하고 신神의 완전성을 표시하 기 위하여 신적인 사유보다 신적인 존재가 논리적으로 앞선다. "신神은 존재하기 때문에 스스로 인식하지, 신神이 스스로 인식하기 때문에 존 재하는 것이 아니다."[35]

주자학과 토미즘은 실재론적 주지주의의 철학적 길을 간다. 실재론 적 주지주의와 관념론적 주지주의의 차이점은 질송E. Gilson이 잘 파악 했듯이, 관념론자는 사유하고 실재론자는 인식한다는 것이다. 그런 점 에서 주자학과 토미즘의 이성은 사유하는 이성이 아니라 실재하는 성 리와 존재를 인식하는 주지주의적 의미를 품는다. 그래서 인식하는 지 성의 역할이 의지의 행위보다 논리적으로 앞선다. 지성적 인식이 행위 의 준칙이 된다. 주희는 '지성적 격물格物의 인식이 의지적 성의誠意의

---

35) 반 스텐베르겐Van Steenberghen, 위의 책, 222쪽 각주.

근본(致知者 誠意之本)'[36]이라고 언급했다. 토마스의 주지주의도 아리스토 텔레스의 주지적 인식론을 수용하여 감각적 지각의 수용에서 추리 과정을 거쳐서 추상화되는 길을 보여준다. 주자학에서 빠진 토미즘적인 인식 과정은 여기에서 상론하지 않겠다.

실재론적 주지주의는 마음과 의식이 결핍감을 보충하기 위하여 성리와 존재에 동의하는 철학을 뜻한다. 동의하는 까닭은 마음과 의식이 존재의 충만함을 갈구하는 욕망을 지니고 있기 때문이다. 주희는 이런 마음의 욕망을 '기식갈음饑食渴飮(배고프면 먹고, 목마르면 마신다)'과 같다고 표현했다. 마음이 성리를 알고 싶어 하는 것이 꼭 일상인의 감각적 욕망과 비슷하다는 것이다. 그러나 욕망의 제약이 있다. 그 제약은 맹자가 말한 '가욕지위선可欲之謂善'을 '정욕지욕情欲之欲'이 아니라 '가애지의可愛之意'라고 말한 것에서 잘 드러난다.[37] 주희는 후자는 마음의 이성이 요구하는 음식이고, 전자는 마음의 정욕이 좋아하는 미미美味의 욕망이라고 밝혔다.

마음의 성리가 이성적으로 요구하는 욕망은 바람직하나, 동물적 감각이 요구하는 정욕은 불가하다는 것이다. 이런 점에서 주자학의 욕망론은 이성적 성리의 발동으로서의 도심道心의 요구는 가하나, 인심人心의 사사로운 발동은 불가하다고 말한다. 도심道心과 인심人心의 갈림길은 공공公共과 사심私心의 차이다. 이 공공公共의 이치를 따르기 위하여 먼저 지성적으로 도리道理를 알아야 하고, 그 다음에 성의정심誠意正心으로 그 도리를 준수하기 위한 노력이 필요하다. 이것은 토미즘에서 말

---

36) 위의 책, 3권.
37) 위의 책, 1권.

하는 욕망의 자유의지론과 대단히 닮았다. 토미즘에서도 동물적 충동에 가까운 욕망은 수동적 욕망인데, 이 욕망은 외부의 자극에 인간의 의지가 끌려 다니는 부자유의 상징에 지나지 않는다. 오직 이성적 영혼이 동의하는 좋음bonum만이 진정한 의미에서 좋은 선善(bonum)이라는 것이다.

주희가 선善을 '공공公共의 선善'이라 명명했듯이, 토마스도 선善을 '공공적 이성에 따른 선善(bonum secundum commune rationem)'[38]이라고 말했다. 그런 점에서 주자학과 토미즘은 모두 서서 일하기를 종용하는 노력의 의지학이라 부를 수 있다. 이성의 지성이 깨어 있지 않으면 인간은 자연적으로 육체의 정욕이 은밀히 유혹하는 사사로운 충동의 노예로 미끄러진다는 것이다. 노력의 의지학이라 하여 괴로움을 억지로 참는 고행의 역정이 아니다.

2 우주적 선善과 차등의 질서

이성적 욕망이 가능하기 위해서는 깨어 있는 이성의 감시가 필요하다. 이성은 천명天命이나 신神의 명령이 의식에 내재한 천리天理와 신神의 대리인과 같다. 그 명령 속에 인간의 지복至福(beatitudo)이 깃들어 있기 때문이다. 인간은 누구나 행복하기를 욕망한다. 다만 이성이 명령하는 행복만이 진리로서의 천리天理의 성선性善과 우주적 존재의 선善에 일치한다. 선善은 본연지리本然之理와 신적 진리의 보편성과 합

---

38) 질송E. Gilson, 위의 책, 304쪽.

일되어야 한다. 본연지리本然之理는 대자연의 본연지기本然之氣와 일치한다. 우주적 진리의 궁극처에서 마음이 인식하는 본연지리本然之理와 자연의 생생한 흐름인 본연지기本然之氣는 만난다. 성인聖人의 온전한 마음의 성性과 대자연의 법으로서의 기氣는 일치한다. 심물합일心物合一이다. 이것이 행복의 절정이다.

토미즘에서 존재의 인식은 행복의 길을 보증한다. 존재의 진리의 인식이 곧 행복의 정감을 약속한다. 우리는 곧 그 이유를 볼 것이다. 토미즘에서 선은 이 우주에 넘쳐흐르는 존재의 빛을 마중하는 것과 같다. 토마스가 신플라톤주의자인 위僞-디오니시우스Pseudo-Dionysius의 말을 인용하고 있듯이, '선은 자기의 확산(Bonum est diffusium sui)'과 같다. 플라톤의 지고선至高善의 이데아처럼 선은 해처럼 스스로 방사하는 빛이다. 선과 해의 이미지가 서로 은유적으로 만난다. 해는 이성의 진리고 보편적 선의 상징이다. 해는 이성의 요구인 어둠이 전혀 없는 자명한 진리evidens이고, 또 가리지 않고 세상을 환하게 비추는 자비caritas의 상징으로서의 빛이다. 이 빛이 바로 선이다. 따라서 진리verum과 선bonum은 서로 회통한다. 신神은 자기 존재(Deus est suum esse)이기에 신神의 진리는 존재론적으로 지선至善하다. 신神의 존재는 이 우주를 남김없이 비춘다. 신神은 사랑이요 자비다.

마찬가지로 주자학에서도 본연지리本然之理는 지선至善하다. 어떤 악의 요인도 깃들어 있지 않은 지선이다. 만물이 생동하는 원형이정元亨利貞의 우주에는 이상간적리上看的(de jure)으로 악이 없다. 이 우주는 선善의 우주이다. 그것이 성선性善의 본모습이다. 토미즘에서도 아우구스티누스S. Augustinus의 소론을 수용하여 악을 '존재자의 결핍privatio entis'이라 불렀다. 말하자면 악은 선의 결핍privatio boni인 셈이다. 존재하는 것은 모두 좋은 것이고, 완전한 신을 존재론적으로 닮으려고 하는 욕망을 표현한다. 『반反이교도대전Summa contra Gentiles』에서 토마스는 '모든 존재자가 존재를 소유하고 있는 한에서 신을 닮으려 한다(Omne ens, inquantum habet esse, est Ei simile)'고 술회했다.[39]

다만 악malum은 유한한 존재자ens finitum가 존재론적으로 유한하기에 절대적일 수 없다는 논리적 필연성에서 발생한다. 토마스는 그런 존재론적 유한성의 제약을 불러오는 이유를 본질essentia의 특수성에서 찾았다. 창조된 모든 존재자들은 제한적인 특수한 본질을 존재론적으로 다양하게 분여 받았으므로 그 본질의 제약 아래에서는 존재의 빛의 밝음이 존재론적 광원光源인 신神의 태양만큼 빛날 수 없다. 본질의 제약으로 상대적인 존재는 신神의 태양에서 거리가 멀수록 그만큼 본질의 제약으로 인해 더 무겁고 어두우며, 그래서 존재론적으로 더 불완전하다. 이 우주에서는 존재론적으로 본질의 차이에 의하여 다른 등급이 매겨진다. 토마스에 의하면 '신神은 자기 본질에 의한 자기 존재(Deus est ipsum esse per suam essentiam)'[40]이고, '신神 안에는 자기 존재와 다른 본질이나 어떤 것이 없다(in Deo non est aliud essntia vel quidditas quam suum esse)'.[41]

신神의 존재와 그 본질은 완전히 일치한다. 그것은 신의 존재는 물질성의 제한이 없는 투명한 명증성 자체임을 뜻한다. 물질성은 기울어지고 막히고 무겁고 거칠며 빛에 저항적이다. 신神에게서 멀리 있으면 그

---

39) 질송E. Gilson, 위의 책, 452쪽에서 재인용.
40) 질송E. Gilson, 위의 책, 118쪽에서 재인용.
41) 질송E. Gilson, 위의 책, 452쪽에서 재인용.

만큼 존재자는 무겁고 어둡다. 그리고 선의 빛이 희박하다. 그 희박한 선의 빛에서 어둠의 악이 발생한다.

그 악은 존재의 본질적 제약에 기인하는 존재자의 결핍이지 그 존재자가 함축하고 있는 존재의 탓은 아니다. 존재는 신神의 넘쳐흐르는 선善의 본성에서 흘러나오는 빛과 같으므로 존재론적으로 보면 이 우주에 악은 없다. 모든 존재자가 신神을 목적으로 삼고 분여 받은 각 본질의 한계 안에서 신적 존재로 지향하려 하므로 모든 존재자는 선을 실현한다. 악은 적극적으로 이 우주에 존재하는 것이 아니라 선의 다양한 차등差等한 질서에서 소극적으로 나타난다. 그러므로 토마스는 '특수하게 제한적인 모든 선에서는 어떤 선의 이유와, 그리고 악의 이유를 담지하고 있는 어떤 선의 결핍을 생각하지 않을 수 없다(In omnibus particularibus boni potest considerare rationem boni alicujus, et defectum alicujus boni, quod habet rationem mali)'[42]고 말했다.

인간은 악을 지우기 위하여 투쟁하기보다 선을 위한 존재에 참여하는 것이 더 이성적이다. 주자학에서도 성리性理가 곧 성선性善이다. 이것은 이 우주의 본연의 본성이다. 이 우주는 이기상理氣上으로 다 좋다. 다만 토미즘의 본질처럼 이 세상의 만물은 품부 받은 기질氣質의 편색중조탁박偏塞重粗濁駁으로 말미암아 다양한 악의 현실이 실존한다는 것이다. 다음은 주희의 말이다. "본성은 햇빛과 같다. 인간과 사물이 빛을 받음에 차이가 있음은 마치 틈과 구멍이 빛을 받음에서 크고 작음이 있고, 인간과 사물이 그 형질을 받음에서 정해진 것이 있는 것과 같

---

42) 드 뷜프M. de Wulf, 위의 책, 119쪽 재인용.

다(性如日光. 人物所受之不同 如隙竅之受光 有大小也. 人物被形質局定了)."[43]

인간의 마음은 물질석인 사물보다 그래도 허령하기에 사물의 고착된 기질의 편색중조탁박偏塞重粗濁駁보다 훨씬 유연한 기질을 타고났다는 것이다. 그렇지만 인간에게도 기질의 유연성과 경직성에 차이가 있어서 성인의 길로 접어드는 공부의 과정에 쉬운 마음과 어려운 마음의 구별이 생긴다는 것이다. 그래서 주자학에서는 자기 기질의 편벽함과 무거움을 바꾸는 교기질矯氣質 공부가 가장 중요하다. 이것이 거경궁리居敬窮理의 길이다.

주자학에서 도덕적 완성의 길을 가는 데 방해되는 편벽하고 무거운 기질을 교정하려는 성의정심誠意正心의 길은, 먼저 주지적主知的으로 선악善惡을 판가름하는 격물치지格物致知의 단계 다음에 온다. 이런 주지주의적 이성의 길은 토미즘에서도 예외가 아니다. 의지의 욕망은 먼저 알려는 것에서 출발한다(Nihil volitum nisi cognitum.).[44] 의지의 욕망이 갈구하는 자유는 욕망을 판단하는 반성적 이성에서 먼저 검증받아야 한다. 오직 이성만이 우리의 자유로운 선택을 밝혀준다. 토미스트 드 빌프M. De Wulf는 그의 『토마스 철학 입문Initiation à la philosophie thomiste』에서 '투명한 명증성은 자유를 집행하는 원초적 조건'이라고 해설했다.

주자학이나 토미즘은 모두 이성(지성)의 빛이 선의 길을 밝힌다고 믿는다. 주희는 '지성은 주로 분별하는 것이고, 의지는 주로 영위하는 것이다. 그래서 지성은 본성의 체에 가깝고, 의지는 정감의 활용에 가깝다(知主別識. 意主營爲. 知近性近體. 意近情近用)'[45]고 언급했다. 토마스의 사

---

43) 『속근사록』, 1권.
44) 드 빌프M. De Wulf, 위의 책, 117쪽.
45) 『속근사록』, 1권.

상도 이와 비슷하다. '도덕적 의식은 어떤 행위에 앎을 적용하는 것과 다르지 않다(Conscientia nihil aliud est quam applicatio scientiae ad aliquem actum.)'[46]

3
대립과 친화의 구성과 통일과 다양의 파노라마

토미스트는 아니지만 토미즘의 영향을 듬뿍 받은 프랑스의 실재론적 존재론자인 루이 라벨L. Lavelle은 '우리는 창조자로 창조되었다(Nous sommes créés créateurs)'는 유명한 말을 남겼다. 이 말은 인간의 의식이 스스로 신神을 닮기 위하여 존재론적 창조자le Créateur ontologique의 존재에 참여하는 것만이 존재의 풍요와 행복을 맛보는 길이라고 갈파하는 것을 뜻한다. 악에 집착하지 말고 선의 사업에 참여하는 것이 행복을 향유하는 길이라는 것이다.

이런 토미즘적 철학사상은 주자학의 길에도 간접적으로 드러난다. 주자학은 고대 유학의 상제上帝 개념을 천리天理라는 개념으로 대체했다. 이는 토미즘에서 신학적 하느님을 존재 자체Esse ipsum라는 철학적 개념으로 교환한 것과 비슷하다.

그러나 주자학에서 상제上帝 개념이 완전히 사라진 것은 아니다. 주희는 거경궁리居敬窮理에서 '의관衣冠을 바로잡고, 눈을 우러러보며, 마음속 깊숙이 잠기면 초월적인 상제를 대한다(正其衣冠, 尊其瞻視 潛心以居 對越上帝)'[47]고 역설했다. 이런 자연신학적 사상을 강력하게 이어받은 주

---

46) 드 빌프M. De Wulf, 위의 책, 148쪽 재인용.
47) 위의 책, 4권.

자학이 바로 퇴계학이다. 주자학도 토미즘에서 인격적 최고 주재자인 신神(Deus)처럼 상제上帝라는 인격적 '님'의 개념을 속에 은닉하고 있다. 다만 주자학이 지니는 주지적 이성주의의 강한 요청 때문에 그 인격적 주재자의 존재가 천리天理의 성리性理에 포장되어 숨어 있을 뿐이다.

주희는 주재적主宰的 상제上帝 개념을 『주자어류朱子語類』(권1~17)에서 간접적으로 시사했다. "마음은 진실로 주재主宰한다는 뜻이다. 그러나 주재한다는 것은 바로 리理이니, 마음 밖에 리理가 따로 있고, 리理 밖에 따로 마음이 있는 것은 아니다. …… 인人자는 천天자와 비슷하고, 심心자는 제帝자와 비슷하다(心固是主宰底意. 然所謂主宰者 卽是理也. 不是心外 別有簡理. 人字似天字 心字似帝字)." 우리는 인간의 마음이 주재하는 능력을 갖고 있는 것처럼 하늘의 상제도 이와 비슷한 주재력을 갖고 있다는 것을 위의 인용을 통하여 추리할 수 있다. 이러한 종교적 님에 대한 경배 사상은 나중에 살펴볼 존재론적 목적인 사상을 통하여 잘 드러나니 그 때 다시 논의하기로 한다.

그런 점에서 이제부터 주자학과 토미즘의 존재론적 우주 해석의 형 이상학에 대하여 성찰하기로 하자. 그러기 위해 먼저 토미즘에서 말하는 존재자들의 유비analogia entium 개념을 살펴보자. 스콜라 철학은 존재자들의 존재론을 전개하기 위하여 '존재자를 본으로서 취급하는(ens formaliter sumptum)' 것과 '존재자를 질료적으로 취급하는(ens materialiter sumptum)' 두 면으로 갈라서 논의한다. 전자는 존재자를 존재하는 현행의 행위 작용을 중시하는 현재분사의 입장에서 간주하는 측면(ens ut participium)이고, 후자는 존재자를 존재하고 있는 명사적 실체로서 여기는 측면(ens ut nomen)이다.[48] 이런 관점을 주자학으로 옮기면 존재자를 현재 분사로 여기는 것은 심학적으로 성인 공부를 하는 성의정심誠意正心의 입장으로 전용되고, 존재자를 명사로 보는 것은 이학적理學的으로 성리를 격물치지格物致知하는 방식이라고 할 수 있다.

먼저 존재를 명사적으로 보는 토미즘의 이론을 숙고해보자. 반 스텐베르겐의『존재론Ontologie』에서 거론한 방식을 따른다. 그는 명사로서의 존재자는 일반명사의 정의처럼 대립l'opposition과 친화l'affinité라는 두 가지 관계로서 정립하고, 이어서 그 두 가지 관계를 각각 내적intérieur · 외적extérieur으로 더 첨가하여 논의한다. 그렇다면 존재자와 외적으로 대립하고 있는 것은 무無(Nihil)밖에 없다. 존재자는 무無 말고는 어떤 것과도 대립하지 않는다. 존재자는 무無와의 외적 대립 때문에 자기 항구성을 구성하는 논리법칙인 동일률과 모순율과 배중률이 가능하다. 무無와 대립하는 존재자의 구분성la distinction이 존재자의 항구적 통일성을 보증하는 셈이다.

다음으로 존재자의 내적 대립을 생각해보자. 존재자들은 존재의 내부에서 다른 존재자들과 대립된다. 즉, 존재자들은 다양하게 존재하는 단일성l'indivisibilité을 띤다. 그 다음으로 존재자들 사이의 친화 관계를 음미해보자. 먼저 외적 친화성을 말하면 우주의 모든 존재자들은 서로서로 닮은 형상을 하고 있다는 점이다. 즉, 신神부터 미물微物에 이르기까지 모든 존재자들은 비록 물질적으로는 다양하나 존재론적으로는 모두 존재의 유사성la similitude을 친화적으로 함의한다. 모두 본질적으로는 다양하게 나뉘지만 분여 받은 존재는 비슷한 가족의 모습인 셈이

---

48) 반 스텐베르겐F. Van Steenberghen,『존재론Ontologie』, 55~56쪽 참조.

다. 그래서 우주의 모든 존재자들은 분여 받은 존재의 가정에 속하는 가족과 같다.

그리고 모든 존재자들은 인간의 지성(이성)으로 이해할 수 있는 가지성可知性(l'intelligibilité)을 친화적으로 함축하고 있다. 또한 모든 존재자들은 아름다움의 조화로 엮여 있어서 인간에게 좋다는 의지적 욕망을 친화적으로 불러일으키므로 인간의 의지와는 사랑스러운 가애성可愛性(l'aimabilité)이란 관계를 맺는다. 마지막으로 내적 친화성을 말하자면, 모든 존재자들은 안으로 내적 친화성으로서 자기동일성l'identité de soi을 품고 있다.

그렇다면 명사로서의 존재자들을 대립의 측면에서 보자. 존재자는 무無와 대립하는 외적 구분성과 존재자들 사이의 내적 대립의 단일성으로 설명할 수 있다. 그리고 그것들을 친화의 측면에서 보면 존재자들 사이의 외적 친화성인 존재론적 유사성과, 존재자들과 지성(이성)의 외적 친화성인 가지성可知性과, 존재자들과 의지의 외적 친화성인 가애성可愛性과, 존재자들의 내적 친화성인 자기동일성을 거론할 수 있다. 반 스텐베르겐은 이런 존재자의 여섯 가지 명사적 특성이 토마스가 말한 6개의 초월자들transcendentalia인 '어떤 것aliquid/일자一者(unum)/실재res/진리verum/좋음bonum/존재자ens'와 연관된다고 해석한다.

이 초월자들은 아리스토텔레스가 말한 10개의 범주를 초월하는 존재 이해의 원리적 가능 근거를 뜻한다. 반 스텐베르겐은 '어떤 것'은 무無와의 외적 대립으로서의 구분성, '일자一者'는 존재자들 각각의 내적 대립으로서의 단일성, '실재'는 존재자들의 존재론적 외적 친화성을 말하는 유사성, '진리'는 존재자와 지성의 외적 친화성인 가지성可知性, '좋음'은 존재자와 의지의 외적 친화성인 가애성可愛性, '존재자'는 각각의 존재자가 자기 자신과의 내적 동일성을 의미한다고 말한다. 이 6개의 초월자들이 서로 교환할 수 있는 뜻을 지니므로 존재자들은 서로 저 초월자들을 술어로 바꾸어 써도 괜찮다는 결론이 나온다. 즉, 존재자는 '어떤 것'으로 무無와 구분되고, 일자一者로서 단일적이고, 실재로서 존재론적으로 비슷하며, 진리이며, 좋다는 의미의 명제로 쓰인다.

이런 토미즘의 명사적 존재론은 주자학에서도 예외는 아니다. 토미즘의 존재자가 주자학에서 만물에 해당한다. 그 만물은 모두 리理와 기氣의 합성적 존재자로서 마치 토미즘에서 존재자를 존재esse와 본질 essentia의 합성적 존재 방식으로 이해하는 것과 같다. 토마스가 존재자를 무無와 구분되는 하나의 '어떤 것'으로서 통일적으로 이해하려고 했듯이, 주희는 우주를 천인일물天人一物과 내외일물內外一物로서 우주의 통일성을 지적한다.[49] 주희는 만물은 '어떤 것'으로서 아무것도 없다는 공空과는 매우 다르다고 강조한다. 만물은 '어떤 것'으로서 만리개실萬理皆實하나 불교는 만리개공萬理皆空이라고 하여 불교의 공空과 유학의 실實을 뚜렷이 구분한다.

또한 주희는 천지에는 천지의 태극이 있고, 만물에는 각각 그 만물의 태극이 있다고 천명하면서 천지가 생기기 이전에도 분명히 리理가 먼저 있었다고 언명한다. 이 리理는 토미즘의 존재 자체Esse ipsum인 신神과 같은 최초의 원인과 비슷한 뜻을 갖는다. 모든 만물은 각각 자기의 개극個極을 품고 있다는 것이다. 이것이 존재자의 단일성을 알리는 의미와 서로 통한다.

---

49) 『속근사록』 1권.

다음으로 주희는 만물의 성리적 유사성을 알리는 의미를 장재張載가 「서명西銘」에서 말한 소론을 수용하여, 하늘을 아버지로 삼고 땅을 어머니로 하여 천지를 일가一家로, 만물을 일체一體로 하는 성리적 유사성을 전개한다고 『근사록집주近思錄集註』에서 천명한다. 만물은 모두 성리의 가족인 셈이다. 그리고 만물과 지성(이성)의 외적 친화성을 말하면, 주희는 이미 '성性은 일물一物처럼 뚜렷이 볼 수 있는 것이 아니므로 궁리하고 격물하면 성性은 그 궁리격물 가운데 있다(性不是卓然一物可見者. 只是窮理格物 性在其中)'[50]고 한다. 즉, 만물의 성리는 궁리격물의 이성에 의한 가지성可知性과 친화성을 맺고 있다는 것이다. 그리고 만물의 성리와 의지의 친화성에 대해서는 의意/지志가 심지소발心之所發과 심지소지心之所之의 합성 개념[51]이라고 해석하면서 만물의 성리는 이성적 의지를 발하게 하고, 가도록 하며, 움직이게 하는 사단四端의 정情과 다르지 않다고 해석한다. 그래서 의지의 가애성可愛性과 만물의 성리 사이에도 친화성이 있다는 것이다.

만물의 존재자는 무無와 다른 통일성을 향유하면서도 만유의 존재자들은 개별성을 지니고 있으며, 그들끼리 존재론적 유사성을 갖고서 이성과 친교하여 인식할 수 있고 이성적 의지의 대상이 되는 특성을 띠며 나타난다. 이 점에서 주자학과 토미즘은 별로 차이가 없다.

그러면 주자학과 토미즘은 이런 만물의 성리론과 존재자의 존재론을 어떻게 종합하여 형이상학으로 만드는가? 여기서 그 유명한 이일분수론理一分殊論과 존재자의 존재론적 유비론類比論(analogia entium) 사상

---

50) 『속근사록』 1권.
51) 『주자어류』 5권.

이 전개된다. 이 두 사상은 모두 우주를 존재esse와 리理의 통일적 관점에서, 그리고 다양한 존재자들entia과 만물萬物의 상관관계에서 종합적으로 구성한다. 토마스는 존재와 존재자의 관계를 '존재자는 존재를 소유하고 있다(Ens dicitur quasi esse habens)'[52]는 명제로 표현한다. 그리고 주희는 만물과 리理의 관계를 '성性은 천리天理인데, 만물이 그것을 품부 받아 하나의 리理를 갖추지 않은 것이 없다(性者卽天理也. 萬物稟而受之. 無一理之不具)'[53]고 술회한다. 그렇게 보면 존재와 존재자, 성리와 만물의 관계는 곧 본체體와 현상相의 관계와 비슷한 의미를 띤다.

4
존재론적 인과론과 목적론

그런 점에서 이일분수理一分殊나 존재론적 유비론類比論은 본체론적으로 하나의 통일된 진리가 어떻게 다양하게 현상화하느냐 하는 이치를 철학적으로 해명하는 원리라고 할 수 있다. 토마스는 5~6세기 로마의 철학자 보이시우스Boethius의 소론을 수용하여 존재 Esse를 '존재하게 하는 것Quo est'으로, 본질을 '존재하는 것Quod est'으로 규정했다. 존재는 존재자들을 존재케 하는 원인이란 의미를 함축하고, 본질은 그 존재자들이 그런 현상으로 존재하는 모습을 반영한다. 그러므로 존재자들은 모두 존재하게 하는 원인의 현행actus으로 존재하지만, 본질의 제약을 함의하여 현상으로 나타난다. 존재자는 이미 '존재

---

52) 질송E. Gilson, 위의 책, 183쪽, 재인용.
53) 『속근사록』 1권.

케 하는Quo est' 존재와 '존재하는 것Quod est'으로서의 본질을 구성적으로 소유하고 있는 개념이다. 따라서 본질이 곧 다양성의 원리가 된다.

이런 소론은 주자학도 마찬가지다. 주희는 '성동기이性同氣異의 네 글자가 무한無限 도리道理를 포함한다(性同氣異 祇此四字 包含無限道理)'[54]고 언명한다. 기氣가 리理를 다양화시키는 원동력이다. 그래서 주자학에서는 본연지리本然之理 이외에 유행지리流行之理나 승기지리乘氣之理라고도 한다. 이것들은 본체적인 성리가 기氣의 제약으로 다양화되면서 본체의 리理가 현상으로 유행하거나, 기氣의 제약을 받아서 나타나는 것을 가리킨다. 주자학에서 기氣를 기器와 동격으로 해석하는 것을 염두에 둘 필요가 있다. 토미즘의 본질이나 주자학의 기氣는 모두 특수성을 가능케 하는 원리인 셈이다.

그리고 존재와 성리는 완전성을 상징하지만, 본질과 기氣는 불완전성의 원리로 통용된다. 이런 현상적인 각도에서 보면 존재자나 만물에서 존재와 본질, 리理와 기氣는 법적으로de jure 분리하여 논의할 수 있으나, 사실적으로de facto 분리되지는 않는다. 이런 이중적 현실을 주자학에서도 이상간理上看과 사상간事上看으로 나눈다. 이는 모두 똑같은 사고방식을 다르게 표현한 것이다. 토미즘이나 주자학에서 법적으로나 이상간理上看으로 존재와 리理가 본질과 기氣보다 우선권을 갖는다. 그래서 존재론적 유비와 이일분수理一分殊는 모두 존재자의 '일즉다一卽多'의 사실을 지시한다.

존재자의 유비와 이일분수理一分殊는 예컨대 최고의 존재자인 신神의 존재가 존재 자체로 모든 존재자를 존재케 하는 최고의 원리princi-

---

54) 위의 책 1권.

pium essendi로 그 존재 자체의 절대 독립성과 무한성에서 유한한 존재자들이 파생되어 나온다는 것을 가리킨다. 신/천사/인간/동물/식물/무기물 등의 존재자들이 서열을 가지고 나타난다. 신神의 경우 존재와 본질이 일치하므로 신神은 존재자가 곧 존재이고 본질이라고 봐도 좋다. 그러나 그 나머지 경우에는 다양한 존재자의 등급이 생긴다. 그 까닭은 본질의 제한적 차등 때문이다.

신神과 다른 존재자들의 경우 그들 사이가 존재론적으로 완전한 이질성도 아니고, 그렇다고 완전한 동질성도 아닌 그 중간의 길을 찾아간다. 이것이 유비적類比的이다. 성리학에서도 마찬가지이다. 상제의 태극을 주희는 11세기 주돈이周敦頤의 '무극이태극無極而太極'이란 구절을 수용하여 태극太極을 무극無極으로 해석했다. 그런데 이 무극無極은 존재하는 성리와 다른 무無의 영역을 뜻하는 것이 아니라, 천지만물의 리理를 총괄하는 궁극적 원리인 태극의 무형한 본질을 가리킨다. 주희가 해석한 주돈이의 무극無極은 불가와 도가에서 말하는 공空과 허虛가 아닌 것이다.

"무극無極은 성性처럼 유리有理하나 무형無形한 것이니 어찌 유형有形일 수 있는가? 태극은 음양오행의 리理를 다 갖춘 것인데 어찌 (석씨釋氏의 주장처럼) 허공의 물사物事이겠는가(無極是有理而無形. 如性何嘗有形. 太極是五行陰陽之理皆有. 不是空底物事?)"[55] 따라서 태극은 더 이상 추구할 데가 없는 궁극처를 뜻하며, 지극히 현묘하고 지정지신至精至神하여 더 이상 올라갈 데가 없는 제일의 원리이다. 주자학은 그런 점에서 무극無極은 순수 없음이란 뜻이 아니라, 태극지리太極之理의 무형한 상태를 말한다. 이 태극이 만물에도 분여되어 개극個極을 이루면서 삼라만상이 모

55) 『주자어류』 94권.

두 개별적으로 태극의 리理를 구비하고 있다고 설명한다. 그래서 그 구체성이 승기지리乘氣之理로서 기氣의 기器와 같은 제약을 타서 현상화한다는 것이다. 그러므로 성인과 범인, 동물과 산천초목 같은 모든 만물은 기질의 '정正/편偏', '개開/색塞', '경輕/중重', '청淸/탁濁', '순純/박駁' 같은 차등이 결정된다.

이렇듯이 유비類比와 이일분수理一分殊의 형이상학은 존재론적 차등의 사다리를 형성하는 철학을 낳는다. 일즉다一卽多라도 그 철학사상은 불교나 양명학, 마이스터 에크하르트Meister Eckhart의 신학에서 말하는 일즉다一卽多가 서로 평등하게 회통한다는 것과는 다르다. 저런 사유가 가능하기 위하여 신과 태극의 초월적 신학 대신에 만유재신론적panentheistic 신학 사상이 제창되어야 평등론적 일즉다一卽多 사상이 성립한다. 그러나 주자학과 토미즘은 그런 범신론적 성향의 존재론을 펼치지 않는다. 그래서 신神과 만유태극萬有太極은 제일 원인적인 인과론을 전개한다. 신과 태극은 제일 원인적인 존재 현행의 위엄을 지닌다.

이제 우리는 존재자를 현재진행형ens ut participium으로 인식하는 유비론과 이일분수론을 음미할 차례에 이르렀다. 이 점에서 존재 자체로서의 신神은 제일 원인causa prima으로서 존재를 자기 활동의 현행 자체로 읽는다. 신神의 존재는 신神의 활동성(존재론적 창조)과 같은데, 그 활동성을 유한하게 제약하는 어떤 것도 성립하지 않는다. 그런데 모든 존재자는 그 존재에 알맞은 활동성을 지닌다. 토미스트 반 스텐베르겐은 존재는 '활동성의 원리le principe d'activité'라고 말했다.[56] 그는 또 존재론적 활동성을 '더 존재하려는 능동적 경향(une tendance active à plus-être)'이라고

---

56) 반 스텐베르겐Van Steenberghen, 위의 책, 115쪽.

언명했다.[57] 따라서 유한한 존재자l'être-tel는 유한한 활동l'agir-tel을 할 수밖에 없다. 이것은 본질의 제약에 기인한다. 그래서 토미즘에서 '활동은 존재를 따른다(Agere sequitur esse)'나 '활동은 본을 따른다(Operatio sequitur formam)'는 철학적 언표가 나오는 것이다.

유한한 존재자는 유한한 활동을 할 수밖에 없고, 그 유한한 활동이 그 존재자의 존재론적 개화開花와 같다. 그런 점에서 모든 유한한 존재자는 모두 완전한 존재자인 신神의 존재를 본으로 따르려는 욕망을 지닌다. 그래서 신神은 만물이 욕망하는 선善(bonum)이다. 이 욕망이 우주적이고 이성적이다. 토마스의 존재는 완전성의 활동을 상징하기에 아리스토텔레스의 순수 본forma pura과 순수 현행actus purus과 같고, 본질은 아리스토텔레스의 질료materia와 질료에 제약받는 가능성potentia의 제한성과 같다. 반 스텐베르겐은 그래서 토마스는 본forma과 현행actus과 존재esse를 결합시키고, 질료materia와 가능성potentia의 제한성과 본질essentia을 한 계열로 묶었다고 지적했다.

그렇기에 동사적인 현재분사의 각도에서 존재론적 유비론을 읽으면, 존재 자체로서의 신은 모든 유한 존재자들의 최종 목적으로 자리매김한다. 명사적인 존재자의 분여적 유비론으로 보면 존재 자체로서의 신神은 인과론적 창조의 유출을 가능케 하는 제일 원인causa prima으로 설명되고, 또 동사적인 관여의 유비론으로 보면 모든 존재자들의 완전을 지향하는 가능성의 경향을 대표하는 최종 목적으로서 목적인目的因(causa finalis)이란 의미로 나타난다.

주자학도 이 점에서 토미즘과 비슷한 형이상학을 개진한다. 물론 주

---

57) 앞의 책, 115쪽

자학에는 토미즘 같은 그리스도교 우주 창조론이 빠져 있다. 이것은 누구나 다 아는 상식이다. 그럼에도 불구하고 주자학의 천리天理는 인과율과 목적인의 의미를 함축한다. 주희는 "명령하는 명자는 천명위성天命謂性의 명命자이다. 이것은 내려주는 바의 리理(소품지리所稟之理)를 말한다. 성性이라는 것도 명령하다의 명령(유명언지명有命焉之命)이다. 이것은 내려주는 바의 나눔을 말하는 까닭(소이품지분所以稟之分)이다. 그래서 성性의 많고 적고 두텁고 얇은 것의 차이가 생긴다."[58]

명령하는 천리天理는 이미 인과율의 으뜸인 동시에 목적론의 귀환처임을 암시한다. 그리고 명령하는 천리는 상제上帝의 인격성을 함축하고 있다. 이 천리는 다양한 사물들의 이치를 모두 통괄하는 목적으로 보인다. 그래서 주희는 천리의 태극이 만물의 통일적 목적이 됨을 역설했다. "천하의 리理가 만 가지로 다르나, 그 돌아감은 단지 하나일 뿐이다. 그래서 두세 개의 진리를 허용하지 않는다. 궁극적 통일을 아는 경우에 언행에서 비록 같지 않은 것이 있어도 그 궁극적 통일을 해치지 않는다(天下之理萬殊. 然其歸卽一而已. 不容二三也. 知所謂一 則雖有言不同 不害其爲一)."[59]

주자학과 토미즘은 이 점에서 모두 만유萬有와 만물萬物의 존재론적 관여ontological participation의 형이상학을 전개하는 셈이다. 존재론적 관여의 형이상학적 길에 참여하는 데 주자학은 경敬사상을, 토미즘은 신앙fides을 말한다. 주자학에서 경敬은 마음이 우주의 궁극적 천리天理와 합일하기 위한 수양의 가장 큰 방편이다. 주희의 생각을 그대로 쓰

---

58) 위의 책 1권.
59) 『속근사록』 3권.

자면, 경敬은 응사접물應事接物함에서 수초酬酢가 만 가지로 변화하더라도 어지럽지 않게 하는 마음의 존심성찰存心省察과 성의정심誠意正心을 가능케 하는 수양修養의 길을 일컫는다. 이 경敬사상은 인간에게 천리天理와 인욕人欲의 차이를 만드는 마음의 수양이다. 그 차이는 이성이 인간의 사욕을 제어하는 능력 때문에 가능하다. 이 경敬을 통하여 주자학은 인간이 천리天理를 마음에서 꽃피우는 성인聖人의 길을 점수해 간다고 했다. 성인은 천인합일天人合一의 경지를 일컫는다. 주자학은 본연지리本然之理와 본연지기本然之氣가 일치하는 순수한 원형의 인간을 지향한다.

주자학이 이처럼 천리天理의 자연적 계시啓示를 마음에서 보존하기 위하여 경敬사상을 언급했다면, 토미즘은 하나님인 신神이 직접 계시한 초자연적 진리를 이성이 계시할 수 있는 영역까지 인식하고, 이성의 한계를 넘는 초자연적 영역에 대하여 신앙의 길을 밝힌다. 이때 신앙은 이성의 길을 보완하는 것일 뿐 반이성적 성격을 덧붙이는 것이 아니다. 신앙은 이성을 완성시킨다. 그런 점에서 주자학이 천리天理의 이성적 인식을 먼저 하고 이어서 마음으로 체득하는 성의정심誠意正心과 그 경敬을 존중하듯이, 토미즘도 신神에 대한 이성적 인식을 바탕으로 그것을 영혼에서 사랑하기 위하여 신앙을 말한다. 토마스는 '신을 제외하고 합리적 사유보다 더 위대한 것은 없다(nihil subsistens est majus mente rationali, nisi Deus)'[60]고 말했다. 신과 인간은 모두 이성의 주체라는 점에서 동질적이나 단지 이성의 수준에서만 차이가 난다. 주자학이나 토미즘은 모두 이성의 인간학이고, 이성의 형이상학이다. 도덕적 경敬사상이나 신

---

60) 질송E. Gilson, 『토미즘Le Thomisme』, 37쪽.

앙의 힘도 결국 이성의 힘을 최대한 수용하는 데에서 성립한다. 그러나 그 이성의 힘은 관념론처럼 이성의 제조 기능을 우위에 두는 것이 아니라, 사물의 진리가 사유의 진리를 실재론적으로 정립하기에 이 세상의 실재가 이성적 존재로 환원된다는 것을 뜻한다.

5
이성주의 철학에 대한 의문들

지금까지 우리는 주자학과 토미즘의 형이상학적 유사성을 중심으로 개략적인 모습을 훑어보았다. 단적으로 이 동서양의 중세 철학은 모두 주지주의와 실재론, 이성주의와 존재론적 차등의 형이상학을 공유하고, 구성주의적인 태양의 형이상학적 진리를 향유하는 공통의 요소를 함축하고 있다. 이 중 마지막 요소는 본문에서 전혀 언급하지 않았으므로 여기서 잠시 한 마디 해야겠다.

만물이 햇빛을 향하여 존재의 성장을 이루듯이, 주자학과 토미즘도 천리天理와 신神이라는 만물의 태양을 경배하면서 우주를 질서화한다. 그러므로 그 진리로서의 태양은 만물의 으뜸가는 원인인 동시에 종국적인 목적의 자리를 지킨다. 그래서 주자학과 토미즘은 태양 중심주의 철학을 그 특성으로 한다.

그리고 이 두 사상은 모두 인간의 이성으로 세상을 다시 구성하려는 사유를 함의한다. 이성으로 이 세상을 재구성한다는 것은 우주를 인간 이성의 탐구 대상과 의지의 욕망 대상으로 재편한다는 것을 뜻한다. 그런 재구성과 재편 작업을 거치면서 이 우주가 인간에게 의미 있는 시공임을 드러낸다. 신神이 창조한 우주, 천리가 미만해 있는 우주가 존재론적으로 무의미하다는 것은 성립하지 않는다. 이 우주는 의미가 가득 찬 낙관적인 시공이다. 그래서 주자학과 토미즘은 형이상학적인 낙관론을 펼친다. 인간은 이성인 한 신神을 닮았다. 인간이 천리天理를 보존하는 한 성인의 완전성을 개현할 수 있다.

이런 낙관론은 인간이 이성적인 사유를 하는 한 선을 선택하여 세상을 구원할 수 있다는 희망을 견지한다. 우리가 앞에서 보았듯이 이성의 진리와 도덕적 선은 서로 교환할 수 있다. 이 세상이 이성적 택일의 진리로 환원할 수 있다는 것이다. 악은 존재자의 존재 결핍이고, 기질의 편차 때문에 오는 것이다. 두 철학은 존재자의 존재 결핍과 기질의 편차 때문에 상대적인 존재자의 운명을 벗어나기 어려우나, 존재자의 적극적인 사유와 의지의 노력으로 악의 요인을 이론적으로 극복할 수 있다는 신념을 품고 있다. 악의 극복은 이성의 명증한 인식과 이성의 통제를 받는 의지의 바람에 달렸다. 이성적인 한 인간은 이미 구원받았다.

토미즘에서 악은 그 자체로 존재하지 않는다. 주자학에서도 악은 다만 인간의 기질적인 제약의 소산이나 기질을 스스로 교정하겠다는 의지에 의하여 거품처럼 사라진다. 인간을 포함한 모든 삼라만상이 존재하려 하고 완전성을 갈망하기에 오직 선과 존재만이 실재로서 존재한다. 그 이성은 신에 의하여 창조되어 우리 안에 선천적으로 실존하는 앎의 능력을 가능케 하는 씨앗(praeexistunt in nobis qaedam scientiarum scmina)[61]이다. 주자학에서는 인간의 신령스런 마음에 선천적으로 간직되어 있는 허령통찰의 힘이다. 단적으로 이성철학인 만큼 주자학이나

---

61) 질송E. Gilson, 위의 책, 272쪽 참조.

토미즘은 모두 의식의 철학이다. 의식의 철학이므로 주지적인 학문의 힘을 아주 높이 평가한다. 의식의 이성과 의지가 실재의 존재를 인식하고 욕망하여 의식이 실재의 진리와 선에 궁극적으로 동의한다.

그러나 이성적이고 의식적인 학문이 과연 이 세상을 진리와 선으로 환원시킬 수 있을까? 이 물음에 대한 대답을 어떻게 하느냐가 주자학과 토미즘 철학을 견지하느냐, 아니면 그것에서 멀어지게 하느냐는 지름길이라고 생각한다. 신神의 초자연적 계시revelatio가 인간 이성의 계시 가능성revelabilitas과 상충되지 않음을 강력히 믿은 토미즘과 이성적 학문의 힘이 신비적 하늘의 주재를 대신할 수 있다고 믿은 주자학은 모두 학문할 수 있게 하는 원동력인 이성을 매우 신뢰했다. 그래서 공자孔子는 '육언육폐(六言六蔽)'를 학문으로 극복할 수 있다고 말했다.

"공자孔子가 자로子路에게 말했다. 너는 여섯 가지 덕의 말이 여섯 가지 폐단(六言六蔽)을 낳는다는 것을 들었느냐? 자로가 대답하기를 아닙니다. 공자가 거기에 앉아라. 내가 너에게 말하리라. 인(仁)을 좋아하되 학문을 좋아하지 않으면 그 폐단은 어리석음(愚)이고, 앎(知)을 좋아하되 학문을 좋아하지 않으면 그 폐단은 공상적인 큰 소리만 탕탕 치게(蕩) 되고, 믿음(信)을 좋아하되 학문을 좋아하지 않으면 그 폐단은 남과 자기를 해치게 되고(賊), 곧음(直)을 좋아하되 학문을 좋아하지 않으면 그 폐단은 숨통을 죄는 편협함(絞)이 되고, 용기(勇)를 좋아하되 학문을 좋아하지 않으면 그 폐단은 난폭함(亂)이고, 강직함(剛)을 좋아하되 학문을 좋아하지 않으면 그 폐단은 미쳐 날뛰는 광기(狂)가 된다…(好仁不好學 其蔽也愚. 好知不好學 其蔽也蕩. 好信不好學 其蔽也賊. 好直不好學 其蔽也絞. 好勇不好學 其蔽也亂. 好剛不好學 其蔽也狂)."『논어』「양화」편에 나오는 공자의 이 말은 학문을 통하여 육덕六德(인仁/지知/신信/직直/용勇/강剛)이 자기의 그림자를 씻어서 환하게 밝은 선善의 세계에 인간을 이르게 할 수 있다는 것을 말한다.

『중용』에서 말하는 '택선이고집지擇善而固執之(선을 선택해서 그것을 굳세게 잡음)'를 주희가 다시 강조하면서 그것이 격물치지格物致知의 다른 이름이라고 언명했다.[62] 택선擇善은 이성적 환원주의의 다른 이름이다. 이성으로 택선할 수 있다는 것이다. 토미즘에서도 선善의 길은 곧 이성이 명령하는 것이다. 질송은 "선善(le bien)은 이성과 일치하는 것이다. 그래서 이성에 배치되는 것은 반대로 나쁜 것이다. 각 사물의 선善은 그 사물의 본la forme이기 때문에 그 본에 적합한 것이고, 악은 그 본과 일치하지 않고 그 본의 질서를 파괴하는 것이다"라고 한다.[63]

이성의 택일은 곧 의식의 철학이고, 이 의식의 철학은 바로 이성적 자아의 자기실현을 겨냥한다. 자아가 배제된 의식을 상상하는 것은 씨 없는 열매를 상상하는 것과 같다. 주자학이나 토미즘은 모두 이성적 자아실현을 궁극적인 목적으로 한다. 자아실현은 인간의 이성적 지성의 연마와 선의지의 수련에 의하여 하나님인 신神과 상제上帝인 천리天理를 간접적으로나마 소유할 수 있다는 인간주의humanism 철학과 바로 이어진다. 이런 철학은 근대의 관념론과 합리론처럼 인간의 이성이 세상을 과학적으로 제조할 수 있다는 사유와 뉘앙스가 다르지만 자아실현의 철학은 존재의 진리에 대한 동의의 형이상학이면서 그 안에는 이미 만듦의 중요성을 회임하고 있다.

---

62) 『속근사록』 2권 참조.
63) 질송E. Gilson, 위의 책, 324쪽.

과연 이성적 학문이 세상의 어둠을 없앨 수 있는지? 이 세상에는 자아실현을 위한 택일의 환원주의가 성립하는지? 진리와 선을 어둠이 전혀 없는 명증한 빛으로 환원할 수 있는지? 도덕적 선은 자기의 악을 분비하지 않는지? 비록 이성적이라 하더라도 그 자아가 작용하는 곳에는 이기적인 이해관계를 완전히 청소한 보편적 논리만이 존립할 수 있는지? 이성주의는 보편적 논리와 선의지에 의한 자아의 구성주의이다. 과연 세상이 이러한 자아에 의하여 논리적으로나 도덕적으로 재구성될 수 있을까?

초점 불일치의 철학적 여행과
안심스러운 무無의 집의 발견

1
철학적 출발점의 조감도

나는 미리 독자적인 방법론을 가지고 철학을 공부하지 않았기에 특이하게 개진할 것이 없다. 다만 어떻게 철학을 공부했느냐고 묻는다면 지나온 길을 더듬어 회고적 반성을 간추려 말할 수 있다. 대학생 때 나에게 깊은 영향을 준 두 철학자가 있다. 그 당시 서울대학의 교수로 계시던 열암洌巖 박종홍朴鍾鴻과 프랑스의 가톨릭 실존주의 철학자인 가브리엘 마르셀Gabriel Marcel이다.

나는 박종홍 선생님에게 철학이 현실을 떠날 수 없고, 따라서 우리 현실의 역사적 후진성을 극복할 수 있게 하는 주체적인 한국철학을 창조하는 것이 급선무라는 문제의식을 전수받았다. 또 마르셀에게는 실존적 느낌에서 출발하면서 정신의 존재론적 구원을 향해 가는 길을 배웠다. 그 두 가지 문제의식이 나에게 철학 공부의 출발점으로 와 닿았다는 것은 아마도 나의 무의식에 그 두 가르침을 나의 것으로 하려는 깊은 요구가 있었기에 가능했던 것이 아닐까 짐작한다. 아마도 그런 현상은 내가 내면적으로는 부드러운 정신의 행복을 갈구하는 동시에 한국인으로서 우리 모두가 역사적 비참함을 탈피하여 현실적으로 행복하기를 기원하는 의도가 있었기에 일어난 것이 아닌가 한다.

지금 생각하면 사춘기를 막 지난 나의 가슴 속엔 그 당시 우리 사회 현실이 후진적 열등의식에서 벗어나기를 바라는 역사의식과, 안으로 고요한 정신의 진리에 깊이 침잠하고픈 종교적 그리움이 함께 싹튼 것 같다. 앞의 것은 거친 바깥으로 향하는 투쟁적 의지의 노력을 생각하게 하고, 뒤의 것은 반대로 내면의 부드러운 구원의 진리에 안겨 거기에 영혼을 평화스럽게 거주하게 하고 싶은 귀의의 요구를 말한다. 안으로 내가 부드러운 진리를 통하여 정신적으로 행복하고, 밖으로 우리 모두가 세계 속에서 행복하고 당당하게 주눅 들지 않고 살아가는 모습을 이루는 것이 나의 철학적 출발점의 조감도가 아니었나 추정한다. 그런 나의 무의식의 요구에 부응하여 밖으로는 박종홍과 안으로는 마르셀의 서로 다른 철학이 이율배반적으로 나의 세계에 다가왔던 것 같다. 나는 가톨릭 교인이 되었다.

벨지움의 루뱅 대학 유학 시절이다. 한국을 떠났기에 나는 열암(박종홍) 철학의 요구를 잠시 유보했다. 오직 정신의 실재를 찾아가는 철학 여행에 전념했다. 나는 실존적 정신주의 철학을 공부하면서 마르셀 말고도 라벨L. Lavelle을 만나고, 다시 라벨을 통하여 중세의 토마스Thomas Aquinas를 친근히 하게 되었다. 그래서 한편으로는 마르셀적인 정신주의의 '존재론적 신비le mystère ontologique'와 그 내면적 형이상학에 심취하면서, 다른 한편으로는 그를 통하여 몸의 실존적 느낌의 중요성을 알았다. 그래서 나는 몸의 현상학자인 메를로뽕띠M. Merleau-Ponty를 배우고 익혔다.

부드러운 내면의 신비주의를 맛보던 나는 다시 몸을 통하여 거친 바깥세상의 현실과 부딪치는 철학을 만났다. 몸은 의식과 세상의 중간 가교로서 의식과 세상의 '얽힘 장식l'entrelacs'과 같다. 의식과 세상의 교호 작용인 몸은 중간의 탄력 있는 두께와 같아서 메를로뽕띠는 그것을 '살la chair'이라고 불렀다. 살의 진리는 인식론적으로 내부와 외부, 정신과 물질, 상부구조로서의 관념과 하부구조로서의 경제, 의식의 사고 형태와 역사 상황 등으로 뚜렷이 구분되지 않고 모든 것이 애매모호하게 뒤

엉켜 있는 비非흑백적인 비非선명성을 안고 있다. 역사 현실에서도 나는 구체적으로 실에 고통을 덜 주고, 세상을 덜 괴롭히는 휴머니즘의 진리로 이끌렸다. 나는 '존재론적 신비'의 진리 이외에 다시 현실적으로 일체가 '애매모호하다ambigu'는 것을 터득했다.

한국에서 대학을 다니면서 지녔던 젊은 날의 낭만적 사고가 낳은 상반된 철학적 요구가 다른 차원의 옷을 입고 나타났다. 내면적인 '존재론적 신비'의 철학과 '애매모호성'을 기조로 하는 바깥의 역사 현실의 철학이 다시 초점이 일치하지 않게 나의 철학 공부 행로에서 일어났다. 나는 그 둘을 어떻게 철학적으로 모순 없이 동시에 화해시켜야 할지 몰랐다. 그것을 극복하는 철학적 지혜를 알려주는 철학자를 찾으려고 애썼다.

나는 베르크손H. Bergson이 정신과 몸이란 두 측면의 공통성을 탐구한 이라서 그가 나의 갈등을 해결할 수 있으리라 여겨 그의 철학을 공부했다. 그는 확실히 위대한 철학자였다. 그러나 그가 인간의 정신과 몸의 공통성을 본능과 지능, 그리고 직관의 삼자 관계로 엮음에 나의 철학적 문제의식은 더 복잡하게 갈라졌다. 그의 철학은 바깥의 문제를 해결하려는 지능철학(본능적인 생존의 대안)과 속의 정신세계를 충만케 하는 직관철학(본능적 직접성과 유사)의 두 가지로 대별된다. 이 베르크손의 삼자 관계(본능/지능/직관)는 나중에 나의 철학적 해오解悟에 결정적 단서를 제공한다. 아무튼 당시에는 철학적으로 갈라진 나의 문제의식의 틈을 메울 수 있는 어떤 선지식도 보이지 않았다.

마르셀의 실존적 정신주의도 메를로뽕띠의 살의 현상학도 모두 구체철학이다. 진리의 정신을 상황 속의 실존적 느낌에서부터 출발하려고 하지, 어떤 선취적인 이념에서부터 진리를 연역하지 않으려는 점에서 그들은 공통적이었다. 나는 특히 존재론적 신비와 그 진리를 매우 훼손하는 역사의식을 비판하는 마르셀에게 많은 영향을 받았다. 그것은 마르크스K. Marx와 그를 좋아한 싸르트르J.-P. Sartre, 하버마스J. Habermas와 같은 이성적 해방의 혁명 철학과는 다른 길이었다. 마르셀이 가르친 길은 '열광적인 추상의 정신(l'esprit d'abstraction fanatique)'에 대한 비판과 역사 안에서 이성을 통해 문제들로 가득 찬 인간에게 구원을 약속하는 모든 종류의 현세적 메시아니즘의 허구를 깨닫게 하는 '종말론적 사상la pensée eschatologique'이다. 앞의 것은 인간의 마음을 집단적으로 흥분시켜 실성케 하는 전체주의적 구호의 이데올로기를 말하고, 뒤의 것은 이 세상이 '본질적으로 깨졌기' 때문에 역사 안에서 어떠한 본질적인 수리도 불가능하다는 반反유토피아적인 사상의 제창이다. 반反전체주의와 반反유토피아니즘은 내가 익힌 구체 철학이다.

2 주체적 한국철학의 창조를 위한 공부와 그 실패

나는 한편으로 내면적 정신의 신비를 그리워하는 철학과 다른 한편으로 이성에 의한 혁명적 현실 타파의 불가능성과 세상의 현상을 애매모호성으로 읽어야 한다는 상반된 철학을 안고 귀국했다. 유학 기간에도 나는 열암(박종홍)이 창도한 주체적 한국철학의 창조를 위한 당위적 명제를 어떻게 실현할 것인가 하는 숙제를 풀기 위해 답을 찾으려고 노력했으나 성공하지 못했다. 나는 열암이

갔던 길을 따라 동양철학, 특히 유학을 공부하기 시작했다.

먼저 신진先秦유학과 주사학朱子學 공부는 한국철학의 정초를 위한 방법을 찾기는커녕 오히려 나의 철학적 갈등만 증폭시키는 결과를 낳았다. 즉, 유학사상은 맹자孟子-주자적朱子的 도학道學으로서 옳음義을 숭상하는 의리義理유학과 순자적荀子的 실학實學으로서 이로움利을 사회적 진리로 보는 실용實用유학이 모두 나에게는 진리적이라는 것 때문이다. 나는 조선조의 도학 선비들처럼 의리유학만 진리이고 이익을 중시하는 실용유학은 그르다는 주장을 수용할 수 없었다. 그럼에도 불구하고 나는 도덕적 옳음과 사회적 이로움을 어떻게 철학적으로 조화시켜야 할 것인가를 알지 못했다.

내가 그동안 공부한 철학적 문제의식의 상반된 갈등은 먼저 부드러운 내면적 신비와 거친 외면적 현실 경영의 두 가지 길과 본능을 대신한 과학적 지능철학과 역시 본능과 비슷하나 질적으로 다른 정신적 직관철학의 대립으로 명명할 수 있다. 이런 갈등의 이율배반성은 서양철학에서 얻은 대결 구조였다. 거기에다가 또 동양 유학에서 의리의 옳음과 실용의 이로움으로 나뉘는 진리 정신의 분열이 덧붙여졌다. 나는 이러한 모든 초점이 안 맞는 갈등을 녹일 수 있는 철학을 찾지 못했다.

그러면서 한편으로 조선시대가 일반적으로 너무 도학적 의리유학에만 경도된 나머지 순자적인 실용의 경영유학을 멀리하거나 적대시하기까지 한 사유의 편협성에 대한 비판적 반성의 시각이 강렬하게 솟아나기 시작했다. 비록 조선조 후기에 청대 고증학파의 영향으로 실학 운동이 일어났으나 그것이 도학적 성결 의식의 순수성에서 완전히 벗어난 세속 정신의 성공적인 해방이라고 보기는 어려웠다.

여전히 열암의 철학적 요청이 나의 사고를 떠나지 않았다. 그래서 한국의 퇴율학退栗學과 다산茶山의 유학을 공부했다. 안팎으로 행복하려고 철학 공부에 매진했는데, 심리적으로나 사회적으로 나는 행복하지 못했다. 이런 불행이 나의 의식 안에서 저 상반된 갈등의 문제의식을 더욱 첨예하게 부각시켰고, 그 모순적 갈등을 철학적으로 풀어야 한다는 사명 의식은 나의 철학하기에 더욱 박차를 가했다. 열암은 율곡보다 퇴계를 더 가까이 했다. 그러나 나는 율곡이 더 좋았다. 율곡이 덜 낭만적이고 실사적으로 보였기 때문이다.

율곡의 소론 가운데 '기발이승일도설氣發理乘一途說'과 '이통기국론理通氣局論'은 아주 큰 철학적 충격으로 와 닿았다. 신바람과 같은 기운의 힘과 성리의 보편성이 분리되어서는 안 된다는 주장과 이성의 보편성과 기운의 특수성이 구체적으로 합일되어야 한다고 천명하는 율곡의 유학은 한국철학의 창조를 위한 논리적 뼈대가 아닐까 하는 흥분을 느끼기도 했다. 더구나 구체 철학을 좋아하는 나의 성향에 율곡의 논리는 아주 잘 맞아 떨어졌다. 그래서 나는 율곡의 사칠론四七論과 메를로뽕띠의 살의 철학을 비교하기도 했다. 그러면서 나는 다산의 유학이 도학의 순수주의와 실학의 세속주의 사이에서 눈치를 보면서 쓰여졌다는 것을 느꼈다. 나는 사문난적斯文亂賊의 칼날을 피하기 위하여 겉으로는 도학적 순수주의를 표명하면서 안으로는 세속의 실용과 실리 의식을 감추고 있는 불행한 조선 후기 지식인의 비극을 다산에게서 보았다.

그러면서 나는 서서히 열암적인 한국철학의 주체적 창조론에 회의를 갖기 시작했다. 한국철학의 창조는 목적론적 당위론의 주장에서 열매를 맺는 것이 아니라, 자연스럽게 철학자들이 철학하기를 통하여 그 철학적 깊이와 통찰력에서 보편적인 공명을 얻을 때 저절로 생기는 것이 아닌가? 율곡의 논리 위에서 철학을 한다고 하여도 그런 철학하기는 주어진 도식과 설계도에 맞춘 인위적인 구축에 지나지 않은 가공품 아닌가? 열암의 언명이 사명 의식에 너무 경도된 것은 아닌가? 창조의 철학은 논리적으로 불가능하다는 생각이 더욱 일어났다. 창조적 한국 철학은 결국 자연스럽게 무의식적인 한국 문화의 토양에서 무위적으로 꽃이 탐스럽게 필 때 명명할 수 있는 것이 아닌가?

그래서 나는 한국 문화의 무의식적 토양을 인식하기 위하여 의식의 철학에서 다시 무의식의 철학으로 내려가기로 마음먹었다. 나는 유학 시절에 눈여겨보았던 구조주의 사상을 공부하기 시작했다. 난해하기도 하고 순수철학의 영역이 아닌 구조주의를 이해하는 데 제법 고통스런 시간이 걸렸다. 나는 무의식의 구조에는 자유의지가 큰 역할을 하지 못한다는 그런 필연의 물질 철학을 음미하기 시작했다.

그 즈음에 나는 이미 가톨릭적인 신비 철학에서 제법 멀어졌고, 또 가톨릭적인 신앙을 거의 의식하지도 않았다. 구조주의 인류학자인 레비스트로스Cl. Lévi-Strauss, 프로이트 계통의 정신분석학자인 라깡J. Lacan, 구조역사학자인 푸꼬M. Foucault, 그리고 역사적 이념가로서의 마르크시스트marxiste가 아니라 구조적인 인식이론가로서의 마르크시엥marxien인 알뛰쎄르L. Althusser 등을 공부했다. 구조주의 공부를 통하여 한국 문화의 심층을 탐구하려고 생각했다. 한국 문화의 구조를 인식하여 다시 한 번 열암이 말한 창조의 논리에 그와는 다르게 도전하려고 했다. 표피적인 의식의 현상보다 심층적인 무의식의 구조가 철학적으로 더 중요해졌다. 구조주의에 대하여 원론적인 수준에서 공부했으나 그것을 응용하기 위하여 한국 문화의 구조를 알려주는 인류학, 언어학, 고문서에 대한 선행 연구가 너무 부족하여 그 길을 포기했다. 그 길을 새로 개척하기에 인생은 너무 짧다. 말하자면 나는 열암이 하고자 했던 한국철학의 주체적 창조와 한국인의 역사 재창조를 포기하고 말았다. 그것은 불가능한 꿈이었다. 철학사상은 작위적인 지성의 논리와 의지의 노력으로 되지 않고 자연스럽게 토착 생물처럼 생기할 뿐이다.

한국철학 사상의 주체적인 창조가 헛된 정열이 아닐까 하는 생각과 함께 나의 철학적 사유는 늘 따라다니던 상반된 이율배반의 구조를 극복하는 문제에 더 뚜렷이 집중되곤 했다. 제일 먼저 제기된 문제의식인 향내적 구원과 향외적 구원의 초점 불일치, 그 불일치를 잇는 존재론적 신비주의와 현실 역사적 진리의 애매모호성과의 불합치, 그리고 본능과 지능을 합친 현실적 문제 해결의 객관적 철학과 직관적 영성주의 철학과의 괴리 문제, 그리고 베르크손이 남긴 '열린 도덕la morale ouverte'과 '닫힌 도덕la morale close', 그것과 의미상으로 연관되는 유학 사상 내부의 도학적 순수주의와 실학적 실용주의의 어긋남 등이 한 곳에 공부를 정착케 하지 못하고 끝없는 여정의 길을 가도록 만들었다.

나의 사유는 어느 한 쪽을 선택하지 못하고 거의 예외 없이 양쪽을 다 인정하는 이중성과 양가성의 철학 방식을 표명했다. 그래서 중년기에 나는 '~일 뿐만 아니라, 또한(~not only~, but also~)'이라는 표현법을 자주 썼다. 그 표현법은 초기부터 대두된 나의 이율배반적 문제의식을 푸는 방법을 발견했다는 것을 말하는 것은 아니지만, 적어도 대립적인 것의 두 극단을 모두 용인하는 어중간한 타협을 나타낸다. 이런 이중성의 어중간한 사유방식이 결과적으로 구조주의 공부와 함께 나의 오랜 철학 여행을 쉽게 해줄 수 있는 조그만 나의 집을 발견하도록 하는 역할을 했다.

구조주의에서 내가 배운 성과는 의식과 인간의 소멸이 진리의 터전이라는 것이다. 자의식과 인간의 주제는 그동안 늘 나의 철학 공부에 빠지지 않고 등장하던 주 메뉴였는데, 이제 구조주의적 사유의 터득으로 자의식과 인간의 강한 목소리가 초점이 맞지 않는 나의 철학적 문제의식의 해결에 방해가 된다는 것을 느끼기 시작했다. 즉, 자의식과 인간의 목소리가 사라짐으로써 대립적인 것으로 여겼던 모든 문제의식이 무의미하게 사라졌다는 것이다.

3
자의식과 인간의 소멸
– 구조주의에서 해체주의까지

그러기 위하여 나의 마지막(실질적으로 마지막인지 모르지만) 사유의 행정인 해체주의를 말해야 한다. 구조주의 철학에서 나는 데리다J. Derrida의 해체철학의 의미를 읽는 것을 배웠다. 데리다는 나의 후기 철학하기에서 매우 중요한 전환점을 암시한 사상가이다. 데리다가 불교의 연기법緣起法과 같은 이중적인 차연差延(la différance)의 진리를 설파하는 것을 보고, 이것이 내가 젊어서 대학생 때 공부한 적이 있었던 노장老莊과 원효元曉의 이해할 수 없는 이상한 언설을 해설하는 것이 아닌가 하는 생각이 전광석화처럼 떠올랐다. 그랬다! 오랜 세월과 거리를 뛰어넘어 데리다와 노장과 원효가 서로 통했다. 나는 어떤 철학적 구원을 느꼈다.

또한 데리다의 철학은 그동안 학교에서 강의 시간에 듣고 공부했으나 잘 체득할 수 없었던 하이데거의 난해한 사유를 해오할 수 있는 길을 암시하는 것이 아닌가 하고 직감했다. 역시 나의 생각이 맞은 것 같았다. 내가 도달한 해체철학은 모든 구성적 능위能爲의 이성 철학을 거부하는 무위無爲의 철학과 같았다. 이 무위 철학의 효시는 불가와 도가의 노장 철학이다. 인도의 나가르주나Nagarjuna와 아슈바고샤Aśvaghosha, 중국의 승찬僧璨, 혜능慧能, 현수賢首(法藏), 징관澄觀, 그리고 한국의 원효元曉, 서산西山 등의 고승高僧들과, 노자老子와 장자莊子 등이 해체철학의 옛 거봉들이다. 오늘날의 포스트모더니즘post-modernism과 비슷한 서양철학으로는 14세기의 에크하르트M. Eckhart와 17세기의 스피노자B. Spinoza, 그리고 20세기의 하이데거M. Heidegger와 데리다J. Derrida와 들뢰즈G. Deleuze와 바따이유G. Bataille 등이 있다.

단적으로 말해 내가 도달한 해체철학이란 집은 의식과 인간의 소멸, 그리고 양가성의 인정으로 집약된다. 그런 사유는 인간의 자연동형론physiomorphism을 띤다. 인간의 자연동형론은 구성주의적인 자연의 인간동형론anthropomorphism과 다른 길을 간다. 나는 이 해체철학을 무無와 공空을 닮으려는 사유라고 명명하고 싶다. 이 사유가 나의 지나간 모든 철학적 이율배반을 해체시키는 것 같은 안심安心의 집이라는 것을 간략히 말하련다.

나는 처음에 향내적 부드러운 정신의 행복과 한국인의 거친 역사적 불행을 극복할 수 있는 향외적인 한국철학의 창조라는 이율배반적 요구를 안고 철학하기를 시작했다. 나와 내 나라가 모두 행복하기를 기원하는 소박한 낭만주의가 철학하기의 동력이었다. 나의 후기 사유는 불교와 노장과 하이데거가 혼융한 삼위일체와 같다. 불교 유식학과 하이데거를 통하여 나는 내면의 성역이 따로 있는 것이 아니라 마음은 능연심能緣心으로서 바깥의 세상으로 향하는 욕망이라는 것을 익혔다. 하이데거가 말한 '현존재Dasein'가 곧 '세상에 존재함das In-der Welt-sein'과 같다는 분석의 의미를 불교의 마음의 견분見分과 그 견분의 그림인 상분相分의 관계로 해석되었다.

그렇다면 세상은 내가 고칠 수 있는 대상이 아니라 같은 '공동현존재Mitdasein'의 공동업共同業으로 살아가는 모든 이의 마음이 그리는 욕망의 표현인 셈이다. 마음의 공동업을 바꾸지 않으면 세상을 개혁한다는 것은 모두 헛농사를 짓는 것과 다르지 않다. 세상을 이념으로 혁명하겠다는 생각은 모두 어떤 이념적 정신으로 세상을 소유하겠다는 도덕주의 이상의 투사에 지나지 않는다. 그러나 세상은 수리할 수 있는 대상이 아니다. 그러므로 향내는 정신이고 향외는 역사 사회라는 이분법은 의미가 없다.

과거의 철학에서는 경제기술주의를 형이하적 현실적 실용주의로, 사회도덕주의를 형이상적 도덕정신주의라고 여겼다. 그러나 해체주의에서 보면 모두 소유주의의 철학일 뿐이다. 앞의 것은 세상을 과학기술적 편리의 개념으로 개발하고, 뒤의 것은 사회도덕적인 정의의 진리로 세상을 개조할 것을 역설하기 때문이다. 그렇게 세상을 기술로 개발하든 공동선의 도덕으로 개조하든 모두 인간 이성이 장악하겠다는 소유의 권력의지와 다르지 않다. 이것은 존재론적 사유가 아니다.

마르셀은 '존재l'être'와 '소유l'avoir'로 철학적 사유를 구분하고, 하이데거는 '존재론적ontologisch' 사유와 '존재자적ontisch' 철학으로 분류했다.

그런데 이 두 철학자의 철학하기는 통합할 수 있다. 존재는 존재론적 ontologisch 사유로 해체적이고, 소유는 존재자적ontisch 철학으로 구성적이다. 해체론과 구성론 철학으로 나뉘게 하는 것은 무無와 공空의 이해다. 구성적 철학(인과론적 신학과 도학적 유학)은 무無와 공空을 허무의 대명사로 간주하여 존재를 이해하는 데에서 이것을 배제했다. 그러나 불가와 도가에서 무無와 공空은 유有나 존재와 양립할 수 없는 허무가 아니고, 하이데거가 밝힌 다함이 없는 무진장Unerschöpflichkeit의 상징이다. 그것은 장횡거張橫渠가 말한 태허기太虛氣와 비슷하다. 하이데거의 존재나 불교와 노장에서 말한 유有는 명사적이고 개념적인 존재자가 아니라, 무無의 근거에서 솟은 생멸적 현상이다.

무無는 인과론적 원인이 아니다. 인과론과 근거론은 다르다. 하이데거의 소론을 요약하면 전자는 'davon=therefrom'이고 후자는 'darin=therein'이다. '…에서부터' 제조되는 것과 '…안에서' 솟아나는 것은 다르다. 전자는 타동사적 운동이고, 후자는 자동사적 운동이다. 무진장한 허공에서부터 만물의 존재가 연생으로 생기고 사라지는 반면, 최고 존재자인 신神으로부터 만물의 존재가 창조(제조)된다. 이 제조된 존재도 사실상 존재자이다. 신이 주인이고 만물은 그 주인의 소유물이다. 주종主從의 관계다. 소유론적이다.

마음은 허공과 같은 무無로서 개념이나 손으로 잡을 수 없지만 우리는 그 마음이나 허공이 있다고 여긴다. 그것은 칠정七情과 만물 때문이다. 칠정七情은 마음의 본체인 무無의 현상적 유有다. 칠정은 여러 가지 인연으로 얽혀 발생한다. 허공도 무無지만 해와 달과 구름과 별빛과 기러기의 행렬을 통하여 그 허공이 있다고 여긴다. 만물도 허공에서 인연의 얽힘으로써 생기한다. 이것은 불교의 화엄 사상과 연관된다. 이런 얽힘의 생기를 하이데거는 번역하기 힘든 용어인 'Ereignis(무無의 본성이 일어나는 것으로서의 성기性起, 생기生起로서의 존재, 이기상理氣相의 존재사건 등)'라고 불렀다.

존재의 신비와 차연差延(Unter-Schied=différance)으로서의 존재 양식은 별개의 것이 아니다. 나가르주나는 공空이라는 신비와 현상적인 존재의 연기법은 별개의 것이 아니라고 언명했다. 연기법은 해체주의에서는 하이데거와 데리다가 말하는 차연差延으로 옮길 수 있다. 차연差延의 존재 방식은 노자가 말한 배메기와 같은 '병작竝作'이기에 메를로뽕띠의 '교차배어법적 얽힘 장식l'entrelacs chiasmatique'이란 애매모호성과 같다. 그래서 이 현상학자는 해체주의의 철학에서 다시 음미된다.

존재의 신비와 존재의 애매모호성도 이율배반적이 아니다. 존재Sein가 무無의 현시가 아니라면 그 존재는 필연적으로 실재적이고 실체적인 존재자Seiendes의 개념으로 미끄러지고, 존재자의 형이상학은 더 위계가 높은 존재자의 소유론적 정당성을 불러온다. 소유론적 개념은 명사적 실체 논리로 가능하나, 연기법적인 차연의 존재 방식은 이중적인 것이 혼용되어 있거나 병작되어 있기에 명사적으로 개념화할 수 없다. 그래서 불교와 노장 사상에서는 '현玄'이나 '황홀恍惚'이라는 애매한 용어를 쓴다. 이 용어는 술에 취한 사람의 몽롱한 의식이 아니라 흑백으로 갈라지지 않는 이 세상의 현상적 사실의 반反개념적 존재 방식을 일컫는다.

4
무아無我의 집을 발견

해체철학은 경제적 실용 이익 (현실주의)과 도덕적 공동선(이상주의)의 이율배반을 극복한다. 순자적인 경영철학과 맹자적인 도덕철학의 이율배반뿐만 아니라, 베르크손적인 닫힌 도덕과 열린 도덕의 상반성도 넘어서게 한다. 칸트I. Kant는 창세기 신화를 해석하면서 금단의 열매를 먹은 사건을 인간에게 이기심과 지능이 생긴 단초로 본다. 그러한 신법의 위반이 비록 도덕적 불량을 불러왔으나 인간의 역사에서는 경제기술을 움트게 했다는 것이다. 칸트는 인간에게 경제기술과 도덕의 초점 불일치가 있음을 통찰했다. 경제기술은 이기심과 지능이 만들고, 사회도덕은 반反이기심과 도덕적 양심이 빚는다. 이 두 가지가 동서 철학사에서는 궁합이 맞지 않아 이율배반적 갈등을 빚어왔다.

그런데 이상주의적 사회도덕의 당위성이 별로 효과가 없다는 것을 밝힌 철학자가 16세기 동양의 무위적 유학자인 왕양명王陽明과 17세기 서양의 무위적 합리주의자인 스피노자이다. 그들에 의하면 마음은 도덕적으로 옳은 것을 따르는 것이 아니라 좋아하는 것을 좋아하는 기호嗜好라는 것이다. 그렇다. 마음은 좋아하는 것을 자발적으로 행하지 도덕적 이성이 옳다고 판단해서 그것을 즐겨 따르는 것이 아니다. 마음은 자연적 기호다.

이성(도구적 이성과 도덕적 이성)의 만듦을 진리로 여긴 것을 해체하는 무위 철학은 마음의 자연, 즉 무위적 자발성으로 다시 돌아올 것을 종용한다. 여기서 나는 다시 불교의 유식학과 노장의 무위 사상, 그리고 베르크손과 라깡과 하이데거의 사유에서 어떤 가르침을 받았다. 마음의 자연성은 본능과 본성이다. 동물은 본능과 본성이 일치한다. 그러나 인간에게는 본능과 본성이 같은 위상에 있으면서 다르다. 그래서 베르크손은 본능을 닫힌 직관, 직관을 열린 본능이라고 불렀다. 절묘한 명칭이다. 인간의 본능은 이익이 되는 것을 얻으려는 생존의 소유적 욕망이다. 칸트의 지적처럼 이것이 과학기술을 낳는다. 본능의 소유적 욕망은 본디 무위적인데, 인간에게 본능의 콘텐츠가 너무 취약해서 소기의 욕망을 달성하기가 어려우므로 베르크손이 갈파했듯이 유위적으로 지능의 힘을 빌린다. 다른 한편으로 베르크손이 말한 직관을 나는 본성이라고 옮긴다. 본성도 자연적 기호를 갖고 있다. 이익을 좋아한다. 본능이나 본성이나 모두 이익을 좋아한다.

하이데거의 철학과 라깡의 정신분석학도 궁극적으로는 '그것이 말한다(Es spricht./Ça parle.)'라는 사유로 귀결된다. 자아가 소멸되고 '그것Es/Ça'이 주어로 등장한다. 그러나 '그것'의 콘텐츠는 다르다. 하이데거의 것은 불교적인 법계의 존재론적 본성(여래성)을 말하는 것 같고, 라깡의 것은 무의식적인 본능의 소유론적 성욕을 뜻하는 것 같다. 그리고 이익의 좋음을 취하는 방식이 다르다. 본능은 타동사적으로 바깥에 있는 이익을 소유하므로 타인들과 배타적인 아수라의 투쟁을 벌일 수밖에 없고, 본성은 자동사적으로 자기 안의 좋음과 그 이익을 스스로 존재론적으로 분비하기에 넘쳐흐르는 이익을 남들에게 시여한다.

전자는 이기배타적利己排他的 이익의 사냥이고, 후자는 자리이타적自利利他的 이익의 현시이다. 맹자의 의리유학과 순자의 이익유학의 갈등이 본성의 이익을 보는 사유에서 만날 수 있다. 그리고 도덕적 도학의 당위론적 무상명령이 후퇴하면서 본성의 자발적이고 존재론적인 욕망이 그 자리를 대신한다. 존재론적 사유가 도덕론적 사유를 밀어낸다. 앞으로 철학 교육은 존재론적 사유가 경제기술적 사유와 사회도덕적 사유를 보충대리하는 방향으로 진행되지 않을까? 나는 가톨릭에서 불자가 되었다.

어떻게 존재론적 사유를 자득할 수 있을까? 불교를 제외한 다른 해체적 사유의 영역인 노장의 도가 사상이나 양명학의 양지현성良知現成 사상이나 서양의 해체적 사유(하이데거/데리다/스피노자)도 거기에 이르는 길을 말하지 않는다. 그 길은 바로 무아無我의 길이다. 무아의 길에 이르기 위해서는 먼저 본능의 소유적 욕망을 지워야 한다. 그래서 먼저 모든 소유의 무상함을 익히는 허무의 약이 등장한다. 소유의 집착이 괴로운 병을 낳는다는 것을 체득하는 허무적虛無的 무無의 세상 보기는 마음의 욕망을 소유에서 존재로 전회하는 계기를 이룬다.

그 다음 무無는 종용적從容的인 의미로 탈바꿈한다. '종용從容(das Sein-lassen)'은 만물의 생기를 그대로 여여하게 수용하고容, 또 여여하게 보내는從 '놓아둠Gelassenheit'이란 사유와 다르지 않다. 종용적 사유는 마음이 허공의 태허와 같은 본체를 닮을 때 일어난다. 허공과 허심은 함께 간다. 허심은 억지로 만들 수 없다. 그래서 불교는 만드는 것을 버리기 위한 수행으로 지관止觀과 염불念佛 등을 한다.

그러나 철학적으로 무념지념無念之念, 무상지상無想之想으로서의 수행을 증득하기란 쉽지 않다. 그래서 욕망을 소유적 욕망에서 존재론적 욕망으로 치환시키면 더욱 쉽게 본성이 말을 한다는 것이다. 즉, 도덕론처럼 이기적인 본능과 기약 없이 싸우는 것이 아니라, 불성佛性이나 신성神性이나 양명학의 양지良知를 닮으려는 욕망이 자아의 본능적 욕망을 밀어내는 동시에 본성인 '그것'이 스스로 말하게 하면 된다는 것이다. 라깡도 본능의 욕망을 '그것'이라고 불렀다. 그런데 왜 여기서 본능적 욕망이 강력한 자아의 범주로 분류되는가? 라깡의 본능도 불교적 업감業感(ça)과 비슷한데, 업감의 '그것'이 자꾸 언어활동에서 쌓아 두려는 집취執聚의 성향을 지니기에 나르시스적이고 공격적인 '나我'가 허상으로 등장한다는 것이다.

불성이나 신성이나 양지의 사유는 모두 무아無我의 발현이다. 특히 에크하르트가 무無와 공空의 신학을 이미 14세기에 전개했다. 무아無我의 사유는 모두 무선무악無善無惡의 원본이다. 지눌知訥이 이미 말했듯이 그런 무아의 존재론적 사유의 차원에서 저마다 타고난 재능은 모두 여래의 보광명지普光明智의 한 조각 구름과 같다. 그 재능을 이기적 소유론적 본능을 위해서 발양하는 것이 아니라 무아적 존재론적 본성을 위해서 직업정신calling spirit으로 꽃피운다면, 각자의 자리적自利的 성공을 이룰 뿐만 아니라 이타적利他的 복덕을 짓는 것이기도 하다. 그렇다면 자리적 본성이 좋아하는 청아한 '마음의 가난'을 이루면서 이타적으로 사회생활에서 적성에 따른 일하기와 물질적·경제적 복락well-being도 함께 얻을 수 있는 문명이 도래할 것이다.

무無의 존재론은 이기적(본능적) 경제기술주의가 자리적(본성적) 경제기술로 이행할 수 있게 하는 길을 찾을 것이다. '마음의 가난'과 '물질적 복락'이 양립할 수 있는 문명의 길, 이것이 21세기의 화두가 아니겠는가? 하이데거는 과학에서는 절차를 묻는 방법들Methoden이 귀중하나 철학적 사유에서는 오직 길들Wege만이 있을 뿐이라고 했다. 그는 그 길을 운동Be-wegung이란 뜻이 아니라 '마음의 길 닦기'라고 옮길 만한 'Bewëgung'이라 명명했다. 나는 그 길 닦기를 무아無我의 집으로 가는 '길 닦기'라고 해석하고 싶다. 그리고 그 무아無我의 집을 나는 '본성本性의 실용주의實用主義'라고 명명하고 싶다.

포스트모더니즘과 무無를 닮으려는 사유

1
가치론에서 사실론으로

인간은 세상을 행복하게 만들기 위하여 인간이 기획한 모든 종류의 도덕적·경제기술적 능위能爲의 철학이 세상과 인간을 결코 행복하게 하지 못한다는 것을 최근에야 알아차리기 시작했다. 그런 깨달음이 포스트모더니즘의 시대를 열었다. 그에 따라 철학적 사유는 이성적 가치론에서 영성적인 사실론으로, 인간 중심의 능위론에서 자연성의 무위론으로, 자의식의 소유론과 지배론에서 무아적인 존재론과 종용론從容論으로, 그리고 개념중심적인 존재자Seiendes의 형이상학에서 반개념적인 차연差延(différance=Unter-Schied)의 연기론緣起論으로 사유의 장소가 달라졌다.

차연Unter-Schied의 조어를 처음으로 만든 해체주의적 포스트모더니즘의 선구자인 20세기 독일의 하이데거Heidegger에게 어떤 세미나에 참석한 사람이 그의 철학이 칸트의 '코페르니쿠스적 전환'처럼 사유 방식의 변화인지 물었다. 그의 답변은 '사유 방식Denkart의 전환'이 아니고 '사유 장소Denkort의 전환'이라고 말했다. 대단히 의미심장한 답변이다. 하이데거의 답변은 그의 사유가 이성적 사유 안에서의 변화가 아니고, 이성적 사유와 다른 차원의 장소에서 수행되는 사유를 나타낸 것이다. 그러면 이제부터 저런 사유 장소의 변화를 뭉뚱그려 설명하기로 한다. 지면의 제약 때문이다.

사유 장소의 변화는 철학적 사유가 가치론에서 사실론으로 탈바꿈했다는 것을 뜻한다. 가치론은 휴머니즘(인간중심주의)과 분리되지 않는다. 인간이 가치를 매긴다. 보통 가치는 인간의 삶에서 귀중한 요인으로 여겨져서 그것의 부정은 결국 인생의 허무를 불러온다고 여긴다. 가치 있는 인생은 더 많은 의미를 향유한다. 그 가치는 정신적 가치일 수도 있고 물질적 가치일 수도 있다. 가치는 소유의 동기를 불러일으킨다. 가치는 내가 더 좋아하는 것을 정당화하는 의미다. 그래서 가치론은 자아론적이다. 자아론적인 것을 주관적인 것으로 여겨서 보편성이 없다고 여기면, 나는 내가 좋아하는 가치에 보편성을 부여하기 위하여 노력한다. 그 노력이 논리를 부른다.

후설Husserl은 주관적 심리주의를 극복하기 위하여 보편적 논리주의를 향한 현상학을 수립하려 했으나, 융Jung이 잘 통찰했듯이 모든 논리주의에는 이미 암암리에 심리적 기호의 성향이 숨어 있다. 그래서 융은 심리가 논리보다 필연적으로 앞선다고 보았다. 이 가치를 저 가치보다 더 선호하는 저변에는 주제화가 되지 않은 자아의 성향이 이미 작용한다. 자아의 색깔이 이미 세상을 그렇게 채색한다. 이것을 가치라고 부른다. 그래서 가치는 편파적partial이고 부분적partial일 수밖에 없다. 인간이 세상을 가치로 평가하는 것은 결국 자아가 인간이라는 보편성의 명분으로 세상을 편파심과 부분적 인식으로 재단하겠다는 욕망과 같다. 하이데거의 존재론이 한결같이 가치론과 도덕론에 대하여 침묵을 지키는 것은 그런 이유에서일 것이다. 가치론은 존재자적인 과거의 도덕 형이상학에서는 중요한 몫을 차지했다. 그러나 하이데거의 해체적 존재론에서 가치론은 배제된다. 하이데거의 존재론은 사실론의 다른 이름이기 때문이다.

사실론은 가치론의 해체에서 나타난다. 가치의 색깔로 세상을 보면 세상은 있는 그대로 보이지 않는다. 가치는 늘 '선善/악惡'과 '호好/오惡'

의 분별을 전제한다. 그러나 사실의 차원에서 선악과 호오는 분리되지 않는다. 이것은 해체주의 철학자인 20세기 프랑스의 데리다Derrida가 모든 현상을 파르마콘pharmakon이라 명명한 것과 통하는 발상이다. 파르마콘은 약과 독이 이원적으로 분리되지 않는 하나의 이중성과 같다는 뜻이다. 이미 불교와 도가에서 이런 파르마콘적인 사실의 이중성을 지적했다.

공자孔子의 가치론과 노자老子의 사실론의 차이를 간략히 지적하겠다. 공자는 『논어』에서 제자 자로子路에게 배움을 통한 가치의 구성이 중요함을 역설한다. 어진 것(仁)을 좋아하나 배우기를 좋아하지 않으면 어리석음(愚)이 되고, 알기(知)를 좋아하나 배우기를 싫어하면 잘난 척하기(蕩)가 되고, 신의(信)를 좋아하나 배우기 싫어하면 남을 해치는 짓(賊)이 되고, 곧기(直)를 좋아하나 배우기 싫어하면 남을 숨막히게 만들고(絞), 용기(勇)를 좋아하나 배우기 싫어하면 난폭해지고(亂), 굳세기(剛)를 좋아하나 배우기 싫어하면 광기(狂)로 흐른다. 이와 같이 공자는 이성적 배움의 과정을 통하여 선의 가치를 구성할 수 있다는 생각을 개진했다.

노자는 이와 전혀 다르게 말한다. 노자의 눈에 공자의 가치론은 사실을 사실대로 보지 못하게 하는 학문의 낭만주의와 다르지 않다. 노자는 어짊이 어리석음을, 앎은 잘난 척하기를, 신의는 남을 해치는 깡패 기질을, 곧기는 남을 숨막히게 하는 독선의 기질을, 용기는 난폭함을, 굳세기는 열광적인 행동을 반드시 자신의 그림자로서 지니기에 인간의 어떠한 의식적 노력과 이성적 배움으로도 극복할 수 없다고 말한다. 이것은 노자가 『도덕경』에서 선을 선이라고만 여김은 이미 불선이라고 언명한 까닭과 연관된다. 노자가 악이라는 개념을 쓰지 않고 불선이라고 한 이유가 있다. 악은 선과 대립되는 적대적 개념이나 불선은 선의 자기 그림자라는 뜻이기 때문이다.

데리다의 파르마콘처럼 약이 곧 독이듯이, 선은 불선의 독을 머금는 것이 세상의 실상이고 사실이다. 유가적인 효도와 충성과 정절의 가치는 약인 동시에 독이다. 그것이 약인 것은 온 세상이 다 안다. 그러나 그 약이 독이 되기에 그 가치는 사회생활에서 남들에게 보이기 위한 과시용으로 장식되고 위선을 띤다. 당위의 가치가 지배적일수록 그것은 사회적 위선을 낳는다.

중국 선불교의 3조인 승찬僧璨과 6조인 혜능慧能은 각각 가치가 인간의 마음을 지배하지 않아야 대도大道를 개오開悟한다고 말했다. 3조 승찬은 「신심명」에서 '지극한 도道는 어렵지 않으나 오직 간택을 꺼릴 뿐이어서 미워하고 좋아하는 것을 하지 않으면 만사가 통연해진다'라고 읊었다. 6조 혜능은 『단경』에서 '선도 악도 생각하지 말라'고 가르쳤다. 잠시라도 선악과 시비를 호오하는 마음을 일으키면, 그런 가치판단이 우리의 고요한 본마음을 잃게 하기 때문이다. 불교의 대선지식들은 선악을 시비처럼 분별하고 호오하면 그런 가치판단 때문에 세상의 사실을 제대로 보지 못한다고 가르쳤다.

선에 대한 순수한 마음의 사랑은 집착을 낳아서 순수성의 아집 속에 독선의 독이 무의식적으로 깃들게 하고, 악에 대한 미움으로 배타적 전투심이 발동한다. 악에 대한 증오심이 정당화되면서 그 마음은 악을 징벌하는 성전의 투사로 돌변한다. 그런 투사는 선을 옹호하는 악마의 마음에서 자유롭지 않다. 그래서 노자는 이 세상의 사실을 인식하는 도道를 화광동진和光同塵(빛과도 화친하고 먼지와도 동거함)이라고 불렀다. 빛이 먼지와 분리되어 존재하는 것이 아니고, 먼지 없이는 빛이 빛나지 않음을 암시한 말이다. 이미 송대의 여길보呂吉甫가 그러한 사실의 양가성을 적절히 지적한 바 있다. 순수성은 선의 상징이나 그 순수성의 도덕적 명분이 뭇 사람들을 잡는 독침이 된다는 것을 역사가 경험적으로 알려준다.

2
존재자적 실재에서 존재론적 차연差延으로

그러므로 사실성의 인식은 곧 이 세상의 모든 사실이 자기 동일적 자가성과 고유성 없이 그 내부가 이중으로 쪼개져 있다. 데리다가 말한 것처럼 '안으로 복잡한 현상implexe'에 근거한다. 이 말은 데리다가 시인 발레리Valéry에게 빌린 것이다. 선이 이미 불선의 그림자를 그 자체 안에 안고 있다는 노자의 생각은 데리다의 생각과 다르지 않다. 하이데거가 로고스를 모음Sammlung과 벌어짐Riß이라고 이중화한 것은 데리다의 '안으로 복잡한 현상'을 다르게 한 말이다. 이것은 원효元曉대사가 늘 반복하듯이 읊은 불법의 융이이불일融二而不一(둘을 융화하되 하나로 만들지 않음)의 이중성을 가리키는 것이기도 하다. 이것이 다 이 세상의 현상적 사실이고 실상이라는 것이다. 이런 사실론에는 택일의 가치판단이 들어가지 않는다.

데리다는 존재신학onto-théologie의 말중심주의logocentrisme를 비판했다. 말은 '시/비', '선/악'을 마치 '긍정문/부정문'처럼 선명히 갈라 하나를 돋보이게 하는 논리와 밀접히 연관되어 있다. 말은 옳든지 그르든지 둘 가운데 하나다. 그러나 세상의 실상은 그렇게 선명한 흑백으로 구분되지 않고 애매모호하게 뒤섞여 있다는 것이 포스트모더니즘의 시각이다. 메를로뽕띠Merleau-Ponty가 애매성의 현상학을 초기의 『지각의 현상학』에서 펼칠 때, 그는 이미 현상학을 넘어서 해체적 사유로 갈 준비를 자신도 모르는 사이에 했다. 그래서 그의 후기 유작인 『보이는 것과 안 보이는 것』은 의식의 현상학이 아니라 존재론적 해체학을 담고 있다.

세상의 사실이 자기동일성을 지니지 않기에 하이데거와 데리다가 모두 그토록 동일적인 것(das Gleiche=l'identique=the identical)과 같은 것(das Selbe=le même=the same)이 다름을 강조한 것이다. 전자는 자기동일성의 고집을 말하나, 후자는 다른 것(das Andere=l'autre=the other)이 있기에 성립하는 이름에 지나지 않음을 가리킨다. 다른 것이 없으면 같은 것도 명명할 수 없다. 마치 노자가 선은 내적으로 불선의 타자라고 부르는 것과 같다. 장자莊子나 원효가 말한 동이론同異論에는 이미 하이데거와 데리다가 말한 사유가 들어 있다. 그러므로 해체주의 철학은 포스트모더니즘 시대에 비로소 등장한 것이 아니라, 동양의 도불道佛사상과 서양의 소크라테스 이전의 자연철학자들 같은 인류의 새벽에 이미 등장했다.

해체주의는 구성주의와, 영성은 이성과, 자연주의는 인간주의와 대비되는 용어이다. 마찬가지로 데리다는 택일적 말중심주의와 대비하여 자기의 사유를 문자학 또는 표지학이라는 뜻을 지닌 용어인 '그람마톨로지grammatologie'라고 한다. 나는 그 용어를 말논리에 대한 문자학(또는 표지학)이라고 옮긴다. 그 용어의 핵심은 '문자' 또는 '표지'라는 의미의 'écriture(불어)=writing(영어)=Schrift(독어)'이다. 보통 항간에서는 '글쓰기'라고 옮기는 것 같다. 그러나 그것은 글쓰기가 아니다. 영어로 'writing'

이라고 하기에 '글쓰기'라고 착각하는지 모르겠으나, 오히려 쓰여 있는 모든 것을 가리킨다. 그래야만 불어와 독어의 의미와 맞아 떨어진다. 문자라고 하나 그것은 글자letter라는 의미보다 훨씬 광범위해서 인간이 쓴 모든 기호나 부호 또는 표지 및 낙서 등을 모두 포함한다.

문자학(표지학), grammatologie를 글자학으로 축소하여 이해해서는 안 된다. 데리다가 문자나 문자학을 철학적 사유의 핵심으로 등장시키는 이유는 '동同/이異'를 한 쌍으로 사유하는 것을 지시하기 위해서다. 마치 도장이 양각과 음각의 이중성을 한 쌍으로 머금고, '고/저' '장/단'이 한 쌍의 대대법을 이루고 있듯이 만상이 그런 상반된 관계로 연관되어 있는 직물 짜기와 같은 교직성交織性(textualité)의 사실과 다르지 않음을 알리기 위하여 문자학(표지학)을 사용했다. 교직성의 사실은 택일의 가치와 함께 가지 않는다. 그런 교직성의 사실에서 보면 만상은 각각 같음과 다름이 서로 얽혀 있는 상호 의타기적依他起的인 존재 양식을 띤다.

하이데거가 존재자Seiendes와 존재Sein의 차이를 강조한 것은 그만한 이유가 있다. 존재가 실재론적인 명사가 되면 그것은 존재자로 이해된다. 하이데거가 말한 존재는 실재로서의 명사적 개념이 아니라 만물이 서로서로 의타기적으로 존재하는 방식을 일컫는다. 그래서 존재는 독립적인 실재로서의 명사적 실체가 아니라, 타자와의 차이의 관계에서 서로 동거하고 있는 상관성의 존재 방식이다. 이처럼 해체철학에서 불교의 연기법이 등장한다. 이것을 하이데거는 차연差延(Unter-Schied)이라고 불렀다. 데리다가 말한 차연différance은 하이데거의 용어에서 따온 것으로 보인다.

차연은 차이差異와 연기延期를 합성하여 만든 말이다. 말하자면 도덕적 선도 불선과의 차이와 연기의 합성적 뜻을 띤다. 즉, 선은 불선과 차이를 지니는 동시에 불선의 타자로서 불선의 흔적이 연기되어 새겨져서 그러한 불선의 입김 때문에 사람들이 선을 인식할 수 있다. 쉽게 말하자면 불선이 없으면 선이 성립하지 않고 그 역도 마찬가지다. 이것이 차연의 관계다. 그래서 차연의 관계는 명사적 개념으로 집약되지 않는다. 차연에는 이중적인 '동同/이異'가 한 쌍으로 동거하고 있기에 개념으로 의미가 집약되지 않는다. 그래서 차연은 반개념counter-concept에 해당한다. 모든 현상은 차이를 알려주는 기호적 이름에 지나지 않고, 그 이름은 이미 상관적 차연의 교직으로 짜여 있으므로 불교에서 말한 연기법緣起法이 하이데거가 말한 존재의 현상이다. 노자가 도道를 현대적 의미의 반개념에 해당하는 '현玄'이나 '황홀恍惚'이라고 부른 것은 세상을 취한 것처럼 몽롱하게 말하기 위해서가 아니라 이 세상의 사실이 연기법적인 의타기성이고, 그 의타기성은 흑백으로 결정되지 않는 애매모호성임을 알리기 위함이다.

하이데거가 설파한 존재와 존재자의 차이는 참으로 깊은 철학적 통찰이라고 하지 않을 수 없다. 존재와 존재자의 차이는 전자가 무無의 본체가 다양하게 의타기적인 존재 방식으로 현상화하는 것을 뜻한다면, 후자는 실재로서의 명사가 각각 자기동일성을 띠고 있는 어떤 실체로서 개별화하고 범주화하는 것을 말한다. 무無를 본체로 지니지 않는 존재는 존재자로 미끄러진다. 존재는 무無가 현상으로 자신의 본질을 현시하는 것Entbergen과 같고, 무無는 존재의 현상이 본체로 향하여 자신의 본질을 은적시키는 것Verbergen과 같다. 이것은 하이데거의 사상을 이해하는 핵심이다.

좀 어렵지만 간략히 쉽게 설명하겠다. 영성적 해체주의와 이성적 구성주의의 가장 큰 분기섬은 무無를 이해하는 것이다. 전자는 무無를 모든 존재의 본체나 본성으로 귀중히 여기지만, 후자는 무無를 존재와 양립할 수 없는 허무의 심연으로 본다. 하이데거에 의하면 전통적인 서양의 인간주의는 무無를 허무로 여겨 배제했다는 것이다. 그러나 해체주의적 사유에 의하면 무無와 공空은 허무이기는커녕 다함이 없는 무진장과 무고갈Unerschöpflichkeit의 기氣 자체다. 하이데거가 말한 무無는 장횡거張橫渠와 서화담徐花潭이 말한 태허기太虛氣와 비슷하다.

3
능위적 사유에서
무위적 사유로

무無는 종래 도덕 형이상학의 신神과 비슷하나 그것과는 다르다. 신은 모든 존재자를 창조한 원인이지만 무無는 모든 존재가 거기에서 생기하여 거기로 돌아가야 하는 근거다. 신은 타동사적으로 모든 존재자를 자기 밖으로 만든 초월적 원인이고, 존재자들은 그 원인의 결과다. 결과는 다시 그 원인으로 돌아가지 않는다. 그러나 근거는 원인과 달리 자기 안에서 자동사적으로 현상이 생기고 또 사라진다. 바다에서 비구름이 자동사적으로 생기하고, 비구름은 다시 비가 되어 바다로 돌아간다. 바다와 비는 돌고 도는 순환의 관계다. 비구름이나 파도를 만물의 존재로 보고 바다를 만물의 근거라고 은유적으로 읽어도 된다.

무無는 허무가 아니라 모든 존재를 증여하고 보시하는 무한한 태허기와 같다. 바다가 스스로 파도와 비구름을 일으키듯이 무無는 스스로 무진장하게 자신을 증여하고 현시하기를 원한다. 그래서 하이데거는 존재를 '그것이 준다(Es gibt)'라고 언표했다. 존재는 무無가 자신을 햇빛처럼 아낌없이 주는 무상 활동의 현상이다. 프랑스의 20세기 해체적 사상가인 바따이유Bataille가 그런 무無의 활동을 '태양의 활동l'activité solaire', '하천의 범람la crue', '비경제적 활동l'action anéconomique'이라고 부른 이유가 여기에 있다. 무無와 존재가 근거와 근거 안의 현상들처럼 존재론적으로 서로 회통하는 '일즉다一卽多'와 같은 범신론적 관련성을 띤다면, 신의 원인과 존재자란 결과의 관계는 존재론적으로 서로 회통하지 않는 '일여다一與多'의 유일신론적 성격을 띤다. 그리고 그 신도 하이데거에 의하면 최고로 완전한 존재자일 뿐이다.

해체적 신학자인 14세기 독일의 에크하르트Eckhart가 신을 무無와 공空으로 읽은 것은 우연이 아니다. 무無가 근거가 되어야 모든 존재가 자력으로 존재하는 어떤 것Etwas으로 미끄러지지 않고, 의타기적으로 차연의 관계 속에서 일시적으로 인연을 받아 가탁하여 생겼다가 사라지고 또 사라졌다가 다시 생기는 자동사적 사건Ereignis의 왕래에 지나지 않게 된다. 존재는 그와 같이 오고 그와 같이 가는 현상적인 여래如來-여거如去일 뿐이다. 마치 그것은 마음의 본체가 무無인데 거기서 무수한 심리 현상들이 존재론적으로 생기는 것과 같다.

데리다는 파르마콘의 문자학적 이중성을 플라톤에게 빌린 코라khora의 허공과 다른 것이 아니라고 말했다. 즉, 이중성을 띤 파르마콘의 이중긍정이 이원론의 실체를 가리키는 것이 아니므로 그것은 모두 의타기적인 상관성에 지나지 않는다. 그래서 우리는 데리다가 이중긍정은 이원성의 부정이므로 파르마콘의 이중긍정은 또한 코라의 이중부정과 같은 것을 다르게 말한 것이라고 한 것을 기억해야 한다. 이중부정은 서로가 서로의 흔적으로서 존재하던 것에 지나지 않던 것이 사라진 것이므로 파르마콘이 허공의 무無인 코라로 되돌아가는 것이 된다. 나는 너의 흔적이고 너는 나의 흔적이므로 흔적은 존재론적으로 가유假有이고 환유幻有다. 그래서 데리다의 반존재론은 하이데거의 존재론과 매우 닮았다.

가치론이 존재자의 형이상학과 직결되듯이 이것은 진리와 비진리를 나누어서 진리의 소유를 지상의 철학적 인식으로 여기게끔 한다. 존재자적ontisch인 형이상학적 창조론이 존재와 무無를 준별하여 후자를 배척하듯이 진리를 옹호하면서 비진리를 배척하기 때문이다. 의식은 진리를 찾는 성스러운 작업으로 점철되어야 하면서 비진리를 가리는 일도 함께 해야 한다. 그래서 자아의 의식은 진리라는 것에 대한 애정인 법집法執과 함께 일어난다. 진리의 소유 의식은 법집의 자의식을 낳고, 그 자의식은 진리를 소유하고 있다는 아집我執을 잉태한다.

하이데거의 후기 존재론에서 진리Wahrheit는 무無의 나타남인 존재의 현시를 가리키고, 비진리Unwahrheit는 존재의 현상이 무無의 본체로 회귀하는 존재의 은적을 의미하는데, 이를 예사로 보아서는 안 된다. 그 말은 오류와 허위로서의 비진리가 이 세상의 사실로서 존재하지 않는다는 것을 말한다. 단지 존재론적ontologisch(사실론적)으로 이 세상에는 존재로 현시Anwesen함인 진리와 무無의 은적Abwesen함인 비진리가 있을 뿐이다. 비진리는 오류나 허위가 아니다. 모든 진리는 존재론적 차연으로서 의타기적으로 서로 인연을 받아 생기한 임시적 가유假有나 덧없는 환유幻有에 지나지 않는다. 비진리는 그 진리의 본질(본체)이 공空이나 무無임을 설파한다는 의미다.

그러면 왜 하이데거는 무無나 공空을 비진리라고 불렀을까? 무無나 공空은 언어로 언표할 수 없는 부정의 영역이기에 비진리라고 부정적으로 표시한 것 같다. 그런 존재론에 미흡한 것이 곧 방황으로서의 미망 Irre이다. 미망은 인식론적인 오류Irrtum가 아니다. 그것은 존재자적인 집착의 다른 이름이다. 집착은 의식의 소유다. 그래서 조선시대의 서산 西山대사는 『선가귀감』에서 "중생심을 버리려 하지 말고, 다만 스스로 자성을 더럽히지 말라. 정법을 구하는 것이 또한 삿됨이다"라고 했다. 진리를 구하는 것이나 거짓을 버리는 것이나 모두 소유론적 의식이라는 생각이다. 이 말은 승찬대사의 말과도 통한다. "집착하면 법도를 잃고 반드시 삿된 길로 들어가고, 놓아버리면 자연히 본래로 되어 본체는 가거나 머무름이 없다."

그러면 도덕학이 불필요하다는 것인가? 그렇지 않다. 나는 불교와 노장사상, 서양의 해체주의 사상은 도덕의식의 능위성이 지닌 실효성을 의심한 것이라고 생각한다. 노자가 이런 말을 했다. "선인은 불선인의 스승이고, 불선인은 선인의 자산이다(善人者不善人之師 不善人者善人之資). 그 스승을 귀하게 여기지 않고, 그 자산을 아깝게 여기지 않는다. 비록 지자智者라도 이것을 몰라 크게 미혹된다. 이것을 일컬어 요묘要妙라 한다." 선인이 불선인의 스승인 것은 분명한데, 왜 노자는 불선인이 선인의 자산이라고 말했을까?

불선인이 없으면 선인은 생기지 않는다. 선과 불선의 관계는 상관적 대대법의 차연 관계이다. 선은 불선의 스승이 되고, 불선은 선을 낳는 밑천이 된다. 그래서 이 세상의 불선을 송두리째 절멸시키겠다는 생각은 선의 계기마저 사라지게 할 뿐만 아니라, 선을 불선으로 치환시킨다. 불선은 선의 그림자와 같은 선의 다른 모습인데, 불선을 철두철미하게 제거하겠다는 선의지의 결의는 이미 독성을 진하게 내뿜기 때문이다. 마음이 고요하면 마음은 세상의 선악을 버린다. 존재론적 사유는 고요의 힘을 되찾는 사유다.

포스트모더니즘은 능위적 사고를 붙들고 있는 만듦의 철학—그것이 도덕적 형이상학이든 경제기술적 형이하학이든—이 인간 세상에 병을 만든다고 여긴다. 그런 만듦의 철학은 인간 세상에 시비와 선악의 가치판단을 도입시켜 서로 다투게 하는 마음의 병을 심기 때문이다. 그래서 하이데거는 존재론적 사유가 종용從容(das Seinlassen)의 사유라고 언명했다. 만상을 보내고(從) 마중하는(容) 종용의 사유는 허심하여 만상을 있는 그대로 비추는 깨끗한 거울과 같아 애써 마음 쓰지 않는다. 장자는 이런 종용의 사유를 재유在宥의 사유라고 불렀다. 재유의 사유는 존재의 등장과 퇴장을 밤낮이 바뀌는 것처럼 여겨서 무위법으로 우주의 놀이에 마음이 무애하게 소요하는 것을 뜻한다. 그래서 하이데거는 존재론적 사유를 '거울-놀이Spiegel-Spiel'라고 술회했다.

맑은 거울은 적멸의 고요한 마음에 비유된다. 그 고요한 맑은 거울 위에 세상의 현상이 나타나고 사라진다. 그 거울 위에 비친 세상의 사실들은 고요한 마음이 자연스럽게 나타내 보여주는 '존재의 말'이고 '존재의 부름'이며, '존재의 증여'이고 '존재의 노래'이며 '존재의 시'이다. 마음의 고요가 나타내는 존재의 말에는 인간으로 하여금 이 세상에 스스로를 결박케 하는 구속이 없다. 그 고요의 힘은 놀이하는 아이처럼 천진무구하고 세상을 심판하지 않는다. 과거의 철학은 이런 무위법을 출세간적이기에 세상살이를 가치 있게 하는 데 쓸모가 없다고 여겼다. 이제 포스트모던 시대에 우리는 생각의 틀을 바꾸어야 한다. 세상을 의미 있게 만들려 하지 말라. 인간이 존재론적 사유를 통하여 무無가 현시하는 자성만 잃지 않으면 세상은 이미 구원되어 있다는 것이다. 세상을 구제하겠다는 오만한 생각에 집착하지 말고 그런 생각만 놓으면 세상은 이미 좋은 것으로 드러난다. 이제 인간은 이러한 무위법을 세간법으로 익힐 때가 왔다.

포스트모더니즘과 노장사상과 불교는 하버마스Habermas가 말한 해방적 이성의 철학을 받아들이지 않는다. 승찬대사의 말이다. "한 마음이 나지 않으면 만법에 허물이 없다. 허물이 없으면 법도 없고, 나지 않으면 마음이랄 것도 없다(一心不生 萬法無咎. 無咎無法 不生不心)."

한국철학을 위한 자유평론

1
대상학인 과학과
사유학인 철학

과학은 어떤 일정한 연구 대상을 갖는 데 비하여 철학은 전혀 그런 것이 없다. 이것이 철학과 과학의 큰 차이점일 것이다. 모든 과학(인문 사회와 자연과학)의 명칭은 자신의 고유한 연구 대상의 영역을 지시하는 데 오직 철학만이 그런 표시가 없다. 동양어에서든 서양어에서든 이것은 마찬가지다. 이런 외형적인 특성은 피상적인 차원에서가 아니라 과학과 철학의 서로 다른 근본적 본질을 말하는 셈이다. 그 까닭은 과학이 대상을 연구하는 학문임에 반하여 철학은 사유하는 학문임을 암시하기 때문이다. 그러나 과학과 철학의 차이점을 그렇게 단순한 흑백논리로 대비해서는 안 된다. 말하자면 과학은 사유하지 않는 대상학이고, 오직 철학만이 대상이 없는 사유학이라고 여겨서는 안 된다는 것이다.

하기야 이미 마르틴 하이데거M.Heidegger가 '과학은 사유하지 않는다 (Die Wissenschaft denkt nicht).'고 언급했다. 그 말뜻은 과학이 생각하지 않는다는 것을 의미하는 것은 아니다. 생각하지 않는 과학은 애당초 성립할 수 없다. 따라서 하이데거의 말은 그런 상식적 수준에서 이해하면 안 되고, 과학의 본질을 지적한 철학적 입언으로 이해해야 한다. 과학은 이 세상의 존재를 존재론적으로 사유하지 않고 모든 것을 대상으로만 취급하여 존재를 지우는 일을 한다는 것을 언급한 것이 하이데거의 저 언표이다. 그러나 우리의 주장은 하이데거의 입언과 같은 수준으로 이해해서는 안 된다. 우리의 것은 좀 더 소박한 주장에 가깝다. 과학이 대상학이라는 것은 자기 전공 분야의 대상에 대한 지식을 객관적으로 연구 조사하는 학문임을 뜻한다.

그런데 그런 객관적 조사 연구에 의한 결론이 대상의 이해에 대하여 대단히 표피적이고 현상적인 자료 조사의 확인 이상도 이하도 아니라는 것에서 오는 지적인 허전함을 느낄 때, 사람들은 과학의 철학적 깊이를 요구한다. 말하자면 과학이 단순한 자료의 정리나 자료 조사의 객관적 현상을 확인하는 정도로 지성이 만족할 수 없을 때에는 과학의 사유를 반성하고 숙고한다. 이때 대상학으로서의 과학은 철학적 요구를 갈망한다. 철학적 요구란 곧 사유의 깊이를 요청하는 것이다.

철학은 과학과 같은 대상학이 아니고 사유학이다. 사유가 사유를 대상으로 하는 경우가 있다. 논리학이 그러하다. 특히 수리논리학은 수학과 함께 인지과학으로 독립해야 타당할 것이다. 그러나 철학적 사유는 사유를 대상으로 하지 않는다. 철학적 사유는 사유하는 자의 주체적인 수준과 세상을 보는 눈높이와 분리하여 존립하는 것이 아니기 때문에, 철학자는 자신의 사유로써 사유할 뿐이다. 그러므로 철학에서는 사유하는 주체가 사유하는 깊이와 높이와 너비가 문제된다.

이런 것을 객관성이 없는 주관적 사유라고 말해서는 안 된다. 철학적 사유에서 '객관적'인 것과 '주관적'인 것의 대조는 아무런 중요성도 없다. 철학적 사유가 객관적이 아니듯이, 그것은 또한 주관적인 것도 아니다. 철학적 사유에서 대상으로 독립할 수 있는 것은 과학으로 분리되어 이탈했다. 현재의 모든 과학들이 옛날에는 철학의 우산 아래에 있었다. 과학들이 분가해 나가니까 철학의 영역이 좁아져서 지금처럼 철학의 위기를 만난 것이 아니냐고 여길 수 있다. 철학이 과학이 이룩한 연구 조사의 성과 앞에서 열등의식을 느낀다면 철학은 영양실조로 자연히 죽는다. 그러나 철학이 대상학이 아니라 사유학이라는 자각이 뚜렷하다면 과학과 다른 길을 가면서 대상적 과학과 다른 사유의 세계를 펼친다.

그러면 철학의 각 분야라고 여겨 온 형이상학, 인식론, 자연학, 언어철학 등은 대상의 영역이 아닌가 하는 의문이 일어날 수 있다. 그렇지 않다. 그것들은 철학의 대상을 말한 것이 아니라 다만 철학적 사유의 특성을 분류한 것에 지나지 않다. 말하자면 형이상학적 사유, 인식론적 사유, 그리고 자연학적 사유, 언어철학적 사유 등이 있을 뿐이지 그것들이 철학의 연구 조사 대상을 지칭한 것은 아니다.

언어철학은 정치철학과 같은 대상적 객관 학문이 아닌가 하고 추정할 수 있다. 언어학과 정치학은 언어와 정치를 대상화하여 객관적으로 그 영역을 조사 연구하여 어떤 지식을 정리하지만, 언어철학과 정치철학은 언어와 정치에 대한 철학적 사유 자체를 문제시한다. 이를 테면 과학으로서의 언어학과 정치학은 언어와 정치가 현상적으로 그리고 경험적으로 무엇인가를 규명하기 위하여 분과하여 연구 조사하지만, 철학은 언어와 정치가 인간의 사유에 어떻게 투입되어 있고, 또 인간의 사유가 언어나 정치를 통하여 어떻게 자신을 투사하고 있는지를 사유한다. 그러므로 과학으로서의 언어학과 정치학은 언어와 정치 세계의 제반 현상을 분석의 대상으로 삼지만, 철학은 그런 언어와 정치의 제반 현상을 연구 조사의 대상으로 여기지 않는다. 오히려 언어활동과 사유의 관계와 정치권력과 사유의 연관성을 사유한다고 볼 수 있다.

따라서 철학에 무슨 연구 조사 대상이 있는 것처럼 전공 이름으로 세분하는 것은 철학의 본질과는 별로 상관없다. 오히려 그런 분류는 비철학적이다. 가령 대학에서 형이상학 전공, 인식론 전공, 유학 전공, 노장철학 전공, 불교철학 전공, 근세철학 전공, 중세철학 전공, 사회철학 전공, 언어철학 전공 등을 교과과정에 열거할 할 수 있고, 그런 전공과 목의 학자들을 선별할 수 있다. 그러나 그런 분류는 어디까지나 현실적으로 철학적 사유에 다양하게 접근하고 용이하게 하기 위한 편법이지, 결코 철학을 칸막이로 나눌 수 있다는 것이 아니다.

과학의 전공 분류도 그런 편법에 지나지 않는다고 항의할 수 있다. 그러나 과학의 전공 분류는 과학이 지식으로서 더 세분화하고 더 정밀화하고 더 확실화하기 위한 방법으로써 권장할 만하다고 본다. 같은 과학 안에서도 서로 전공의 벽이 달라서 대화는커녕 이해도 못하는 그런 사태가 생겨도 그것은 어쩔 수 없는 과학적 정밀성의 대가로서, 자랑할 만한 것은 아니지만 그렇다고 결코 수치스런 것도 아닌 대상적 지식의 전문화 때문이라고 여긴다. 요컨대 과학은 전문학이다.

그러나 철학은 전문학의 요청과는 반대의 길을 간다. 물론 철학이 과학의 모든 분야를 다 포괄하기 때문에 전문화를 반대한다는 것이 아니다. 그런 일은 일어날 수도 없고 앞으로도 불가능할 것이다. 포괄적인 과학으로서의 철학은 현실적으로 불가능하기 때문이다. 철학이 모든 과학의 과학이라는 정의는 허구적이다. 그런 정의는 옛날처럼 철학 안에 모든 과학이 다 포함되어 있을 때의 일이다. 그러나 지금은 모든 과학이 다 분과되어 나갔고, 또 앞으로도 논리학 같은 학문은 인지과학의 한 분야로 독립할 것이다.

현재는 과학과 기술의 권위가 지배하는 시대이기 때문에 그런 포괄적인 학문으로서의 철학은 이제 존재하지 않는다. 그래서 철학 안에서도 스스로 이미 철학의 종말을 말하는 이들이 많다. 그런 선언이 결코 엽기적인 일은 아니다. 철학이 전공을 합법적으로 따지는 과학의 길을 추종하는 한 철학은 이제 그 사명이 끝났다고 봐도 지나치지 않다. '철학의 종말'을 말하는 하이데거 같은 철학자는 철학이 과학과 기술학의 근거처럼 여기던 과거의 권위가 과학과 기술에 의하여 내팽개쳐졌기 때문에 그런 철학은 이제 죽어야 마땅하고, 지금부터는 다른 철학으로서의 사유가 새로 출범해야 한다는 취지를 밝힌다. 이와 함께 철학이 이제부터 그동안 대학의 편의적 아카데미가 추종해온 방식처럼 전공과목으로 나열하는 방식을 버리고 사유의 근본으로 되돌아가야 한다고 주장한다.

사실상 철학적인 기존의 지식은 과학적인 지식의 유용성과 참신성에 밀려 이미 지식으로서의 기능을 중지 당했다. 과학의 영역에서는 일 년이 멀다 하고 지식의 경신이 이루어져서 일 년 전의 것은 이미 지식이 아닌 유물로 취급당하는데, 유독 철학에서는 옛날 것이 조금도 변치 않고 그 학설들을 지식으로 가르치니 과학과 경쟁이 되지 않는다. 지식의 본질은 현실의 삶을 편리하게 하는 데 기여하고, 효용성을 증대시키는 데 있다. 컴퓨터가 그 대표적인 사례다. 아무리 인간이 컴퓨터의 문제점을 지적하여도 그것이 현실적으로 제공하는 편리성과 일처리의 효율성 앞에서 모든 반대 언설은 무너진다. 지식의 효율과 편리함은 과학과 기술의 경제성이다. 이런 과학적 지식의 경제성 앞에서 재래의 철학적 지식은 바람 앞의 등불처럼 초라한 신세를 면치 못한다. 인간은 앞으로 더욱더 과학과 기술의 경제성을 맹렬히 찾을 것이다.

이런 시대 상황 속에서 철학은 무엇을 해야 하는가? 철학이 과학기술의 인식론적 근거라고 주장하더라도 그런 주장은 이불 속에서 만세 부르는 꼴밖에 안 된다. 또 그런 주장을 계속 밀고 나갈 경우, 철학은 과학기술 같은 경제적 효율성도 없고, 지식으로서의 참신성도 없으므로 자연히 철학을 공부하려고 하는 지망자가 대폭 줄든지 거의 없는 지경에 이를 것이다. 그럴 경우 대학의 직업적 철학 교수의 자리가 위협을 받는다. 대학에서 철학 강좌 수가 크게 줄었다는 최근의 실태는 시장 논리에 밀린 철학의 형세를 반영한다. 그래서 철학 강의의 대중적 인기를 만회하기 위하여 별의별 아이디어를 다 짜낸다. 잘 팔리는 상품이 되기 위하여 흥미 본위의 제목을 붙이고, 내용도 흥미로운 일화를 많이 집어넣어 학생들을 웃기게 해야 한다고 한다.

철학 교과목에 여러 가지 전공의 명칭이 나열되어 있는 것은 본질의 차원이 아니라 편의의 문제다. 즉, 그런 교과목들의 다양성이 전공의 칸막이를 정당화하는 것이라면 그런 나열은 철학적 사유에 방해를 일으키는 역기능을 불러온다. 하지만 그것들이 철학적 사유에 접근하기 위한 임시적 방편이라고 보면 타당한 근거를 지닌다고 말할 수 있다. 철학적 사유는 막연히 백지의 상태에서 출발하는 것이 아니라 어떤 주어진 성향을 자각하는 것에서 시작하기 때문이다. 그러므로 각 과목들은 각자에게 철학적 사색에 재미를 느끼도록 하는 한시적 통로의 뜻을 지닐 뿐이다.

자기에게 주어진 성향의 기질에서부터 철학적 사유가 발동하므로 각 과목들은 그런 다양한 성향의 계발을 보조하는 의미를 갖는다. 그러므로 철학적 사유는 철학을 하려는 이들 각자의 성향으로 접근하는 길을 다양하게 선택하도록 할 수 있으나, 그것이 각자의 영역을 소유하는 닫힌 봉토가 되어서는 안 된다. 각자가 자기 전공 영역의 소유의식에 젖어 거기에 닫힌 봉토의 철책을 구축하는 경우, 철학은 이미 사유가 아니라 대상을 관념적으로 소유하려는 사이비 대상학의 입장으로 전락하고 만다. 과학은 정당한 대상학이지만 철학은 소유하려는 대상이 없는 사유학이다. 대상적 과학의 요구는 지식을 요구하는 것이다. 그러면 사유의 학인 철학은 무엇을 요구하는 사유인가? 이 물음은 잠시 유보하자.

철학이 소생하려면 다시 사유의 학문으로 되돌아와야 한다. 철학은 과학이 아니다. 또 그것을 모방해서도 안 된다. 철학은 자신의 본디 길을 다시 가야 한다. 지식은 과학으로 충분하다. 가령 자유의 본질이 무엇이고, 무엇이 평등의 참 의미인가를 사유한다고 가정하자. 또 고통은 무엇이고, 왜 인간은 고통으로 괴로워하는지, 거기서 어떻게 초탈할 수 있는지 물음을 제기했다고 가정하자. 이 세상에서 변치 않는 근원적 사실이 무엇이고, 그것을 우리가 어떻게 알 수 있는지? 이 세상을 우리가 새로 만들 수 있는지? 그래서 혁명할 수 있는지? 현실과 이상의 차이는 무엇이고, 그 차이를 어떻게 읽어야 하는지? 현실과 사실이 같은 것인지 다른 것인지? 역사의 현상들을 넘어서 역사의 본질이 있는지? 인간은 왜 과학기술을 만들면서 또 종교를 모색하는지? 이기심은 무엇이고, 또 왜 인간은 그토록 명분을 내세우면서 싸우는지? 대화의 당위적인 요구에도 불구하고 현실적으로 인간관계에서는 왜 그토록 대화가 어려운지? 이런 어려움은 언어활동과 어떤 본질적 관련성이 있는지? 이런 종류의 질문들은 어떤 과학적 지식으로도 충족되지 않는다. 또 과학은 그런 질문들을 사유하지도 않는다. 과학과 기술은 그런 질문들을 스스로 제기할 수 없으니까 그런 차원의 질문은 과학적으로 무의미하다고 일축한다.

그러나 인간은 과학에서 처리하지 못하는 비과학적인 물음들을 소멸시키지 못한다. 본디 인간은 그런 존재로 태어났다. 철학은 이제 그런 질문들을 사색하고 모색하는 사유를 해야 한다. 철학이 그런 사유를 안고 사유할 때 철학이 소생한다. 철학이 오늘날의 한국 문화처럼 가벼움의 홍수 속에서 인기를 끌려고 엽기적 행각을 일삼으면 스스로 불쌍한 처지로 추락한다. 철학적 사유는 가벼움이 홍수처럼 범람하면 어디에서도 숨 쉬지 못한다. 가벼움의 홍수는 돈 버는 일이 모든 관심의 주류가 되면서, 즉 돈이 성공의 척도로 인정되면서 그 성공을 더욱 빛나게 만드는 재치와 교양의 장식품 정도로 대접받는 그런 세상을 연상시킨다. 철학적 사유는 가벼움의 홍수 속에선 익사한다.

철학적 사유는 본질적으로 구도적求道的이다. 구도적인 영혼은 가벼움의 홍수 속에서 우울하다. 즐겁지 못하다. 존재의 가벼움은 철학적 사유의 무게와 같이 가지 않는다. 그렇다고 철학적 사유가 진지함이란 병에 걸렸다는 것은 아니다. 존재의 가벼움이 경망스러움이란 병을 부르므로 철학적 사유는 진지함을 가까이 하지만 그렇다고 거기에 집착하지는 않는다. 철학적 사유는 진지한 영혼의 요구에서 내 인생이 이렇게 취생몽사醉生夢死해서는 안되겠다는 구도적 자각에서 시작하지만, 진지함이 전부인 것처럼 절대화하는 경우에는 진지함의 노예가 되어서 우울증에 빠지고 말 것이기 때문이다.

2
'시대적이지도 조시대석이지도 않은' 사유와 한국철학

아무튼 앞에서와 같은 종류의 실문들이 한국철학과 무슨 상관이 있는가? 한국철학은 한국적이어야 할 텐데 이런 질문들은 도무지 한국적이지 않다. 그래서 한국철학이 가능한가라는 물음을 제기할 수 있다. '한국철학'이라는 명명에 두 가지 의미가 있을 수 있다. 하나는 한국인 철학자가 예컨대 위와 같은 질문에 대하여 깊은 지혜가 담긴 사유를 학문적으로 표명하여 철학사에 탁월한 족적을 남기는 경우다. 이 경우 그의 생전에 남들에게 인정받을 수도 있고, 아니면 사후에 크게 재평가되는 경우도 있을 수 있다. 한국이 그런 철학자를 자주 생산하면 그만큼 한국철학의 세계적 위상은 높아진다. 그러기 위하여 많은 세계인이 이해하는 영어나 불어, 독어 등으로 자기의 사유를 표현하는 것이 좋다. 한국어와 같은 지역어로는 큰 철학자가 나오더라도 세계적인 의미를 띠기가 현실적으로 어렵다.

그렇다고 한국어를 알지 못하면 한국적 철학자가 창조되지 않는다. 철학적 사유는 그 사유가 나오는 문화적·언어적 배경을 떠나서 특화될 수 없다. 여기서 특화라는 이상한 용어를 사용했다. 혈통으로는 한국인이지만 영어나 불어를 모국어로 하여 그 문화의 토양에서 사유를 키운 철학자가 출현할 수 있다. 그러나 그 경우 그는 분명 혈통으로는 한국인이라서 그의 사유가 한국적 사유가 아니라고 말하기는 어렵지만, 한국의 상황 속에서 줄곧 살아온 철학자의 사유와는 다른 면모를 띠고 있을 것이다. 이 경우 그의 사유는 매우 유동적일 수 있다. 철학의 보편화와 특화라는 이중 문제를 곧 뒤에서 숙고할 것이므로 잠시 유보하자.

또 다른 의미에서 '한국철학'의 개념이 있을 수 있다. 그것은 한국의 역사 속에서 등장한 기존 철학자들의 사유를 공부하는 일을 의미한다. 한국 역사 속 어떤 철학자의 철학을 사유하고 공부하는 것은 물론 정당하고 온당한 철학 공부의 한 방편일 수 있다. 그러나 이것은 앞의 언어철학의 예처럼 철학적 사유의 세계로 들어가는 하나의 임시적인 방편이지 철학적 사유의 본질을 대변하는 것은 아니다.

예컨대 미국의 한 초학자가 미국 역사 속 한 철학자의 철학을 공부할 수 있고, 그런 작업 자체는 전혀 문제될 수 없다. 그 초학자가 자신이 좋아하는 철학자가 밟았던 사유의 길을 마치 자기 자신의 구도求道의 길인 것처럼 그 길을 자기화하려고 정진한다고 가정하자. 그러나 그가 그 미국 철학자를 전공 지식의 영역으로 대상화하면, 그는 이미 철학적 사유를 포기하고 단지 그 철학자의 학설을 전공 수준으로 응고시키고 마는 것이다. 그가 선철先哲의 철학적 사유를 공부한다는 것은 그것을 자기화appropriation하겠다는 것을 뜻한다. 자기화한다는 것은 그 선철先哲을 자기의 바깥에 있는 배워야 할 대상으로 세워 두는 것이 아니라, 그를 가능한 한에서 자기 속에 소화시켜 자기의 사유가 바로 그의 사유와 다르지 않는 수준으로 일체화가 이루어진다는 것을 뜻한다. 그런 일체화가 이루어진 다음에 그는 그 선철이 되어서 다시 세상을 물어야 한다. 그 선철의 사유가 지금 내가 살고 있는 세상을 깨닫게 하는 데 부족함이 없는지? 부족하다면 어떤 점에서 그런지? 그가 소화하고 자기화한 선철의 사유가 지금 자기의 세상을 깨닫는 데 부족하다고 여기는 순간 그는 다시 다른 구도의 길을 떠난다. 이런 끊임없는 사유의 추구는 세상에 대한 물음을 끊이지 않고 제기하는 것과 함께 일어난다. 철학자는 그의 구도 정신이 만족할 때까지 끝없이 편력한다.

말하자면 한국철학은 한국의 철학자가 탐구하는 철학적 사유로 이해해야지, 지역적 대상의 영역에 대한 연구 조사의 의미로 제한하여 이해해서는 철학의 의미가 살아 숨 쉬지 못한다. 철학은 정해진 객관적 대상의 영역을 전공하는 과학이 아니라 도道를 탐구하는 구도적 사유의 여행과 분리되어 이해할 수 없기 때문이다. 기존의 어떤 한국철학자를 초학자나 초심자가 공부하는 방편으로 선택할 수는 있으나, 그것을 자기 전공의 대상으로 고착시키는 것은 철학적 사유의 본질이 아니다. 그러므로 한국철학은 한국에서 철학을 공부하는 이들의 철학적 사유의 수준으로 이해해야지, 한국이란 지역의 철학적 영역을 대상으로 절대화하는 폐쇄성으로 인지해서는 안 된다.

한국의 전통적인 철학 영역도 여전히 그 선철들의 철학적 수준과 사유의 깊이로 평가해야지, 대학 교수 자리를 겨냥한 전공 선택의 봉토를 확보하려는 특정 수단으로 간주해서는 안 된다. 변호사는 직업적으로 그가 변호해야 할 피고인을 옹호하기 마련이다. 그것이 그의 직업이다. 그러나 철학자는 그가 방편으로 선택한 선철을 변호사가 피고인을 옹호하는 것처럼 그렇게 무조건적으로 옹호하지 않는다. 그는 그 선철의 사유가 하이데거의 말처럼 '시대적인 것도 아니고 초시대적인 것도 아니라(weder zeitlich noch überzeitlich)'고 성찰한다.

무슨 말일까? 선철의 사유가 시대적인 것이 아니므로 그가 선철과 다른 시대에 삶에도 불구하고 그 선철의 사유를 공부한다. 또 그 선철의 사유가 초시대적인 것이 아니므로 후학들은 그 선철의 사유가 현재에서는 어떤 결핍을 안고 있는지를 숙고하고 성찰한다. 그러므로 선철의 사유를 공부한다는 것은 그것을 닮으려 하고, 그것을 자기화하려는 자득의 과정이다. 그러나 그 선철의 사유가 어떤 하나의 진리a certain truth를 보았으나 진리 자체the truth를 전체의 유기적 관점에서 본 것이 아님을 인식하고 다른 곳으로 구도의 길을 옮기는 열린 마음을 준비한다. 그래서 철학적 사유는 그가 먼저 선택한 선철을 우상처럼 변호하는 교조성을 결코 가까이 하지 않는다.

철학적 사유는 어떤 선철에 관한 지식을 소유하는 것이 아니다. 철학자는 철학적 사유를 구도의 정신으로 견지하고 있을 때에 가능하다. 구도자로서의 철학자는 어떤 전공에 대한 지식의 소유로 자신을 규정하지 않는다. 지식의 양적인 소유의지는 권력의 양적인 의지처럼 하나의 지배의지요, 권력의지요, 현실적인 자아의 안전판을 지키려는 생존적 사고에 기인한다. 말하자면 그것은 자아의 생존을 튼튼히 확보하기 위한 영지를 표지하는 말뚝 박기와 다를 바가 없다. 그래서 일반적인 전공 소유자인 철학 교수와 철학자는 다르다.

전공 지식 소유의 차원으로 철학하기를 업業으로 택한 이른바 조사 연구자들은 점차 어떤 위기를 맞을 수 있는 짙은 가능성에 직면해 있다. 그 위기는 그런 전공 지식을 선택하려는 학생들이 날로 줄어든다는 사실에서 기인한다. 철학적 지식은 지식으로서의 매력을 상실한 지 이미 오래고, 지식으로서 실용적 가치를 띠지 않기 때문에 시장성이 거의 없다. 시장성이 없는 지식은 지식 상품으로 대우받지 못한다. 그런 경우에 전공 칸막이로 안주하는 철학 연구는 결국 시장에서 축출 당하고, 과거의 유물로서만 회상하는 대상이 된다. 한국의 전공 철학 연구가 미구에 그런 처지를 당하게 될 것이다. 우리는 구도자로서의 철학자와 전공의 업業으로서의 연구사를 구분해야 한다.

철학을 구도求道의 학學으로 사유한다면, 그때 철학은 구도의 요구를 각자의 영혼에서 싹틔우고 있는 모든 이들에게 다가갈 것이다. 철학의 요구는 과학의 요구와 다른 지평에 서 있기 때문이다. 철학의 요구는 과학적 지식의 실용성 찾기라는 요구와 달라서 세상의 깊은 지혜를 학문적으로 갈구한다. 이것이 우리가 앞에서 유보했던 철학적 요구의 물음에 대한 대답이다. 그래서 적어도 직업적인 생존의 요구를 넘어서려는 구도자들이 있는 한 철학적 사유는 과학적 사고방식이 결코 만족시킬 수 없는 그런 차원을 대변한다. 세상의 삶이 자꾸 직업적인 생존투쟁과 그 성공을 기약하는 야박한 처지로 인간을 몰아붙일수록 다른 한편으로 그런 생존을 위한 쟁탈전이 싫어서 인생의 깊은 철리哲理를 학문적으로 사유하고자 하는 요구를 억누르기 힘들어진다. 그래서 철학적 사유는 전공 철학 연구의 업을 넘어서 인간의 생생한 정신적 구도求道의 요구로 대학에서 다시 제자리를 차지할 것이다. 그러면 철학적 구도자와 철학의 전공 연구자의 차이를 어떻게 구분할 것인가?

물론 구도적 사유자와 전공 연구자 사이에는 외형적인 차이가 있을 수 없다. 그러나 구태여 그 차이를 밝히자면 구도자는 마치 『화엄경』의 선재동자처럼 선지식善知識을 찾기 위하여 문수보살의 권유에 따라 발심하여 53분의 선지식을 차례로 여행하면서 법을 청하여 듣는 그런 편력의 여행을 마다하지 않는 마음을 가지고 있다. 말하자면 구도적 마음은 본질적으로 편력한다. 과학적 사유는 자기 전공의 대상적 진리를 연구 조사하는 일인 데 반하여 철학적 사유는 이 세상의 온전한 진리를 도道로서 터득하고자 하는 마음에서 일어나기 때문이다. 그 마음은 어떤 소유의 제한된 봉토에서 만족을 느끼면서 그 봉토의 주인 행세를 하는 것이 아니라 그의 존재가 바로 진리 자체와 일체화가 될 때까지, 즉 진리와 그의 정신이 합일할 때까지 탐색의 사유를 계속한다.

철학적 사유가 선재동자처럼 스승들을 찾는 길과 비슷하다면 그 길은 영원불변한 진리의 성지를 찾아가는 순례의 행렬이 아닌가? 우리는 철학적 사유가 영원한 진리를 찾는다고 말할 수 있을까? 철학이 영원한 진리를 추구한다면 왜 철학사는 무수한 철학자들의 묘지명이 되었을까? 왜 철학자들은 늘 선철들을 사유하고 공부하면서 그 선철들과 다른 사유를 창조하는가? 마치 선철들의 사유를 부정하기 위하여 그 선철들의 사유를 공부하는 것처럼 보인다. 그러면 우리가 앞에서 본 하이데거의 말인, 철학적 사유는 '시대적인 것도 아니고, 초시대적인 것도 아니다'라는 말과 구도의 행각을 어떻게 모순 없이 이해할 것인가? 철학자가 선철의 사유를 넘어서 새로운 사유를 익히고자 하는 까닭은 그 선철의 사유가 현재를 살아가는 자기의 세상을 온전히 이해하는 데 미흡하기 때문이 아닌가? 세상의 총체적 이해와 그 이해에 따른 지혜의 자기화가 철학적 사유의 발의라면 왜 다양한 철학의 관점들이 존립하는가? 그런 외양상 철학의 다양성은 결국 그런 지혜가 하나의 허구임을 단적으로 말하고 있는 것이 아닌가?

이미 우리는 위에서 철학사의 각 철학은 '진리 자체'가 아니라 '어떤 하나의 진리'라고 말한 적이 있다. 그 말이 다시 여기서 유효하다. '어떤 하나의 진리'는 대상적이고 과학적인 진리의 특정성과 같은 차원으로 이해해서는 안 된다. 말하자면 과학적 진리는 특정한 진리들the truths in particular을 가리킨다. 그러나 철학적 진리는 어떤 특정 영역의 대상 진리를 말하지 않는다. 그것은 총체적인 세상 보기의 진리를 뜻한다. 세상을 어떤 영역에서 인식하는 것이 아니라 세상을 세상으로서 인식하고 그 세상의 지혜를 자득하는 깨달음이다. 그렇다고 철학적 진리가 진리 일반the truth in general이란 추상적 진리를 가공하는 것이 아니다. 그런 진리는 이 세상의 구체적 진리가 아니라 다만 과학적 진리를 만들기 위하여 인위적으로 정립한 허구일 뿐이다.

그렇다면 철학사에서 빛나는 진리들은 무엇을 의미하는가? 메를로뽕띠M.Merleau-Ponty의 개념을 빌리자면 그것들은 모두 어떤 '하나의 전체 un tout'이지 '전체 자체le tout'가 아니다. 이 개념은 우리가 앞에서 사용한 '어떤 하나의 진리'와 '진리 자체'의 의미와 함께 간다. 과학적 사유와 철학적 사유의 본질적 차이가 이제 더 명백해졌다.

철학은 전체적 진리를 사유하려 하나 각 시대는 그 시대의 제약된 성격의 창문 때문에 그 시대 상황에서 성찰할 수밖에 없는 하나의 특화를 지닌다. 그러므로 철학적 사유는 늘 '어떤 하나의 전체'에 의한 세상 보기를 말할 수밖에 없다. 따라서 앞의 하이데거의 언표를 여기에 적용시키면 철학적 사유는 시대적인 것이 아니므로 '전체적' 진리라고 말할 수 있고, 또 초시대적인 것이 아니므로 '하나의'라는 형용사의 제한을 받을 수밖에 없다. 그래서 선재동자의 구도 행각이 철학적 사유의 구도 여행과 꼭 일치하는 것은 아니지만, 철학적 사유가 본질적으로 편력적이라는 점에서 철학자와 선재동자의 구도에는 비슷한 점이 있다.

여기서 어떤 사유상의 혼선이 야기되는 것처럼 보인다. 즉, 철학적 사유는 동서고금의 선철先哲이나 선지식善知識을 찾아가는 구도의 행각이라고 표명했다. 말하자면 철학적 사유는 진리의 구도와 같은 보편적 사유의 요구라는 뜻을 담고 있는데, 또 우리가 위에서 한국의 철학자는 역시 한국적이어야 한다는 철학적 사유의 어떤 지역적 특화가 있는 것처럼 말했기 때문이다. 우리가 위에서 구도의 정신은 궁극적으로 그 진리의 자기화appropriation와 같다고 말했다. 진리의 자기화란 진리와 자기 정신의 교응을 뜻한다. 그것은 진리가 단순한 지식 차원에서가 아니라 자기의 정신이 바로 진리와 한 몸을 이루는 지혜의 깨달음을 뜻한다. 그 이름을 받을 만한 가치를 지닌 철학자들은 과거에 모두 그런 정신으로 진리를 추구했다. 그래서 그의 정신이 상황의 제약을 넘어서는 동시에 그 시공의 구속 속에서 한 관점을 주로 깨달았기 때문에 원용하지 않다는 것이다. 이 점은 우리가 바로 앞에서 언급했다.

철학적 사유는 한 철학자의 몸이 담겨 있는 상황을 벗어나서 발생하지 않는다. 인간은 그가 운명적으로 살도록 되어 있는 상황과 몸을 벗어날 길이 없다. 그래서 인간은 상황 속의 존재다. 이런 구조적 존재 양식의 자각이나 의식화를 보통 실존적이라 부른다. 인간은 그가 삶의 조건에 충실한 사유를 하려는 한에서 실존적일 수밖에 없다. 철학적 사유는 언어적, 역사적, 문화적, 심리적, 지리적, 물질적 여건들에 의하여 구속당한다. 이른바 존재가 이미 무의식적으로 구속당하고 있다. 존재의 구조적·무의식적 구속성이 곧 실존으로 의식화된다.

여기서 우리는 간략히 구조와 실존의 관계를 생각하고 넘어가야 한다. 보통 구조주의structuralism와 실존주의existentialism를 빙탄불상용처럼 상호배척적인 철학적 사유로 생각한다. 그러나 그런 발상은 수용할 수 없다. 일반적으로 구조의 존재 양식은 무의식적 또는 선의식적 차원의 틀을 말하므로 그 구조는 우리가 의식하기 이전에 이미 이 세상에 존재했던 진리, 사유의 존재 양식들을 말한다. 이 양식들이 시공적 조건의 구조와 짝지으면 의식의 선상으로 출몰한다.

이를테면 뒤에서 언급하겠지만 철학사적 진리의 다양한 출현과 그 진리를 사유하는 다양한 철학의 등장은 아무런 질서도 없이 임의적인 멋으로 발생한 것이 아니라, 어떤 구조의 틀 안에서 움직이고 있다는 것이다. 그리고 그런 구조의 틀을 실존적으로 자각게 하는 시공적 조건이 도래한다는 것이다. 그래서 현대 철학사에서도 현상학phenomenology과 실존주의가 손을 맞잡고 인간과 역사의식의 역할을 강조하는 학문이 등장하다가, 그 철학이 지나치게 자신감을 가지고 정서와 의식을 주인공으로 내세우면서 의식의 이론적·실천적 자유기획을 강조하니까 그에 제동을 걸고 나타난 것이 구조주의와 기호학semiology이다.

구조주의와 기호학은 의식의 주역을 거부하고 의식 이전의 무의식의 단계에서 형성되어 있는 구조의 기호학적 인식 없이는 실존의 정서와 사유가 헛도는 사유에 지나지 않다고 지적했다. 하여튼 철학적 사유가 모두 이 세상에 존재하는 진리와 사유의 유한한 구조를 무의식의 수준에서 함축하고 있다는 것이다. 그런 구조가 시공의 역사적 조건을 인연으로서 만나면 이 세상에 철학적 사유를 통하여 출현한다는 것이다. 그런 점에서 구조는 철학적으로 무의식적·선의식적인 존재 양식의 틀과 같다.

실존은 그런 구조의 틀과 조건을 의식이 몸으로 느끼는 그런 차원이다. 실존적으로 그런 구조의 조건들을 의식이 느끼지 않으면 인간은 구조성을 자각하지 못한다. 자각되지 않는 구조성은 무심코 생각하는 철학 이전적인 자연적 사유의 차원이므로, 즉 메를로뽕띠가 말하는 '지각적 신앙la foi perceptive'의 막연한 짐작 수준이므로 본격적인 철학의 사유로 승진하지 않았다고 할 수 있다. 그러므로 철학의 사유가 구조를 떠나는 것은 아니지만 존재 구속성에 대한 실존적 자각이 몸을 통하여 동반되지 않으면 안 된다.

그러므로 한국철학은 한국이란 시공의 언어적, 문화적, 역사적, 심리적, 지리적, 물질적 인연의 제약을 받는 철학적 사유를 의미한다. 따라서 그런 사유는 자연히 한국적이라는 형용사의 제한을 시대적으로 입기 마련이다. 그리고 같은 시대의 같은 상황이더라도 철학자 개성의 심리적 기질에 따라 사유의 결을 달리한다. 그런 점에서 한국의 철학은 그런 상황적(구조적 무의식과 실존적 자각) 제약을 받으며 사는 현재 한국철학자의 사유를 뜻할 수밖에 없다. 그러므로 조선시대가 현대 한국의 상황과 반드시 똑같지 않으므로 현대 한국의 철학자가 조선의 선비와 똑같은 사유를 할 수 없다. 현재 한국철학자의 몸은 조선시대 선비들의 몸과 다르고, 상황적 존재 구속성이 다르므로 같은 철학적 사유를 사유할 수 없는 것이다.

그렇다고 전혀 다른 사유를 한다는 보증도 없다. 유교를 국교로 채택한 시대와 지금은 문화적 상황이 다르나, 공자孔子의 유교를 조선 유교로 변용시킨 그 문화적 하부구조의 심층적 제약성은 시대적 제약의 변질을 넘어서 여전히 작용하기 때문이다. 예컨대 조선 유교의 도학적 선비 정신을 지금의 철학자가 그대로 답습하지는 않지만 그의 마음 깊은 곳에선 그 도학적 세상 보기가 여전히 하나의 무의식적인 잔영으로 남아 있을 수 있기 때문이다. 그것이 한국 유학사와 일본 유학사의 차이

점을 부각시키는 요인인 동시에 현대 한국 정신문화와 현대 일본의 정신문화가 결을 달리하게 하는 구조적 요소이기도 하다. 그러므로 한국의 철학자는 조선과 고려의 이른바 철학자와 유사한 사유를 하기도 하고, 또 반드시 그런 것만도 아니다.

그런 의미에서 구도의 길을 떠난 선재동자의 구도 방식도 실존적 상황의 구속을 벗어나서 막연한 추상적 진리 일반을 구하러 여행한 것은 아닐 것이다. 철학적 사유의 여행은 곧 실존적·상황적 자각성과 진리의 구조적 보편성이 함께 분리되지 않는 그런 도道를 터득하기 위한 과정이라고 할 수 있다. 그래서 우리가 진리의 자기화를 그렇게 중시했다. 그런 자기화는 곧 도道의 자득自得과 같은 의미다. 그러므로 철학적 사유에서 구조적 보편성과 실존성은 서로 분리되지 않는 불일이불이不一而不二의 구조로 동거한다.

그 두 가지는 동일하지 않지만 둘로 분리되어 떨어질 수 있는 것도 아니므로 철학적 사유가 궁극적으로 겨냥하는 진리는 보편적인 도道의 자각이고, 도道의 자기화다. 그러므로 한국철학도 한국의 철학자가 이 현대의 한국이라는 시공의 존재 구속적 상황 속에 살면서 도道의 자기화, 도道의 자각을 터득하는 데 있다. 상황의 개념은 존재 구속적 구조가 몸으로 자각화되는 것을 의미하기 때문에 존재 구속적 상황이 엄밀히 얼마만큼 구조적이고 또 얼마만큼 실존적인지 명증하게 판가름할 수 없다. 그래서 상황 속에서 이 도道의 자기화가 도道의 보편적 사유를 결코 해치지 않고, 그 도道의 '시대적이지도 않고 초시대적이지도 않은' 그런 구체화를 돕는다.

상황은 운명적이다. 그러나 그 운명의 특수성은 사유학으로서의 철학이 보편적 진리를 탐구하고 그것을 자기의 것으로 깨달으려는 정신의 욕망이 일어나기 때문에 인식된다. 그런 구도를 갈망하는 정신의 욕망이 발동을 걸지 않으면 상황적인 운명의 특수성을 자각하지 못한다. 정신의 욕망은 사실상 구체적으로 이미 그 안에 몸의 실존적 느낌과 같은 상황을 안고서 발동하기 때문에 동서고금의 철학자들이 터득한 도道가 하이데거의 언표처럼 초시대적인 조감鳥瞰의 사유를 표현하지 않는다. 하이데거는 그럼에도 불구하고 그 사유들이 상황적 몸의 제한을 벗어나는 정신의 요구를 회임하고 있으므로 그 사유들이 시대적인 것만도 아니라고 지적했다.

그러나 몸의 제한을 벗어나고자 한 철학적 사유도 메를로뽕띠가 비판한 '조감적 사유la pensée de survol'를 이루고자 하는 허구를 바라는 것과 같지 않다. '조감적 사유'는 단적으로 사유가 결코 상황적일 수 없다는 그런 추상적 사유 일반을 말한다. 그러나 몸의 느낌을 초탈하려는 철학적 사유는 몸의 실존성이 정신의 존재와 일치하지 않기 때문에 정신의 존재가 몸의 감각적 실존의 권역으로 수렴되지 않는 데에서 생기는 요구다. 그러므로 정신의 요구는 몸의 실존적 느낌의 한계 안에서 제기되므로 아예 그것을 모르는 조감적 사유의 허구와는 자리를 함께 하지 않는다.

3
진리의 세 가지 사유 범주와
세 가지 철학적 사유

서양철학에서 대개 영미 철학은 실용과학적이고 경험적이면서 심리적인 양식에 입각한 상식의 현실주의 정치철학을 애호한다. 독일철학은 대체로 형이상학적이고 정신적이면서 정감적이고 깊은 내면성의 신비주의를 회임한다. 프랑스철학은 일반적으로 의식의 뚜렷한 직관을 높이 평가하고, 고도로 정치한 논리 놀이를 즐기며, 이성적 이상주의를 사회 이념으로 제시하기 좋아한다. 이런 일반적 경향은 문화적 특성이 빚은 제약으로서 그 나라의 철학자들은 자기들도 모르는 사이에 이런 구조적 배경을 자연스럽게 회임하여 탄생한다.

이런 특화는 동양에서도 예외가 아니다. 인도는 중국에 비하여 매우 논리적이고 사변적이며, 비관적 인생의 체험을 기본으로 하는 경향이 있다. 중국은 그에 비하여 직관적이고 유기적이면서 현세적이고 낙관적인 인생의 체험을 일반적인 철학의 바탕으로 깔고 있다. 한국은 일본에 비하여 더 이념적이면서 종교적이고 자연적이며 감정적 순수성을 지향하려는 경향이 있는 데 반하여, 일본은 실용적이고 의례적이면서 전문가적이어서 어떤 일가견을 존중하는 성향을 함의한다.

이런 상황적 특성은 일부러 인위적으로 꾸미려고 하는 장식의 소치가 아니라 우리가 훑어본 바와 같이 거의 무의식적이고 의식 이전적인 체질과 같은 구조이기에 거의 철학적 사유의 선천적 기반과 같다. 이런 선천적인 기반을 메를로뽕띠는 술어 이전적 사유la pensée anté-prédicative라고 칭하기도 했다. 그의 생각을 율곡栗谷의 개념과 결부시켜 논의한다면, 모든 동서고금의 철학적 사유는 이 술어 이전적인 사유의 상황적 '기국氣局'을 통하여 보편적 리理의 사유인 '이통理通'이 이루어진다는 것이다. 이 개념은 율곡栗谷 이이李珥의 철학적 개념인 '이통기국理通氣局'에서 빌린 것이다. 이 개념의 의미는 철학의 사유인 이통理通은 상황인 기국氣局을 떠나서 성립하지 않는다는 것이다.

이 율곡의 표명법을 하이데거의 사유에 적용시키면 철학적 사유가 이통理通이기 때문에 시대적이지 않고, 또 그 사유가 기국氣局이기 때문에 초시대적이지 않다는 이중부정의 방식을 채택할 수 있다. 그러므로 동서고금의 철학사가 다양한 학설들의 전시장처럼 보이는 까닭은 각 철학자들이 처한 시공의 상황이 제각기 다양하기 때문에 발생하는 운명적인 제약의 소치라고 인정해야 한다. 기국氣局의 상황이 그토록 다양하므로 철학사의 흐름을 발생시켰고, 또 동시대의 철학도 각축의 긴장관계를 유지했다. 그러나 그것들이 진리가 아닌 것은 아니다.

그렇다면 이통理通의 진리는 어떠한가? 기국氣局의 상황적 다양성에 대하여 우리는 이통理通의 보편성이 일반적인 수렴성을 함의한다고 주장한다. 이통理通의 일반적 수렴은 어떤 방식으로 구조화되어 있을까? 동서 철학사를 음미하면 인류의 철학적 사유는 주로 세 가지 대 범주로 집약되는 것으로 보인다. 즉, 많은 철학자들의 철학적 사유가 존재했음에도 불구하고 그 다양한 철학적 사유들은 결국 세 가지 대 범주로 유사성들의 집합을 하고, 각 철학자들이 그 대 범주의 묶음 아래에서 사유한다는 것이다. 그러므로 구조적으로 봐서 인간의 철학적 사유가 무한한 것처럼 보이나 실질적으로는 유한하고, 그 유한성을 다시 분류하면 마지막으로 세 가지 범주로 수렴된다.

그 세 가지 진리의 대범주를 편집해서 말하자면, 사실성事實性(facticity), 현실성現實性(reality), 이상성理想性(ideality)으로 분류된다. 동서고금의 철학사를 구조적 유형으로 음미하면 결국 모든 선철의 사유는 사실성의 진리, 현실성의 진리, 이상성의 진리 가운데 어느 하나를 자득하려는 구도의 과정처럼 보인다. 즉, 철학사는 위의 세 가지 대 범주들이 서로서로 순환해 나가든지 아니면, 서로 병립하기도 하는 역사의 흐름처럼 보인다.

사실성의 진리는 무위無爲의 사유를 본질로 한다. 무위의 사유란 인간의 지성이나 의지가 작위적으로 세상에 대하여 간섭하지 않고 세상을 자연의 존재 방식으로 존재케 하는 철학으로 이어진다. 그러므로 사실성은 자연처럼 존재하는 세상의 존재 방식인 근원적인 법과 같은 개념을 지칭한다. 무위적 사유는 세상의 자연스런 사실의 문법을 존재하는 그대로 인식하는 마음의 태도와 직결된다. 그런 사유는 마음이 아무것도 발명하지 않고 사실을 그대로 조영하는 거울의 역할로 이해할 수 있다. 그런 사실의 법을 불교에서는 연기緣起의 법이라 부르고, 노장에서는 현묘지도玄妙之道라 하고, 현대의 하이데거, 데리다J.Derrida 등의 포스트모더니즘에서는 차연差延(la différance=der Unter-Schied)이나 교직성交織性(la textualité)이라 명명했다.

데리다는 '텍스트 바깥은 없다(Il n'y a pas de hors texte)'라는 명제를 밝혔다. 이 말은 또 '텍스트 이전에는 아무것도 없다(Il n'y a rien avant le texte)'는 언표와 같은 의미로 이해해야 한다. 여기에서 쓰고 있는 '텍스트le texte'라는 개념은 세상이라는 것이 하나의 근원적인 텍스트라는 것이다. 그리고 그 텍스트의 의미는 세상이 일목요연한 한 가지 줄거리로 전개되어 기승전결이 선명한 소설책 같은 것이 아니라 서로 상반된 것들이 새끼 꼬기나 실타래처럼 얽혀 있어서 직물을 짜 나가는 직물성la textilité과 같은 어원을 지닌 교직성la textualité으로 이해해야 한다는 것이다.

메를로뽕띠는 데리다보다 조금 앞선 세대에 살았지만, 현상학자이면서도 이미 포스트모던적인 차연의 법을 선구적으로 예감했던 것 같다. 그래서 그는 이런 차연의 법을 애매모호성l'ambiguïté이라고 개념화했는데, 이 개념의 의미는 곧 이중성의 동거 현상을 지적한 것이다. 서로 반대되는 것들이 얽힌 교직 상태는 다른 것들이 한자리에 동거하고 동봉되는 그런 동同·이異의 이중성을 암시한다. 이것이 차연差延의 특성이고, 이런 차연의 특성은 불가의 연기법緣起法과 다르지 않으며, 도가에서 늘 말하는 도道의 현묘玄妙함을 상징하기도 한다.

세상의 도道와 법이 이처럼 차연 관계 이외에 다른 것이 아니므로 이 세상에는 어떤 고착된 불변의 의미가 존립할 수 없고, 모든 것은 관계를 짓는 매듭의 만남에 지나지 않는다. 그래서 사실성은 곧 관계성을 말하고, 사실이라는 고정된 실체가 성립하지 않는다. 이것이 무위적 사유의 진리인 사실성이다. 사실성은 우리의 마음이 청결하게 비어 있어서 욕심의 아상我相이 없을수록 더 잘 보인다. 또한 사실성은 무無와 공空의 배경을 여백으로 남겨 두어야 사실의 차연적 관계가 가능해진다는 것을 말한다. 무無와 공空은 존재로서의 관계를 맺고 푸는 '탈근거의 근거Ab-grund'에 해당하기 때문이다. 이 용어의 뜻은 데리다의 해석을 빌리면, '근거라는 것이 없는 근거(le fond sans fond)'라는 것과 같다.

그동안 서양철학은 하이데거의 적실한 지적처럼 무無와 공空을 존재와 양립할 수 없는 허무nihil로 전락시킴으로써 존재를 '있는 것으로서의 존재자'로 만들어서 '있는 어떤 것'의 존재자적인 실체만 있고, 무無를 세상의 이해에서 추방시켰다. 무無가 추방됨으로써 존재는 인간의 손아귀에 잡히는 존재자적인 어떤 것으로 산정되고, 무위적 사실이 유위적이거나 당위적인 작위의 자료로 탈바꿈해 버렸다. 무위적 사유는 인간의 임의적인 어떤 작위로도 결코 이 세상을 구원하지 못한다는 관점에서, 인간의 철학적 사유는 모든 인위적 작위의 포기와 함께 세상의 근원적 법인 사실의 인식과 일체를 이루게 하는 구도의 길을 가도록 권장한다.

이런 무위의 법과 사실의 존재에 대하여 유위有爲의 사유는 과학적 사유와 비슷한 논리를 전개한다. 과학적 사유는 곧 우리 생활의 실용을 향상시키고 발전시키는 데 기여하는 대상적 사유와 닮았다. 이런 대상적이고 실용적인 사유가 인간의 철학사에 군림한 주된 원인은 인간이 이기적 동물이기 때문이다. 이 과학기술적 사유는 인간의 이기심을 근원적 인간의 현실로 받아들일 것을 제안하면서 이기심의 현실에서 살아남기 위한 방편을 찾는다.

이 세상은 불행히도 생존 투쟁의 장소이고, 적자생존의 법칙에 따라 강자만 살아남는 곳이다. 현실성의 철학은 역사를 그렇게 읽는다. 그래서 이기심을 사회화시켜 나가는 것이 공공의 복리라고 여긴다. 철학은 이기심의 사회화와 이것을 가능케 하는 과학기술화의 진리 정립과 다르지 않다. 그래서 유위적 사유는 과학기술과 경제적 관점의 진리를 크게 부각시킨다. 서양의 인식론과 사회철학의 역사와 동양의 법가 사상이 이런 범주에서 멀지 않다. 그래서 이 유위적 사유는 점차 철학에서 분가하여 과학의 대상적 사고로 이행되어 갔다고 할 수 있다. 그렇게 유위적 사유는 이미 철학에서 분리되어 과학의 영역으로 이관되었다. 그래서 과학은 사회과학이든 자연과학이든 모두 현실성을 고려하는 '현실적인 것의 가공적 이론Betrachtung des Wirklichen'이라고 한 하이데거의 주장을 깊이 새기지 않을 수 없다.

유위적 사유가 과학기술과 경제적 관점의 진리를 조명하고 있다면, 당위적當爲的 사유는 지성보다 선의지에 입각한 도덕과 종교적 사유의 대본을 차지한다. 이 세상은 이기심으로 점철되어 있고, 이기심을 만족하기 위한 역사는 악의 승리를 도와주는 방조의 길을 밟을 뿐이라는 것이다. 그래서 이 당위적 사유는 무위적 사유나 유위적 사유보다 훨씬 선악의 대립과 투쟁 의식이 강렬하다. 그래서 선의 승리를 위하여 세상과 역사는 선의지에 입각한 도덕적·종교적 이상에 바탕을 둔 새 판으로 만들어야 한다고 여긴다. 이른바 도덕적·종교적 이상에 의한 혁명 의지를 겨냥하고 있다. 그래서 당위적 사유는 이상성과 다른 것이 아닌 혁명의 역사철학과 실천 의지를 높이 평가한다.

이런 당위의 사유가 그리는 이상성은 유위적 사유의 지성적 작위에 비하여 선의지적 작위성을 귀중하게 여긴다는 점에서 유위有爲의 기술과 당위當爲의 도덕은 서로 이웃한다고 할 수 있다. 그래서 서양철학이 오랜 세월 동안 전통적으로 유위적 현실성의 지성과 당위적 이상성의 도덕을 양 날개로 하여 전개되어온 것은 우연이 아니다. 칸트I.Kant가 『순수이성비판』과 『실천이성비판』이란 두 책을 양 날개로 펼치고 있는 것 또한 같은 취지라고 읽어야 한다. 서양의 그리스도교적 도덕과 종교가 과학기술을 낳았으면서도 혁명적 도덕 신학을 잉태시킨 것은 모두 당위當爲와 유위有爲가 능위能爲의 사유를 공통으로 갖고 있음을 보여준다고 할 수 있다.

동양에서 주자학이 당위의 도덕학이고 도덕정치학으로서의 도학道學 이면서, 다른 한편으로는 과학기술에 의한 실학實學으로서의 면모를 함 의하고 있다는 것 자체도 도덕적 당위와 기술적 유위가 그렇게 멀리 떨 어진 것이 아님을 짐작케 한다. 유위적 사유가 주로 자연의 과학적·경 제적 이성에 의한 지배를 담당한다면, 당위적 사유는 사회의 도덕적· 정치적 이성에 의한 지배를 겨냥한다. 그런 점에서 유위적 사유는 당위 적 사유와 마찬가지로 이성적 사유의 맥락에 포함된다.

지금까지 우리는 동서고금의 철학사에서 철학적 사유의 보편성을 구 조적 각도에서 음미해보았다. 철학적 사유가 상황적 특수성과 세상 보 기의 보편성을 아울러 품고 있기 때문에 그 두 가지 축을 가지고 우리 가 어떻게 한국철학을 사유할 것인가를 숙고해야 할 차례에 이르렀다. 한국철학이 철학 연구의 전공 의식을 넘어서 어떻게 철학적 사유의 구 도 의식으로 승화될 수 있을까? 어떻게 하면 오늘의 한국 사회에 넘치 는 비철학적인 가벼움의 홍수를 극복할 수 있을까?

그러기 위하여 우리는 공자孔子가 『논어論語』「위정爲政」에서 천명한 '학문을 배우지만 사유하지 않으면 어둡고, 사유하지만 학문을 배우지 않으면 위태롭다(學而不思則罔 思而不學則殆)'라고 한 말을 다시 음미할 필 요가 있다. 이 구절은 공부한 이라면 거의 모두가 알고 있다. 그런데 저 말의 뜻은 무엇일까? 그렇게 자명하게 쉽게 다가오지 않는다. 가장 문 제가 되는 단어가 '망罔'과 '태殆'라는 두 글자일 것이다. 사전에 보면 '망 罔'은 '그물에 얽혀 갇힌 것, 어두운 것(맹목적인 것), 없는 것' 등으로 의미 화된다. 또 '태殆'는 '위태로운 것, 의심스런 것, 두렵게 하는 것' 등으로 이해된다.

우리가 저 구절을 단순히 위와 같이 번역했지만 기실 공자의 언명은 그런 단순한 번역 이상의 그 무엇을 함의하는 것처럼 보인다. 그런 점에서 위의 진술을 다시 음미하면 그것은 학문을 배우지만 사유하지 않으면 '그물에 갇혀 얽어 매이게 되고, 배운 것만 알고 다른 사리에는 어두운 맹목적인 식자가 되기 쉽고, 배웠으나 자득한 것이 없고,' 사유하기는 하나 학문을 배우지 않으면 '황당한 생각을 도道라고 여겨 대단히 위태롭고, 그런 생각이 허황하여 의심스럽고, 무계한 생각이 대단히 무서운 공상적 광기로 흐를 수 있다'는 뜻으로 풀이할 수도 있다. 보통 공자의 저 진술을 너무 간단히 언급하고 지나가는데, 우리는 그 진술에서부터 우리의 생각을 다시 의지해야 한다고 믿는다.

학문을 배우지만 사유하지 않으면, 그런 사람은 배운 지식은 소유하고 있으나 배운 학문의 포로가 되어 전공의 벽 속에 갇힌 관견管見이 세상의 전부인 줄 착각하면서 자기 그물에 동여 매인 자가 되든지, 또는 세상을 꿰뚫어보는 통찰력이 결여되어 배운 것 말고 다른 것에는 까막눈이 되거나, 듣고 보고 배웠으나 깨달은 것이 없기에 아무것도 그에게 남아 있지 않다는 의미로 풀이된다. 이와 달리 사유는 왕성하게 하나 학문을 배우지 않으면, 그런 사람은 그의 사유가 황당무계해서 스스로 道를 깨달았다고 하나 그 주장이 위태하고, 의심스럽기도 하고, 경우에 따라서는 광기를 띠어 무서운 행태를 나타내기도 한다는 것이다.

공자의 진술은 우리의 철학적 사유가 어떤 길을 가야 할 것인가를 비춘다. 철학적 사유는 먼저 학문이어야 한다. 그래서 배워야 한다. 말하자면 선지식인 선철들에게 도道를 익히고 배워야 한다. 철학적 선철들은 동서고금의 철학사에서 등장한다. 우리는 철학사라는 학문을 통하여 선철들이 터득한 학문의 도道를 익히고 배우는 동시에 그들의 사유를 배우면서 우리 자신의 사유를 심화시키고 풋내기 냄새를 지우면서 성숙한다. 누구나 다 철학사를 배운다. 무엇이 그렇게 대수인가? 동서고금의 철학사를 학설의 다양한 전개로 배우면 철학사는 철학자들의 묘지명에 지나지 않으며, 진리를 주장하는 각 학설들이 모두 다르니 철학사가 시끄럽게 떠드는 소음으로 다양한 학설들이 개진되어 있는 시장이라고 여긴다. 도대체 찾고자 하는 도道가 없어 보이고, 진리는 저마다 중구난방으로 외치는 자기주장의 독선과 아집에 지나지 않는 것으로 보인다. 그래서 드디어 자기의 구도 행각이 덧없는 것은 아닐지 회의가 일어난다.

그러나 철학사를 철학자들의 다양한 학설들의 묘지명으로 보아서는 안 된다. 그것은 그들이 각 상황의 특화된 제약 속에서 이 세상의 본질적 이치를 터득하려 한 구도 여행으로 읽어야 한다. 이러나저러나 다 똑같은 것이 아닌지 반문을 제기할 것이다. 다르다. 학설사學說史는 철학을 지식의 측면으로 개진하기 위하여 연구 조사한 자료의 정리이지만, 구도사求道史는 선철이 닦은 진리를 자기의 생명과 정신으로 삼으려 하는 오체투지五體投地의 수행과 같다.

여기서 수행이란 개념을 꼭 종교적 개념으로 생각할 필요는 없다. 수행은 구도의 요구가 진리의 자기화와 다른 것이 아니라고 믿을 때 일어나는 진리와의 일체를 터득하는 방편과 같다. 공자의 언설처럼 철학은 학문과 사유를 분리시키지 않는다. 그래서 철학자는 조숙한 지성의 열매를 따는 젊은 천재天才의 학문이라기보다 오히려 오랜 세월을 거치면서 서서히 익어 가는 노숙한 현인賢人의 학문이라고 말해야 할 것이다. 그러므로 철학적 사유는 선철의 학문을 가급적 완전히 소화할 때까지 숙고하고 또 숙고해야 한다는 것이다. 그 선철의 학문을 자기 것으로 소화하지 못하면 그 사유는 나의 사유로 숙성하지 않고 늘 맞지 않는 병마개처럼 헛돈다. 그럴수록 주체적 사유는 요원하다.

공자는 또한 『논어論語』「위정爲政」에서 '옛것을 익히고 새것을 알면, 스승이 될 만하다(溫故而知新 可以爲師矣)'고 언급했다. 학문을 배우는 것은 선철이나 지나간 선지식의 학문을 음미하고 또 음미해서 자기의 영양소로 소화하는 '온고溫故'의 의미라고 본다. 그 선철이나 선지식의 사유가 나의 것과 비교되지 않을 만큼 깊고 그윽하기 때문에 나에게 스승이다. 사유가 깊고 그윽하다는 것은 세상의 도道를 그가 소화했다는 것을 말한다. 그러나 선철과 선지식의 도道를 소화하기란 쉽지 않다. 어떤 철학적 사유가 어렵다는 것은 그 사유가 나의 사유보다 훨씬 높고 심오해서 나의 이해력으로 쉽게 장악할 수 없음을 말한다. 그러므로 어려운 사유가 반드시 좋은 사유는 아니지만 영양가가 많은 사유일 가능성이 높다.

그러나 이런 난해성은 사이비적인 난삽함과 반드시 구분해야 한다. 난해성은 진리의 암호 해독에 비유된다. 그래서 그것은 사유의 심오한 깊이와 지성의 논리적 고답성과 함께 가는 수가 많다. 그러나 난삽함은 그런 차원이 아니다. 풋내기가 난해한 사유를 제대로 소화하는 데 필요한 온고溫故의 저작을 충분히 거듭하지 않고, 성급하고 조급하게 토해 자기도 제대로 알지 못하며, 결국 남에게도 올바로 이해시키지도 못하는 떫고 껄끄러운 사유의 정도가 곧 난삽함이다. 겉으로 보면 난해성과 난삽함이 똑같아 보이나, 철학적 사유의 흐름을 타 온 이들에게 그 두 가지의 실재는 바로 판명된다.

일부러 자기의 사유를 난해하게 표현하여 남들이 쉽게 접근하지 못하도록 하는 철학자는 거의 없으리라 본다. 다만 철학자들은 철학적 사유가 대중성을 띠어서 자기의 사유가 안이하게 상업화·유행화되는 것을 싫어할 뿐이다. 일반적으로 대중은 깊게 사유하기를 싫어하고 간단히 구호화하는 것을 즐기기에 그 이름을 받을 만한 가치가 있는 철학자는 대중의 열광 속에서 스타가 되는 것을 늘 경계한다.

4 온고지신과 창조적 구도자

온고溫故는 반드시 옛 고전을 익히는 것을 말하는 것은 아니다. 자기보다 정신적으로 앞서고 견식이 높은 선철과 선지식의 사유를 배우고 본받는 것이 곧 온고溫故의 참뜻일 것이다. 그러면 온고溫故에 이어서 철학적 의미에서 지신知新은 무엇인지 생각하지 않을 수 없다. 지신知新을 현대적 의미로 풀이하면 창조라는 의미로 번안할 수 있을 것 같다. 어떻게 해서 철학적 창조가 우러나올까?

보통 창조는 새로운 아이디어로 전대미문의 새로운 의미를 발견하거나 발명하는 것이라고 여긴다. 과학적·기술적 발명의 경우는 여기서 제외한다. 우리는 그 영역에서 멀리 있기 때문이다. 철학적인 창조는 새로운 사유에 의한 도道와 진리 그리기를 말한다. 그런데 그 새로운 사유란 동서고금 철학사의 선철과 선지식들이 이미 발견한 도道와 진리와 전혀 새로운 것을 말하는 사례가 거의 없다. 태양 아래 새로운 것이 없다는 격언이 철학적 사유의 영역에서는 타당한 것이 아닌가 생각한다.

우리가 앞에서 검토한 철학적 사유의 대 범주의 세 가지 진리인 사실성facticity, 현실성reality, 이상성ideality이 철학적 사유의 전부를 포함하는 것이 아닐까 한다. 그런 점에서 온고적溫故的인 성숙 단계를 정통으로 거치지 않는 지신知新은 다만 잔머리를 굴리는 엽기적인 꾀란 낮은 차원으로 전락하고 만다. 그러므로 오늘의 한국 사회에 유행처럼 번지는 창의성 교육이 희한하고 경박한 엽기성을 권장하는 것이어서는 안 된다. 그것은 정통적인 교육의 중후한 교양이 바탕이 된 위에서 자연적으로 우러나오는 사유의 자기화를 의미한다.

그러므로 지신知新의 창조는 다른 다양한 온고溫故의 매개를 거치면서 움튼다고 본다. 여기서 매개라는 개념은 매우 중요한 뜻으로 썼다. 매개는 어떤 것이 자기와 다른 것과 교우하거나 교섭을 통하여 자기의 의미나 내용을 더욱 풍요롭게 하는 동시에 자기의 정체성을 자각하는 그런 사유의 행정을 뜻한다. 예컨대 중국의 유학이 서역에서 들어온 불교나 중국에 있던 노장 사상과의 매개를 통함으로써 자기 정체성에 대한 자각이 일어나고, 그 의미와 내용이 더욱 풍성해져서 드디어 성리학으로 발전했다. 말하자면 유학은 불교학과 노장학과의 매개를 거치면서 주자학을 낳았다고 할 수 있다. 그런 의미에서 타자와의 매개는 자기동일성의 정립과 의미의 살을 두텁게 하는 데 필수라고 할 수 있다. 그런데 철학사에서 시공을 달리하는 사유들끼리의 매개가 문화사에서의 실질적 매개 현상처럼 그런 방식으로 일어날 리 없다. 다만 철학자의 구도적 편력 와중에서만 그런 매개가 일어날 뿐이다.

철학적 사유는 동서고금을 막론하고 결국 온고지신溫故知新의 사유를 말한다고 생각한다. 그러므로 그 사유는 너무도 평범하여 새롭게 주해할 필요가 전혀 없는 그런 차원이기도 하다. 철학적 사유는 온고溫故부터 시작한다. 그렇다면 전공 철학 연구도 온고溫故가 아닌가? 아무 차이가 없지 않은가? 아니다. 분명 차이가 있다. 철학적 사유는 다양한 온고溫故의 매개를 통하여 자신의 사유를 구도의 수행으로 심화시켜 나가지만, 전공 철학 연구는 전공의 대상을 고정하여 거기에 고착한다. 그러므로 전공 철학 연구에는 구도자의 구원 의식과 진리와 한몸을 이루어 진리의 정신이 되려는 간절한 원의顯意가 희박하다. 연구자는 전공의 대상에 대한 풍부한 지식을 습득함으로써 성공에 가까운 학문을 마무리 지을 수 있다. 그러나 사유자는 스스로 그의 정신이 진리와 가까워지기 위하여 많은 매개의 과정을 거치면서 우회의 길을 밟는다. 이것이 온고溫故를 통한 원의顯意이다.

그러면 그런 원의에서 지신知新이 어떻게 설명되는가? 그 원의가 강렬하면 할수록 지신知新의 가능성은 더 농후하게 솟아나올 수 있다. 온고이지신溫故而知新에서 지신知新은 하이데거의 지적처럼 철학적 사유가 '시대적인 것이 아니고, 초시대적인 것도 아닌' 이중부정의 방식과 분리되어 이해되는 것이 아니라는 데서 움튼다. 말하자면 철학적 사유는 시대적으로 제약된 것이 아니므로 다양한 온고溫故의 매개를 통하여 현재에서 사유를 익히고, 또 그 사유가 초시대적인 것이 아니므로 지신知新의 가능성이 솟아난다. 그 사유가 초시대적인 것이 아니라는 말은 그 사유가 시공의 변화를 벗어날 수 없음을 말한다. 철학적 사유가 불변적인 사유를 함의하기에 현재의 시점에서도 온고溫故를 통하여 다양한 매개의 사유를 익혀야 하고, 그 사유가 가변적인 생리를 띠고 있기 때문에 옛날과는 다르게 지신知新의 새 지평을 열어 나가야 한다.

이렇게 보면 온고溫故는 철학적 사유가 구조적으로(유형적으로) 세 가지 대 범주의 본질을 벗어나지 않지만 보편적인 진리들의 순환과 다르지 않음을 뜻하고, 지신知新은 그 사유가 상황적으로 시공의 제약에서 운명적으로 특화되어 다양하게 표출될 수밖에 없음을 말한다. 그러므로 철학적 사유는 온고지신적溫故知新的 사유이다. 그 사유의 근간은 철학자가 유한한 사유에 의한 보편적 진리를 자기의 상황적 테두리에서 새롭게 창조해야 함을 뜻한다.

그런 점에서 한국철학이라는 말이 성립한다면, 그것은 한국적인 온고溫故를 의미할 수 없다. 이 말은 한국적인 것을 전공 대상으로 하는 철학 연구를 뜻하는 것인데, 그런 연구는 엄밀한 의미에서 철학적 사유의 본질을 말하지 않는다는 것을 위에서 여러 번 성찰했다. 한국의 철학은 예나 지금이나 한국어를 모국어로 하는 한국의 철학자가 온고지신溫故知新하는 것을 말한다. 원효元曉나 퇴계退溪는 한국적인 것을 대상으로 철학을 연구하지 않고 한국인으로서 온고적溫故的 사유를 사유했기에 한국의 철학자에 등록될 수 있었다. 그 온고溫故를 통한 간절한 원의願意가 있었기에 그들은 또 그들의 시대에 지신知新을 할 수 있었다.

지신知新은 우리가 이미 성찰한 바와 같이 각 철학적 사유가 태어난 시공적 상황의 제약이 불가피하게 철학적 사유의 구체성에 녹아 있기 때문에 생긴다. 지신知新이 창조라면 그것은 억지로 짜듯이 토한 내용물이 아니라, 과거의 것을 현재완료적으로 음미하는 가운데 과거의 현재완료적 해석이 자연히 새로운 변용이나 해방의 승진을 빚을 때 일어난다. 그러므로 창조에는 두 가지 것을 철학적으로 사유할 수 있다. 그 하나는 온고溫故의 이통理通을 내가 외부에서 수용하여 그것을 나의 문화적·역사적 상황으로 변용하는 기국적氣局的 창조를 가리킨다.

인도에서 불교를 수입하여 한韓·중中·일日 삼국이 모두 대승불교를 창안했으나 철학적으로 각 나라의 문화적 특성에 따라 특이한 불교 문화를 일구었다. 이런 현상이 바로 수용한 이통理通을 기국화氣局化시킨 변용에 해당한다. 중국의 유교가 한·일에 수용되어 한국에서는 효孝의 유교, 일본에서는 충忠의 유교가 주안점으로 전개된 것도 이통理通의 기국화氣局化 현상이다. 이를 좀 더 좁혀서 논한다면 거의 동시대인데 퇴계退溪는 주자학을 종교적·신학적 도학道學으로 선회시키고, 율곡栗谷은 그것을 경세적·현상학적 실학實學으로 해석했다는 것은 거의 동시대를 산 두 유학자의 심리적 업業의 차이가 낳은 이통기국적理通氣局的 주자학의 창조적 변용이다.

그런가 하면 거의 동시대를 산 왕수인王守仁의 두 제자인 전덕홍錢德洪(서산緖山)의 점수적 당위학(도덕학)과 왕기王畿(용계龍溪)의 돈오적 무위학(자연학)의 차이와 논변도 결국 이통理通의 양명학에 대한 문화적 기국氣局의 차이를 뜻한다. 맹자孟子와 순자荀子의 철학적 차이도 거의 동시대임에도 불구하고 유학 사상의 차이를 잉태한 것은 전자는 자연을 낭만적·도덕적 선의 고향으로 보고, 후자는 자연을 생존적·생물학적인 투쟁 장소로 보았다는 변별적인 사유에 기인한다. 자연은 지극히 아름다운 동시에 지극히 투쟁적인 곳이다. 이런 기질적 기국氣局의 차이가 공자의 유학을 다르게 자기화했다. 서양철학에서도 모두 똑같은 근대화의 시대적 흐름 속에서 세속적인 것의 상징으로 부각된 이기심을 주로 '긍정적인 것이냐 부정적인 것이냐'로 보았는가 하는 문화적·심리적 기국氣局의 차이가 아담 스미스Adam Smith와 칼 마르크스Karl Marx의 사상적 분기를 이루는 계기를 만들었다.

그런 점에서 대부분의 철학적 사유는 이런 이통기국적理通氣局的인 사유로서 이른바 창조적인 변용을 이루어 이통理通의 보편성을 자기화(실존화)하는 것을 지칭한다. 아마도 동서고금의 철학에서 대부분의 철학적 창조는 철학자가 기존의 이통적理通的 사유를 수용하여 자기화하는 변용에서 구체화되는 것으로 보인다. 변용은 철학적 사유가 몸을 떠나서 일차적으로 구체화되지 않기 때문에 생기지 않을 수 없는 존재 구속성이다. 칸트의 철학은 합리론과 경험론의 창조적 수용과 변용이며, 주자학은 기존의 유가적 전통에 대한 불가와 도가의 도전에 대응한 수용과 변용을 뜻한다. 그런가 하면 양명학은 불가와 도가의 사유에 대한 융화적 수용과 변용을 의미한다. 현대의 포스트모더니즘의 사유도 서양의 모더니즘 철학이 지닌 자의식 중심과 인간 중심 사유에 대한 전면적인 해체를 겨냥한다. 이런 해체는 과거의 이통理通에 대한 수용과 변용이 아닌 것처럼 보이지만 과거의 재해석을 담으면서 해체시키고 있다. 예컨대 데리다의 해체주의는 과거의 로고스 중심주의의 서양철학을 해체하고 부정하면서도, 선철들의 사유 속에 잠재되어 있던 차연적 사유를 발견하는 일을 했다. 하이데거 같은 철학자는 플라톤Platon 이후의 서양철학을 해체하면서 부정하고 비판하지만, 또한 소크라테스 이전의 그리스 철학을 수용하고 변용하면서 독창적인 사유를 펼친다.

이런 경우에 선철의 이통理通을 창조적으로 변용케 한 기국氣局의 의미는 과학기술과 경제 제일주의와 다른 한편으로 이기심의 사회구조를 혁명하려는 사회주의의 역사를 함께 해체시키려는 시대적·역사적 상황의 요구라고 읽어야 한다. 이런 역사적 상황에서 우러나오는 새로운 요구는 과거의 모더니즘에서 찾기 힘든 시대적 변화의 상황이라고 할 수 있다. 철학사의 흐름에서 선철의 이통理通과 무관한 지신知新은 거의 발견하기 어렵다. 한국철학이 심화되기 위하여 선철의 이통理通을 자기화하고 시대화하며 실존화하는 그런 창조적 변용의 사유를 익혀야 한다. 그런 사유의 숙성은 전공을 연구하는 태도와는 다르다. 한국철학도 철학적 사유의 숙성 속에서 선철의 이통理通을 온고溫故하면서 그 철리哲理를 시대화, 자기화, 한국화하는 변용을 통하여 동서 철학사에서 독특한 위치를 확보해 나갈 수 있다.

이런 변용적 창조 말고도 본격적인 철학의 창조가 있다. 이런 창조를 우리는 해방적 창조라고 부를 수 있다. 해방적 창조는 자기의 업業 속에 쌓여 온 무의식적이거나 반성이전적인 전통을 오랫동안 숙고한 온고溫故 끝에 드디어 전대미문의 새로운 이통理通의 해방을 이루는 위대한 사상의 창조를 말한다. 기국氣局의 제한을 업業의 운명으로 지니고 있다가 그 업業의 지역성을 과감히 떨치고 보편적 정신의 부름을 인류에게 보냄으로써 인류가 최고의 정신적 자유와 해방을 얻도록 하는 철학적 사유가 해방의 창조다. 이 해방의 창조는 변용의 창조에 비할 수 없으리만큼 자양이 풍부한 지혜를 담고 있고, 인류는 그 지혜의 빛으로 살아간다고 해도 지나친 말이 아니다. 이른바 인류의 역사에서 야스퍼스K. Jaspers가 정의한 대로 '인류의 기축基軸시대'의 전무후무한 큰 스승이라고 불리는 공자와 노자, 석가세존과 예수 그리스도 등이 해방적 창조의 전형적 모범에 해당한다.

우리는 공자孔子를 인간 지성과 의지의 적극적 의미를 볼록하게 양각하는 지혜로, 노자老子를 인간 지성과 의지의 적극적 무의미를 오목하게 음각화하는 지혜로 읽을 수 있지 않을까 생각한다. 마찬가지로 석가세존과 예수 그리스도의 관계를 엮을 수 있을 것이다. 석가세존은 진리의 신비와 은적을 상징하는 공空의 침묵을 알려주는 예수요, 예수는 진리의 말과 현시를 상징하는 유有의 계시를 몸으로 보여주는 석가세존이라고 부를 수 있을 것이다. 노자와 공자는 중국의 상고 전통을 온고한 끝에 그 전통의 구조적 업을 실존적으로 자각하여 그것을 해방시켜 인류의 열린 정신을 부르는 도가道家와 유가儒家를 창조했다. 석가와 예수는 각각 그들의 전통이었던 인도의 브라흐마니즘brahmanism과 유다이즘judaism을 잠재적인 업業으로 하여 그것을 온고한 끝에 새로운 창조인 새 세상 보기를 이룩했다. 불교와 그리스도교는 브라흐마니즘과 유다이즘의 이통화理通化이자 보편화요, 빛나는 자유와 해방의 승진이 아니겠는가? 이들은 야스퍼스의 말처럼 인류사의 지혜로운 철학적 기축基軸이다. 그 기축은 이미 철학적 범주의 차원을 넘어서 인간이 이를 수 있는 가장 높은 유有의 말씀과 계시, 그리고 말씀이 다 퍼내지 못하는 깊고 깊은 침묵의 무無와 신비를 표시하고 있지 않은가?